我国流动人口管理中的公安执法问题与对策研究

——基于户籍制度改革的思考

戚阳阳 著

中国人民公安大学出版社
·北 京·

图书在版编目（CIP）数据

我国流动人口管理中的公安执法问题与对策研究：基于户籍制度改革的思考/戚阳阳著．—北京：中国人民公安大学出版社，2015.8
ISBN 978-7-5653-2284-6
Ⅰ.①我…　Ⅱ.①戚…　Ⅲ.①流动人口—公安机关—行政执法—研究—中国　Ⅳ.①D631.42
中国版本图书馆 CIP 数据核字（2015）第 162498 号

我国流动人口管理中的公安执法问题与对策研究
戚阳阳　著

出版发行：中国人民公安大学出版社
地　　址：北京市西城区木樨地南里
邮政编码：100038
经　　销：新华书店
印　　刷：北京兴华昌盛印刷有限公司

版　　次：2015 年 8 月第 1 版
印　　次：2015 年 8 月第 1 次
印　　张：9.125
开　　本：880 毫米×1230 毫米　1/32
字　　数：244 千字

书　　号：ISBN 978-7-5653-2284-6
定　　价：35.00 元

网　　址：www.cppsup.com.cn　www.porclub.com.cn
电子邮箱：zbs@cppsup.com　zbs@cppsu.edu.cn

营销中心电话：010-83903254
读者服务部电话（门市）：010-83903257
警官读者俱乐部电话（网购、邮购）：010-83903253
法律图书分社电话：010-83905745

目　录

前 言

当前，我国正处于由传统社会向现代社会转变的复杂转型时期。随着工业化、城市化进程的日益加快，以及劳动力市场对人力资源开发利用和合理配置要求的加剧，我国出现了大规模的人口流动和迁移。据国家卫生计生委2014年11月18日发布的《中国流动人口发展报告2014》显示，到2013年年末，全国流动人口的总量为2.45亿，超过总人口的1/6。人口跨户籍所在地流动的浪潮已经成为一种必然趋势，如何对流动人员的有序接纳、管理和服务也是各级政府部门关注的问题。

“政府牵头、公安为主”的管理方针，使得公安机关在人口管理中一直充当“大哥大”的角色。而实践中，流动人口带来的矛盾纠纷、违法犯罪等问题，也使得人民警察不得不把主要精力投入流动人口管理之中。曾经由于收容遣送的存在，公安管理确实在治安防范和人口控制方面取得了很好的效果，但这是以侵害流动人口权益为代价的。进入21世纪后，随着民主进程的加快，法律和政策对流动人口的约束明显降低，权益保护明显增强，因此出现了流动人口涌入的高潮，社会治安矛盾凸显。公安管理面对执法环境的变化，如何才能再次找到管理的抓手，缓解社会矛盾，使社会治安平稳运行，为经济建设保驾护航。带着这个问题，作者从对流动人口的认识、公安执法环境的变化着手，对公安基层派出所对流动人口登记管理和违法犯罪问题中遇到的操作难点进行分析、思考，以期有助于公安执法实践。

作为一位法学理论知识粗浅、缺乏公安实践经验、文笔稚嫩的年轻公安教育工作者来说，这本书凝结了自己专业学习中的一些思考与浅见。书中的观点可能是盲人摸象，也许是南辕北辙，还请专家和学者们批评和指正。

作　者

2015 年 4 月 11 日

第一章　流动人口管理基本问题研究

我国自改革开放以来，经济水平一直保持着高速稳定的增长态势，城市化的建设也越来越快，大批的人口涌入城市，为城市建设注入了新鲜的血液。但经济的快速发展，城市人口猛增，使得城市的管理愈加困难。如何妥善地安置好大批流动人口成为城市管理中的一大难题。

第一节　概　　述

一、流动人口的概念

人口是生活在一定的社会生产方式下，在特定的时间和区域内，由一定数量和质量的有生命的个人所组成的不断运动的社会群体。其运动特征除表现为人口的生产与再生产之外，还包括人口群体的空间流动。由此可见，人口流动是人口群体的固有特征，流动人口是客观存在的人口现象。改革开放以来，伴随着经济体制的调整变化，我国城乡人口的大规模流动，成为理论界和实务部门广泛关注的社会现象。为此，政府部门进行了多次调查，并召开了全国性的流动人口工作会议。学术界进行了较为广泛的理论探讨，对不同时期流动人口的规模、结构、流动原因，对社会经济的积极与消极影响、管理对策等提出了一系列见解。但是，时至今日，有关流动人口概念的内涵、外延，学术界和实务部门的认识并不一致，以致出现了对流动人口规模的不同意见，这就直接影响到了流动人口管理对策的针对性和有效性，为此首先要进行流动人口概念的确认。

（一）学术界对流动人口概念的解释

在学术界，不同行业学者从不同的视野、不同的研究角度出发对流动人口提出了不同的定义：

第一，可以从四个层次来理解流动人口：一是最普遍说，一切人口都处于时间上的变化和空间上的移动之中，可以说是流动的；二是从空间上的移动来认识，较早被认识的流动人口是迁移人口，他们的主要特征是改变长久居住地，在中国现实情况下往往是改变户口登记地；三是虽然长久居住地未改变，或法律上的常住地未改变，但为了谋生而数月甚至数年在外的流动人口，他们的主要特征是以谋生为目的，且在外时间较长，改革开放以来，这种流动人口的数量越来越多；四是常住地未变，而且不以谋生为目的，在外时间也比较短。我们通常意义上所说的流动人口，或者说广义上的流动人口，是指后两类不改变长久居住地的人口。从狭义上理解，流动人口主要是指以谋生为目的，在外时间较长的流动人口。①

第二，我国流动人口是相对常住人口而言的人口群体。城市流动人口是离开户籍所在地，跨越乡、镇或城市街道管辖区滞留 3 天以上，在城市区域（含郊区，不包括郊县）居住的人口群。②

第三，流动人口是指临时离开户籍所在地，跨越一定的辖区范围，前往它地不时回返的人口。依据时间标准，可排除当日往返的人口；根据距离和辖区界限，可排除“钟摆式”的市内人口流动；根据不同的研究目的，可排除那些影响不大、缺乏宏观研究价值的

① 李荣时：《对当前我国流动人口的认识和思考》，载《人口研究》1996 年第 1 期。

② 朱云成：《中国城市流动人口问题研究》，载周寅主编：《户政管理论丛》，中国人民公安大学出版社 1999 年版，第 132 页。

人口流动。①

第四，从宏观角度考虑，流动人口是跨越一定地界范围，不改变常住户口（外籍人士不改变定居地）的各类移动人口。从微观角度考虑，某一特定地区的流动人口包括流入与流出两部分，即流入某一地区但不具有当地常住户口的各类移动人口，以及具有该地常住户口但因各种原因流出在外的各类移动人口。②

第五，流动人口通常是指未依法改变法定住址，而在常住户口所在地以外滞留的人员。③

（二）实务部门对流动人口概念内涵的界定

在流动人口管理过程中，全国各省市部分行业制定了一系列法规、规定，对流动人口的概念进行了各自的定义，大致也可分为三种情况：

1. 从流出地的角度来界定流动人口概念

如1994年11月1日北京市进行的流动人口调查，对流动人口的调查口径规定为：流动人口是指离开户籍所在地，在某一地区滞留从事各种活动的人口，也包括离开户籍登记地一天以内的、临时过往、中转的人口。按流动的范围来划分，流动人口可分为以下四个层次：第一，国际间的流动；第二，省际间的流动；第三，市内地区间的流动；第四，地区内的流动。《黑龙江省流动人口管理规定》第2条规定："……流动人口是指离开常住户口所在地的市、县、乡（镇），在其他地区暂住的公民。"《福建省流动人口治安管理条例》第2条第2款规定："……流动人口是指离开常住户口所

---

① 张庆五：《略论我国的户口迁移政策》，载《中国人口科学》1988年第2期。

② 吴瑞君：《关于流动人口涵义的探索》，载《人口与经济》1990年第3期。

③ 丁金城：《大中城市流动人口的现状、问题和对策》，载《铁道部郑州公安管理干部学院学报》2000年第3期。

在地县级行政区域的人员。在设区的城市内跨区流动的除外。”

2. 从流入地的角度来界定流动人口概念

如1997年开始施行的《上海市外来流动人口管理条例》第2条规定：“……外来流动人员（以下简称外来人员）是指进入本市，无本市常住户籍的外省、自治区、直辖市的人员。”《北京市外来务工经商人员管理条例》第2条第2款规定：“……外地来京务工经商人员（以下简称务工经商人员），是指无本市常住户口，暂住本市从事劳务、经营、服务等活动，以取得工资收入或者经营收入的外地人员。”

3. 从流出地与流入地相结合的角度来界定流动人口概念

强调流动人口既包括流入人口，又包括流出人口。如《天津市流动人口管理暂行规定》第2条第1款规定：“……流动人口是指离开常住户口所在地，到其他地区暂住3日以上的下列人员：(一) 外埠常住人口到本市暂住或者本市常住人口到外埠暂住的；(二) 本市常住人口在本市中心区和其他区县之间以及在其他区县之间跨地区暂住的人员”。

（三）流动人口概念与相关概念的联系与区别

目前，有关流动人口称谓的不同表述多达30余种，大致可分为以下几种情况：一是宏观上的称谓，如流动人口、盲流、流民、自由流动人口、自流人口、两栖人口等；二是站在流入地角度上的称谓，如流入人口、外来人口、外来人员、外来流动人口、外来务工经商人员；三是站在流出地角度上的称谓，如流出人口、农村劳动力流动、农村剩余劳动力转移、农村人口流动、农村外流人口；四是站在行政管理角度上的称谓，如公安机关称暂住人口、外来暂住人口、寄住人口、人户分离人口；劳动用工部门称民工、农民工；计划生育部门将其中的一部分人称为超生游击队；交通运输部门称民工潮；五是站在人口学角度上的称谓，如人口迁移、移民、短期迁移人口、暂时性人口迁移、流动性迁移人口、非正式迁移人口、自发的非户口迁移、自发迁移人口。[①]

1. 流动人口与暂住人口比较

流动人口与暂住人口都离开了常住户口所在地，都不改变常住地的户口性质，但两者的区别又很明显。首先，从逻辑上看，暂住人口属于流动人口的一部分，两者是属种关系。其次，从性质上看，根据《中华人民共和国户口登记条例》第15条规定，暂住人口是指在常住地市县范围以外的城市暂住3日以上的人口。这表明，暂住人口是一个法定概念。而流动人口概念还只停留在实践上，没有上升为法律规范。再次，从时间上看，对暂住人口的外出时间规定为3日以上，而对流动人口的外出时间目前还没有统一规定。最后，从管理方法上看，公安机关管理暂住人口，主要依照《公安部关于城镇暂住人口管理的暂行规定》、《租赁房屋治安管理规定》、《暂住证申领办法》等法规依法管理；而流动人口管理还缺乏全国性的统一的法律规范。

2. 流动人口与迁移人口比较

作为机械变动，流动人口与迁移人口有些相似，两者都有一个跨越一定的行政辖区流动的过程，但两者的区别也很明显。首先，人口迁移是制度化的人口流动现象，有严格的政策规定和制度约束；而人口流动的规范尚待明确。其次，迁移人口是指户口迁移，它是一个法定概念。根据《中华人民共和国户口登记条例》，公民从迁出地注销户口，跨越户口管辖区，再到迁入地注册登记落户，就是户口迁移。第一，参加迁移的公民，习惯上被称为移民。迁移人口的前提条件，一是改变法定住所，二是跨越一定的户口管辖区，三是办理户口迁移手续，改变常住户口所在地。而流动人口在流动期间并不改变公民常住地的户口性质。第二，迁移人口属常住人口的动态管理，流动人口则不属常住人口的管理范畴。第三，迁

① 万川：《流动人口概念之我见》，《山东公安专科学校学报》2001年第3期。

移人口与流动人口的动机和目的也不尽相同。迁移人口的动机和目的主要是转业、退伍、被捕、劳动教养、刑满释放、求学、结婚等，流动人口的动机和目的主要是经商、谋生、观光、旅游、探亲访友、度假、求医治病、逃避义务与责任等。第四，两者的落脚点也不同。迁移人口的落脚点是法定住所，流动人口的落脚点是出租房、工棚、车站、码头、船只、厂矿企业内部的临时宿舍、旅社、宾馆。

3. 流动人口与外来人员比较

外来人员是一个以居住地为定义的概念，其多具争议，狭义上是指一个地区的流动人口。如《苏州市外来人员管理规定》第2条规定："本规定所称外来人口，是指离开常住户口所在地，跨市在本市居住的人员，以及在本市行政辖区内跨县（市）、乡（镇）居住的人员。"其广义上所谓"外来"指外地或外国来的，因此可以简单理解为外地或外国来的人员。一部分地区将移民也称为外来人员。因此可以说流动人口和外来人员是对问题的观察角度不同，从狭义上两者外延重合，均包含流动人口，但广义上鉴别的标准有所不同，流动人口可以以户籍地作为必要条件，而外来人员也包含籍贯地的区分。

4. 流动人口与"流民"之比较

"流民"是对中国古代脱离土地农民的称呼，部分学者将流动人口与之相提并论，笔者认为不妥。首先，产生原因不同。回顾中国历史，"流民"多产生于社会动荡、生灵涂炭，社会生产力遭到毁灭性破坏之时，如战乱、自然灾害、赋税徭役压力沉重、土地兼并不断等，多数农民被迫举家迁移；而当前的流动人口多数是由于农村劳动力过剩、城市建设需要、城乡贫富差异等诸多因素造成的，是部分农民主动寻求更好的生活。其次，流动结果不同。大多数"流民"还是离开土地、回归土地，多数最终还是在小农经济下从事农业生产；而当前流动人口其实是从农业人口向非农业人口的转变，把劳动力从土地上解放出来，从事工业生产或服务业。最后，我们还必须重视两者所具有的消极方面带来不同的破坏性。古代中国是一个靠手工生产的农业国家，流民动荡对农业生产的冲击在动乱后可望在较短时间恢复；而当前社会生产力高度发达，社会结构复杂，任何全局性动荡都将造成不可弥补的历史创伤。

基于以上认识，笔者认为，流动人口是一个在我国实行户籍管理制度的情况下，相对于本地户籍人口的称谓。具体来说，流动人口是指离开户籍所在地，跨越一定的行政辖区范围，在某一地区滞留从事各种活动的人口。从动态上看，流动人口是实现了人户分离的地区之间流动的人口；从静态上看，流动人口是某一地区中没有该地常住户口而在该地从事各种活动的人口，或者是某一地区中有该地常住户口却不在该地活动、居住的人口。具体分析流动人口这一定义，包括以下几个要点：第一，从动机与目的上看，流动人口的流动动机和目的具有明确性。目的不明确的，也不能算作流动人口。比如流落街头的精神病人和智障人等，他们虽也参与流动，但不能算流动人口。第二，从时间规定性上看，流动人口的流动时间不宜规定上限，但应该确定一个基本下限。下限具体如何规定，要根据管理需要而定。凡流动时间达到 3 日以上的，应依法纳入到暂住人口管理范围。第三，从空间规定上看，流动人口具有空间位移行为。空间位移的最小范围应该是户口管辖区。在农村，必须是乡镇一级；在城市，必须是街道办事处一级。本乡镇和本街道内的人口流动不应该算流动人口。第四，从户籍性质上看，流动人口在流动期间应该没有定居事件发生，其常住地与现居地具有分离性。如果发生了定居事件，则应该算作人口迁移。流动人口的流动具有周期回归性，即从常住户口所在地流出，到现居住地滞留或暂住，到一定期限还要返回常住户口所在地。

二、流动人口产生的原因

（一）社会经济环境对人口流动的影响

社会经济环境是社会生产力和社会生产关系相结合而形成的。

社会经济环境影响人口流动，可以从生产力的发展对人口流动的影响和生产关系对人口流动的影响这两个方面来区分：

1. 社会生产力对人口流动的影响

一是生产力的发展程度决定着人类改造、利用自然环境的程度，从而决定可供人口流动的地域广度。比如，原来不适宜居住的一些沙漠地区由于科学技术发展水利资源的开发，逐步成为农业基地，吸引了大量人口。二是生产力的发展程度影响着人口的流动量。由于生产力的发展，生产部门增多、技术要求复杂，对人员需求更多，同时，现代交通发展，也为人员流动提供了便利。三是生产力发展程度影响人口流动的流向。远古时期，人向土地肥沃的地区迁徙，现代社会人向着工业发达的大城市集中，都反映出人口主要向生产力发达方向聚集。

2. 社会生产关系对人口流动的主要影响

不同的生产关系对人口流动的影响不同。奴隶占有制生产关系下奴隶的流动只是在奴隶主出卖或赠予奴隶的情况下才有可能，而自由民的流动不受限制；封建制生产关系下，由于以农业生产为主，对农民鼓励流入、禁止流出，更多的流动是由于人为的戍边、拓疆、屯田等；资本主义生产关系以“居住、迁徙自由”标榜其优越性，但是并非真正的自由，而是要得到迁入地（国）的许可，必须有工作还要有相应的技术水平，否则只能短期流动。如当代发达资本主义国家为了保全本国利益，经常以各种理由来抵挡第三世界贫困国家的移民潮。社会主义计划经济下更多的是政治环境对人口流动的影响，市场经济下逐步体现出生产力差距下的自由迁徙。

（二）社会政治环境对人口流动的影响

政治的主要内容是国家制度、阶级关系、民族关系、党派斗争和国际关系等，这些方面构成了一定的政治环境是社会人离不开的。政治环境影响人口流动，既有出于本人意愿的自动流动，也有被迫或强迫性流动；既有国内流动，也有国际流动。主要体现在三个方面：

第一，国家制度变化影响人口的流动。社会变革一般会引起大的移民活动，而所谓的政治难民一般属于此类流动，如东德人向西德流动。

第二，民族关系的变化影响人口流动，这包括民族融合、民族对立、民族战争，等等。我国历史上“五胡之乱”、宋朝南迁等多由此而起。

第三，国际关系变化影响人口流动。国际关系的变化会引起国家间政治性质、经济性质、文化交流、旅游观光性质的人口流动，如前苏联入侵阿富汗造成了大量国际难民。

（三）社会文化环境对人口流动的影响

文化，指人类社会历史实践过程中所创造的物质财富和精神财富的总和。人是社会人，人口的迁徙是从一个地方的文化环境进入另一个文化环境。如果文化差异大对流动影响就大，反之，影响会小一点。古代文化的传递受到制约，迁移民族之间的文化差异大，往往造成一个种族的灭亡。如美洲大陆的开发，就是欧洲人口大量流入造成印第安人逐渐消亡的结果。当代社会经济发展迅速，文化传递快速，而且人的物质生活有了保障，更加追求的是个人的满足，所以不少的人口流动是向着人们心中向往的文化圣地而去。

三、流动人口的特点分析

我国历史悠久，人口流动自古有之，原因多种多样。综合分析我国流动人口现状，大致具有以下三个特点：

（一）流动人口增量迅速

改革开放以来，我国流动人口迅猛增长。1982~2010 年间，流动人口总数从 657 万增长到 2. 2143 亿。仅 2000 年至 2010 年 10 年间，流动人口增长了 1. 1914 亿（见图 1）。据《中国流动人口发展报告 2014》显示，2013 年流动人口已经攀升到了 2. 45 亿，超过了全国人口总数的 1/6。人口流动，是生产力结构变化和社会文明进步的必然结果，是现代社会发展的常态。从社会学的视角看，经济增长较快的国家和地区，人口流动性较高，如美国、日本、东欧和拉美等；经济增长速度较慢或停滞的国家和地区，人口的流动性差，如印度、亚洲等（见表1）。2011年，人口城镇化的比率首次超过了50%。① 但与国际人口城镇化水平相比，我国城镇化发展比较落后，未来进步的空间还很大。随着城镇化速度的加快，我国流动人口的数量会继续大幅度增长。大量外来人口的涌入，也对城市管理和国家法制建设提出了新的课题和挑战。

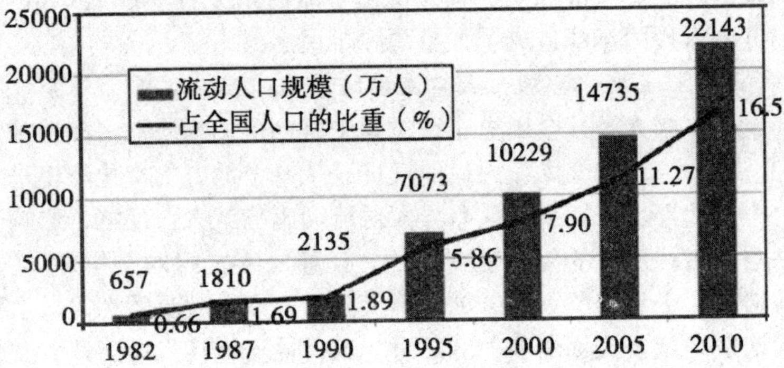

图1 1982~2010年我国流动人口的规模②

---

① 数据参考中国社会科学院社会学研究所发布的《2012年中国社会形势分析与预测》。

② 转引自段成荣、吕利丹、邹湘江：《当前我国流动人口面临的主要问题和对策——基于2010年第六次全国人口普查数据的分析》，载《人口研究》2013年第2期。数据来源：1982~2000年流动人口规模由段成荣等根据1982~2000年历次全国人口普查和1%人口抽样调查数据推算，引自段成荣、杨舸、张斐、卢雪和：《改革开放以来我国流动人口变动的九大趋势》，载《人口研究》2008年第6期。2005年数据引自国家统计局《2005年全国1%人口抽样调查主要数据公报》。2010年数据引自国家统计局《2010年第六次全国人口普查主要数据公报（第1号）》。

表1　人口城镇化的国际比较

	1950年	1960年	1970年	1980年	1990年	2000年
中国	11%	19%	17%	20%	26%	35%
美国	64%	70%	74%	74%	75%	78%
日本	50	70%	74%	74%	75%	78%
印度	17	63%	71%	76%	77%	78%
东欧	39%	48%	56%	63%	68%	73%
亚洲	17%	22%	23%	27%	32%	38%
拉美	42%	50%	57%	65%	71%	77%

（二）数量多，分布广，在大城市出现聚居的新特点

流动人口地域分布广，但流向集中。大量的农村剩余劳动力、下岗职工、失业人员通过人口流动的方式前往大中城市寻找就业机会和生存方式。我国地区发展不平衡，由于大中城市第三产业发展迅速，物业公司、保洁公司和各种形式的中介服务等一系列的服务性行业不断兴起，劳动力需求量逐步增加，城市原有的人口数量不能满足社会发展的需要，必然需要大量的外来人口进入城市。随着流动人口的大量涌入，在大城市中出现了流动人口聚居的新特点。而且，流动人口的来源地区也越来越广泛。改革开放初期，流动人口多为四川、河南、山东等人口大省的剩余劳动力。随着经济发展速度的增快，东北、内蒙古、浙江、甘肃、河北等省的外出务工人员数量增速明显。全国各省、市、自治区，从大城市到中小城市，从内地到边疆，从汉族聚居区到少数民族自治地方，到处都有流动人口的足迹。海南有许多来自新疆的烤肉串者，拉萨街头也有不少

来自浙江的鞋匠……可以说，在市场经济规律的作用下，凡是有条件、能赚钱的地方，都有流动人口出现，全国各地都有流动人口存在。

（三）文化水平相对较低，就业层次较低

说起我国的流动人口，一般意义上便认为是“农民工”的代名词。20世纪八九十年代，大量的农村剩余劳动力进入沿海城市务工，大大地促进了城市经济的繁荣。由于进城务工人员知识水平较低，从事的都是劳动密集型工作。随着经济的发展和产业结构的调整，城市就业机会对进城务工人员的知识水平的要求也相应提高。流动人口的构成已呈现出从原来单纯以农业剩余劳动力为主向多种知识水平、多类型人员发展的趋势。

（四）流动人口近期出现流入后逐步定居的趋势

以北京为例，流动人口进京后滞留时间日趋延长。“居住1个月以下16万人；1~3个月的34.7万人，占9.5%；居住3个月~1年的164.9万人，占45.2%；居住1~3年的94.5万人，占25.9%；居住3~5年的39.4万人，占10.8%；居住五年以上的16.8万人，占4.6%。”[①] 通过这组数据可以看出，流动人口的流动已与20世纪八九十年代的盲目性流动有了很大的区别。人口流动以就业为主要目的，外来人口进入城市后，获得相对稳定的工作便会相对稳定地定居下来，成为城市常住人口。

（五）年龄上以育龄青壮年为主

我国现阶段的人口流动从本质上说，是劳动力在流动。在流动人口中，15~45岁之间的青壮年劳动力成为流动人口的主流。年龄构成年轻是我国流动人口最突出的特征之一。无论是第五次人口普查所显示的有69.9%的流动人口年龄在15~49岁之间，还是近期调查结果所得到的流动人口年龄构成，都体现出了这一显著特

---

① 雷敏、张子析、杨莉：《流动人口的居住状态与社会融合》，载《南京人口管理干部学院学报》2007年第4期。

征。如中国社会科学院与劳动经济研究所2003年9月进行的《中国城市流动人口研究专项调查》表明，40岁以下（不包括40岁）的流动人员占总流动人口的90%；如2004年全国6个城市流动人口抽样调查也表现出流动人口年龄结构具有显著的年龄聚集特点，调查表明，与全体登记人口年龄结构相比，流动人口年龄主要集中在15~45岁之间，占流动人口的80%以上。

（六）形式上以非举家流动为主

流动人口家庭户中哪些人发生流动，哪些人没有流动，流动人口家庭按流动与不流动划分的对比研究还比较少。2004年全国城市流动人口抽样调查显示，流动人口调查对象户均人口数为4.33人，流入本地户均规模为2.11人。也就是说，平均每户有2.22人没有发生流动，即流动人口平均带动能力为1.11人，流动过程中的带动能力还比较小。在被调查人口中，举家流动的被调查者为1312人，占全部被调查者的26.78%。[①] 同时，在所有被调查者中，有配偶的为3039人，其中夫妻一同流动的被调查者为2283人，占有配偶的75.12%；夫妻没有一同流动的人口为756人，仅占有配偶的24.88%。[②] 由此可见，夫妻共同流动的可能性更大一些，也就是说其他家庭成员留居户籍地的可能性更大一些，子女或其他家庭成员一同流动的可能性相对小一些。由此可以推断，流动人口在流动过程中举家流入本地的家庭流入量相对较弱，总体具有明显的非完整家庭流动特征。

四、流动人口的法律地位

特定人群的法律地位，总是与该人群在法律上享有的权利义务，特别是与国家的根本大法宪法所规定的基本权利义务分不开的。目前，流动人口相对于与拥有流入地户口的人口来讲，无论是

① 出自人口网，人口普查数据。
② 出自人口网，人口普查数据。

从享有的权利还是应尽的义务上，流动人口都处于弱势地位。以下从作为公民的平等法律地位和地区居民的差别地位构成的流动人口法律地位的基本特征为标准，从两个方面来分析流动人口法律地位的现状：

（一）宪法规定作为国家公民的平等法律地位

1. 从政治权利方面看流动人口的法律地位

从我国宪法和选举法可知，选举权与被选举权是公民政治参与权利的最基本、最重要的体现。公民享有的选举权和被选举权不因人口的居住行止状态而改变。无论是常住人口还是流动人口，也无论人口的居住期限有多长，只要年满18周岁，均平等地享有参与国家政治生活的选举权和被选举权。

我国的根本政治制度是人民代表大会制度，具体包括全国人民代表大会和地方各级人民代表大会。在全国人民代表大会的代表选举中，我国选举制度的普遍性是可以保障每个公民政治意愿的。但是在地方人民代表大会的代表选举中，则有所不同。一方面，我国实行的户籍管理制度使户口决定了公民享有政治权利和履行公民义务的空间范围，地区居民只能对在户籍所在地的代表进行选举，这就排斥了流动人口选举其所在地人民代表的权利；另一方面，我国《选举法》规定，选区是选民参加选举活动和投票选举代表的区域，选区可以按照居住状况划分，也可以按照生产单位、事业单位、工作单位划分。但无论从何种标准划分，流动人口的选举权都是被排斥在外的，因此流动人口选举地方人民代表的权利是难以实现的。

2. 从社会经济方面看流动人口的法律地位

依据我国宪法和批准的相关国际公约的规定，公民的社会经济权利主要包括劳动权利、劳动者的休息权利以及养老、失业救济和基本医疗在内的各项社会经济福利权利。同时宪法还规定国家必须通过各种途径创造就业条件，以保障公民劳动权利和各项社会经济权利的实现。《劳动法》第2条规定了劳动者的定义，即指与我国境内企业、个体经济组织（以下统称用人单位）形成劳动关系的一切公民。可见，流动人口并不能因为处于流动状态而与常住人口在劳动权利上有任何区别，二者均享有劳动就业权、选择职业权、取得劳动报酬的权利、休息休假权、获得劳动安全保障的权利、接受职业技能培训权、享受社会保险和福利的权利等由法律规范规定的其他一切劳动权利。但在现实生活中由于各地经济的差异，传统计划经济体制下户口迁移规律及与之相配套的社会经济福利制度，在经济转型过程中制度性障碍的惯性作用，使流动人口的社会经济权利较之常住人口还存在巨大的差异。从目前看主要表现在以下两点：

第一，也是流动人口最关心的权利，即在流入地的劳动就业自由权。从政府行政管理的角度看，流动人口的就业保障并没有被纳入地方政府的就业保障范围内，因此流动人口也就难以享受到地方政府提供的就业培训指导；从就业机会的角度看，流动人口的就业机会常常受到当地政府的种种限制，最突出的一个限制就是户口限制，没有流入地户口的流动人口在就业机会上往往少于拥有本地户口的居民。

第二，在流入地享有的社会保障权。流动人口目前还没有享受到地方政府制定的社会保障第三条防线——当地城镇最低生活保障线，并且地方政府不少的福利政策的保障对象是以具有本地户籍的人口为主的，难以顾及到流动人口。形成这种现状的原因主要在于：一是在计划经济体制转向市场经济体制的过程中，法制不健全，没有及时根据实际情况针对流动人口制定出劳动就业保障等相关法律法规；二是地方政府的地方保护主义在政府行政中还比较严重，地方政府出于对地方经济的发展、政府的业绩等方面的考虑，一般都优先照顾当地居民的社会保障权利；三是我国经济发展水平还比较低，地区之间的经济差异巨大，致使在社会保障方面缺乏资金，地方政府也就没有充足的社会保障资金来涉及流动人口在本地的社会保障。

3. 从文化教育方面看流动人口的法律地位

我国《宪法》第46条规定：中华人民共和国公民有受教育的权利和义务。《义务教育法》也有相应规定，国家实行九年制义务教育，国家、社会、学校和家庭依法保障适龄儿童、少年接受义务教育的权利。《义务教育法实施细则》进一步规定，适龄儿童、少年在非户籍所在地接受义务教育的，经户籍所在地的县级教育主管部门或乡级人民政府批准，可以按照居住地人民政府的有关规定申请借读。由此可见，无论是流动人口还是本地居民，适龄儿童和少年依照法律都有接受义务教育的权利和义务，并可见法律对流动的适龄儿童和少年在其流入地有接受教育的权利和义务予以了确认。而在现实生活中，流入地政府往往以户口为借口来限制流动人口子女进入正规学校接受教育。要想进入的话，往往需要支付一笔可观的“借读费”或其他费用。这笔费用对于流动人口来讲是比较巨大的，从而造成了许多流动人口的少年儿童失学现象的发生。究其原因，还是地方政府的地方保护主义在政府行政中表现严重。

4. 从享有的民事、刑事诉讼权利方面看流动人口的法律地位

依据《民法通则》，人口的流动居住与定居状态并不构成对其民事法律地位的影响，流动人口与常住人口处于平等的民事法律地位，平等地适用法律。刑事诉讼法规定，刑事案件由犯罪地的人民法院管辖，如果由被告人居住地的人民法院审判更为适宜的，可以由被告人居住地的人民法院管辖。这表明，无论是流动人口还是常住人口犯罪，都应在犯罪地接受审判，二者在法律管辖上完全平等。

（二）行政法规、规章规定作为地方居民的差别地位

目前，我国有关流动人口管理的法律法规主要包括：（1）《中华人民共和国户口登记条例》；（2）公安部印发的《关于城镇暂住人口管理暂行规定》；（3）公安部公布实施的《租赁房屋治安管理规定》；（4）公安部公布实施的《暂住证申领办法》；（5）部分省、市（区）、省辖市、较大市、经济特区的人大及政府制定的

《流动（暂住）人口治安管理规定（条例）》。这些法规、条例主要形成于计划经济时代，主要在 20 世纪 90 年代早期和中期制定的。当时正处于流动人口大量增加、社会压力巨大、违法犯罪行为人中流动人口所占比例大幅攀升之际，立法带有浓厚的管理部门痕迹，其核心主要体现了政府部门管理的利益，对引导流动人口的合理流动和流动人口的权益保障规定甚少。具体表现在：

1. 地方政治地位的差别

在全国人民代表大会代表的选举中，我国选举制度的普遍性可以确保每个公民政治意愿的表达。但在地方人民代表大会的选举中，各地区均有一定数量的流动人口或外来人口。由于其长期居留在外地，远离户籍地，难以从单位人事管理角度获得正式的身份归属，其选举权与被选举权在流入地无法实现，在户籍地也难以实现，政治权利必然受到一定影响。

2. 地方经济福利地位的差别

流动人口的社会经济权利较之常住人口还存在很大差别：一是劳动就业权利的差别，其中尤以就业机会的不平等为最。农村人口乃至外来城镇人口的劳动就业，往往受到流入地政府的各种限制，更谈不上常住人口享有的就业保障权，其失业也被列为当地政府的“实业人口”，当然也无从获得当地政府的再就业培训指导；二是包括养老、失业、基本医疗在内的劳动者应享有的各项社会保障权利方面差异明显。按照《劳动法》规定，所有与用人单位构成雇佣关系的劳动者都应平等地享有社会保险和福利。对于当地的常住人口，在当前体制下，其社会保险和福利权利能够从体制上得以保证或转移。对于流动人口，其养老、失业、医疗等各种福利权利被忽视或被剥夺，同工不同酬，不同福利待遇的现象相当普遍。

3. 居留地位的差别

按照现行户籍法律制度的规定，流动人口必须持合法有效的身份证件，向户口登记机关履行申报暂住登记的义务。其中暂住 1 个月以上，年满 16 周岁的务工经商、从事服务业等经济型流动人口还必须申领暂住证，作为公民在流入地暂住和在暂住地从事经济活动的合法有效证件，离开暂住地时必须依法注销暂住登记，交回暂住证。2015 年 2 月，中央审议通过《关于全面深化公安改革若干重大问题的框架意见》及相关改革方案。此次改革提出，建立行政审批事项定期清理和行政审批权力清单制度。扎实推进户籍制度改革，取消暂住证制度，全面实施居住证制度，建立健全与居住年限等条件相挂钩的基本公共服务提供机制。落实无户口人员落户政策。建立户口迁移网上流转核验制度和居民身份证异地受理制度，方便异地办理户口和身份证。

4. 文化教育权利的差别

对流动人口中的适龄少年儿童，流入地政府往往以户口为借口限制他们在当地正规学校接受教育的权利，需要支付“借读费”或其他费用。实际上愿意或者能够负担这笔费用的流动人口少之又少，致使大量流动儿童失学或只能在非正规学校接受教育，教学质量很难保证。

五、流动人口的社会作用

（一）流动人口对流出地的影响

1. 正面影响

（1）促进了农村剩余劳动力转移和产业结构优化，提高了农业劳动生产率。新中国建立后，我国农村人口增长率较高，随着生产水平提高出现了大量剩余劳动力，外出“打工”成为其唯一的出路。

（2）给流出家庭和流出地带来了很高的经济效益。根据统计，四川、河南等人口流出大省外出务工人员，每年寄回或带回家的现金或实物均超过百亿。当地农民的购买力也得到提高，促进了当地经济发展和市场繁荣。

（3）带动广大农村地区的经济发展。流动人员在外打工，开阔了眼界、增长了才干、转变了观念、学会了技术、了解了市场、增强了科技意识，他们带回的资金和技术与农村优势相结合，带动了农村经济的综合发展。

2. 负面影响

（1）造成流出地壮劳力流失，农业生产萎缩。由于走出农村的大多是有一定文化基础、体魄健壮的青年农民，留下的多为老弱病残。流出人口太多既影响了农业正常耕作，也影响了农业技术推广。同时，大量劳力外流造成对农业生产性投入减少，农业生产后劲削弱。

（2）大量人口外流造成地区社会发展不平衡。大量青年劳力外流，造成“老人村、儿童村”屡见不鲜。各阶层社会管理人员随之流失或不安于工作，使得社会的正常年龄架构被打乱，使基层组织工作及教育、计划生育等难以开展。

（二）流动人口对流入地的影响

1. 正面影响

一是为城市建设和经济发展补充了必要的劳动力。以上海为例，80%以上的建筑工人均为流动人员，填补了上海劳动密集型行业劳动力缺口。

二是促进了城市产业结构转换，繁荣了第三产业发展，方便了市民生活。大批流动人口从事商业、饮食、家庭服务，极大地丰富了原来国营商店的缝隙，使市民生活更加方便。

三是活跃了城市市场，提高了城市经济效益。流动人员创造了大量的财富，既是廉价劳动力，也是城市中的消费者。他们促进了市场消费，增加了地方财政收入。

2. 负面影响

一是对城市居民就业产生了严重的冲击。与肯干脏、累、苦、险活，工资要求低的流动人员相比，城市居民逐步退出了劳动密集型行业。这就造成了一方面企业大量外招工人，而城市居民大量失业、待业的情况出现。这也是一些地区把一些行业设置为必须要本地户口的根本原因。

二是给城市治安带来了危害。流动人口因其流动快、文化程度低、社会保障差，很容易走上犯罪的道路。2014 年以来上海打击的违法犯罪人员中流动人员比例均超过 80%，他们往往流窜作案、团伙作案、不择手段，给社会治安带来很大危害。

三是给公共事业发展带来了挑战。随着流动人口定居趋势增加，大量违章搭建破坏了城市环境，人口密度增加造成卫生堪忧，无证经营影响了经济秩序，无计划生育、超生等问题均不利于城市的现代化发展。

以上篇幅中，笔者对流动人口的概念进行了评述，对流动人口产生的原因、所处的社会地位、生存环境，以及发挥的社会作用进行了阐述和分析，目的只有一个，证明我国当前流动人口是一个不容忽视的群体。他们在经济建设中发挥着积极的作用，也给社会稳定带来一定难题，必须给这一特殊的社会群体一个公正的法律地位，保障其权利，明确其义务，使这个群体在构建和谐社会中发挥应有的作用。

第二节　中外流动人口法律制度研究

一、国外的人口迁徙法律制度

国外大多采用自由迁徙的制度，换言之，在国外没有流动人口这一称谓。基于工作、学习、婚姻等原因的人口迁徙不受任何限制，包括医疗、教育、失业救济等社会福利一并转移，大大方便了人口的流动。在西方国家，人口的出生、迁移、死亡等均须及时按法律规定进行登记，这些登记事项是人口管理的重要内容。西方国家的人口登记制度早就纳入了法典中，如英国的《出生、结婚注册、死亡登记法》（从 1858 年至今一直沿用并已做了多次修订），法国 1804 年颁布实施至今的《民法典》对出生、结婚和死亡等民事登记事项做了专项规定，荷兰的《人口登记皇家法案》（1936 年公布)，罗马尼亚的《民事证件与民事状况登记法令》(1960 年颁布)，等等①。这些“民事登记”或“人口登记”内容与我国的“户口登记”内容基本类似，甚至更加详细。不同的是，国外的人口登记制度没有城乡二元户籍差别，不是分配利益及资源的重要依据。因此，国外的户籍制度与我国的户籍制度对流动人口的社会管理所起的作用截然不同。前者为人口的有序流动和有效管理起到了积极作用，而后者不仅没有便于流动人口的有效管理反而起了消极的阻碍作用。

(一) 美国的流动人口管理经验

美国是全世界人口流动性最高的国家，享有“车轮国度”的美称，但高度频繁的人口流动并没有造成美国对全国人口管理上的失控。因为美国建立了一套严密的公民身份信息管理系统，进而形成了一套行之有效的流动人口管理体系。每个美国公民从出生之日起就有属于自己的“社会保障号”(Social Security Number，简称为SSN)，即使是一个暂居美国的外国人，也需要申请一个“SSN”。它由美国社会保障总署(Social Security Administration) 颁发和负责管理。众所周知，美国的社会福利体系是相当完备的，而“社会保障号”就是每一位美国公民获得社会保障的重要凭据。所以为了方便社会保障部门能及时联系上自己，美国公民每搬迁到一个地方，都会主动到当地的社会保障机构办理住址变更手续。可以这样说，在美国，“社会保障号”几乎是政府进行所有人口管理活动的基点，其在人口管理中的地位是不可替代的。同时，加上在美国“社会保障号”的信息系统已实现了真正意义上的联网，与之配套的覆盖全社会的信用体系也高度发达，因此任何部门或单位乃至个人均可通过“社会保障号”去查一个人的个人基本情况和信用状

① 江立华:《中外户籍登记与管理制度的比较：兼谈我国户籍制度改革的方向》，载《廊坊师范学院学报》2002 年第 1 期。

况，如有无犯罪记录、偷税记录等。[①] 总而言之，美国通过全国统一且唯一的“社会保障号”就能对流动人口实施隐蔽而严密的监控管理。

（二）日本的流动人口管理经验

日本作为一个人口迁徙自由的国家，其户籍制度在流动人口管理上起了至关重要的作用。日本实行“户籍随人走制度”。公民在迁出之前需先到当地政府办理“住民票”（上标有本人的姓名、性别、出生日期、与户主的关系等，是日本最常用的户籍文本），迁入新址后14天内必须到迁入地政府办理迁入登记手续以变更原来的户籍信息。与此同时，必须在一周内向相关主管部门提出更新国民健康保险证的申请，以享受当地社会福利尤其是医疗保险等福利。因为日本的医疗收费标准比较高，如果没有购买医疗保险，普通工薪家庭通常连普通的疾病都是治不起的，更别说万一得什么大病的了。近些年来，日本推行“居民基本信息网络登记制度”，行政部门可通过给每位居民颁发的唯一登录号在网上查到任何一名居民的联系方式、住所地址等基本信息。这一制度的实施受到了流动人口的一致好评，因为无论选择迁移到哪个城市工作或生活，均可以合法的身份定居下来且有种归属感。注重居民户籍信息管理，不仅保证了日本人口的有序流动，而且有利于流动人口享受当地社会保障福利。从某种意义上来看，这也是日本拥有良好社会治安的一项制度保障，因为有了完备的户籍信息网络资源，一旦发生刑事犯罪案件，很容易通过相关线索找到真凶。[②]

（三）法国的流动人口管理经验

法国的户籍管理内容十分详尽，不仅有公民出生年月日、性

---

① 郁建兴：《全球化：一个批评性的考察》，浙江大学出版社2003年版，第111页。

② 朱冬梅、陈樨圆：《发达国家人口管理办法及对我国的启示》，载《西南民族大学学报》（人文社科版）2007年第7期。

别、单双胞胎等内容，而且还有其父母的职业、经济收入、国籍、宗教信仰等相关内容。法国人的户籍信息与他们的就医、存款等日常生活紧密相关，一旦变动，意味着整个生活将发生较大变化，可谓牵一发而动全身。对于跨地区的人口流动——不论是城里人下乡，还是农村人进城，法国政府都没有任何强制性的行政措施，只要本人愿意，到哪儿扎根都没有人拦着。搬家的话，只需通知以前的社会保险机构，将其个人资料转到新住址所在地的相应机构即可。

（四）泰国的流动人口管理经验

泰国专门颁布了“户口登记条例”，分为外侨、国内公民两部分。其“户籍注册”（相当于我国的户口登记）十分严格，条例规定必须“注册”公民的三部分内容，即收入状况、纳税情况、简历（包括犯罪记录）。简历涉及公民的个人隐私，国家有严格的法律保密制度，有关部门不得随意向社会公布，并且户籍注册还必须让被注册者本人捺指纹，十分严格。这些都是法律明文规定的。与我国户籍管理不同的是，泰国对居民迁移和移居情况有详细规定。泰国实行的是事后迁移政策。条例规定，对符合居住条件及居住期超过6个月的居民，其居住地有关部门可为其办理户籍登记，承认其居住地户籍。而我国实行的是事前迁移政策，居民必须凭迁移地的有关部门核发的准迁证予以迁移。泰国的户籍管理采用的是市场经济原则和法律效力的作用，让不能在某城市（特别是大城市）生存（包括经济收入、住房等）的公民，按市场法则去选择适合自己经济水平的城市居住。这种方法往往较行政手段更为有效。

（五）启示

美国、日本等发达国家的人口管理制度，不论是在制度设计的基本原则及功能上，还是对流动人口的管理方式和管理办法方面，均与我国存在着显著差异。从当今世界发达国家人口管理实践来看，有许多做法值得我国借鉴：一是采用“事后迁移制度”，通过规范化的制度妥善解决流动人员的社会福利关系的转移接续和权益累计问题，切实保证公民的迁徙自由。二是建立完备的人口信息网络查询系统，实现了人口信息的全国共享。美国和日本的实践均证明，在人口信息管理方面运用网络等高科技手段是必要的且完全可行的。当然这需要由相关部门统一制作、维护和管理，政府才能及时掌握人口变动信息，合理宏观调控，配置基础设施和资源，引导人口合理流动。三是设立专门的统筹人口信息工作的管理机构。日本采用这种集中式的管理办法，对于精简机构、统一协调管理人口的自然变动和社会变动有着显著的效果。①

二、我国的人口迁徙法律制度

在我国，户籍制度最初记载于商朝，而到了西周时期，人口登记制度进一步完善。据《周礼·秋官·司民》记载："司民掌登万民之数，自生齿以上，皆书于版，辩其国中，与其都鄙，及其郊野。"春秋战国时期，各诸侯国为了筹集战争经费的需要，陆续建立严格的户籍制度以此稳固税赋。相关制度有"书社制度"和"上计制度"。其中"书社制度"规定"社之户口，书于版图"，"社"是将25家定为一社。而"上计制度"规定每年年底，郡县的长官都要将先一年度的农户和税收的数目作出预算，呈送国君。② 随着封建制度的日趋成熟，明朝时期更加注重流动人口的管理制度。明代法律规定"农业者不出一里之间，朝出暮入，作息之道相互知"。③ 任何人离乡百里，都必须持"路引"。"路引"实际上就是离乡的证明，起到证明人员来源的证明作用。

从我国古代的人口管理制度来看，历代政府对人口的管理制度呈逐步完善与成熟的趋势。我国自古以来就是农业大国，而古代的

---

① 朱冬梅、陈樨圆：《发达国家人口管理办法及对我国的启示》，载《西南民族大学学报》（人文社科版）2007年第7期。

② 《户籍制度》，载百度百科，http://baike.baidu.com/view/138962.htm。

③ 《户籍制度》，载百度百科，http://baike.baidu.com/view/138962.htm。

农业耕作需要有充分的劳动力来保障，所以历代政府都非常重视在籍人口的管理，而且为了保障当地的农业生产，他们反对人口的迁移与流动，慢慢形成了“安土重迁”的习惯，而这种习惯的形成恰恰是国家筹措人力资本的需要。

我国古代对人口的管理制度非常苛刻，严格限制人口的流动和迁徙。我国古代的人口迁徙大都是由战乱、疾病或者自然灾害的原因所导致，并非出于自愿的迁徙。自给自足的自然经济决定了人口的相对稳定性，古代的商业活动是产生人口主动流动的最重要的因素。同时，我国古代封建社会的社会性质也决定了人口不能自由迁徙，人口与土地紧紧的联系在一起。近现代以来，随着商品经济的发展，民主自由思想的传播和社会变革的加剧导致了传统户籍制度的瓦解，传统户籍制度的消亡是历史发展的必然结果。①

新中国成立以来所确立的新户籍制度，仍存在城市户口和农村户口之间的差异性。随着市场经济体制的逐步完善，流动人口的增多，如何完善流动人口的管理制度，如何妥善地进行户籍制度的改革，成为目前迫在眉睫的课题。

1958 年颁布实施的《中华人民共和国户口登记条例》，确立了通过制定相关法律对人口进行依法管理，严格规范了户口登记、户口迁徙、户口注销等一系列的户籍制度，并在常住人口和暂住登记方面做了详尽的规定。② 我国的人口流动现象自 20 世纪 80 年改革开放以来，随着市场经济的发展和人们日益增长的物质文化的需要，现实的社会需求导致大量的农村剩余劳动力向城市转移，特别是向大中城市转移，出现了“民工潮”、“外来妹”等一系列进城务工人员。这些农村剩余劳动力进入城市后，大都分布在服务行

---

① 赵文远:《1958 年中国改变户口自由迁移制度的历史原因》，载《史学月刊》2004 年第 10 期。

② 李晓岩、李志华:《中国人口迁徙轨迹》，载《地理教育》2002 年第 4 期。

业、加工制造业、建筑业等劳动密集型行业，为我国市场经济的繁荣和发展做出了积极贡献。同时，大量外来人员的涌入也对社会治安提出了挑战，其中青少年犯罪问题日益突出。以北京为例，来京务工的流动人口以青年农民居多，其中，14 岁至 17 岁的占外地来京犯罪人总数的 4.7%；18 岁至 25 岁的占 56.6%；26 岁至 35 岁的占 29.7%；36 岁以上的占 9%。[①] 外来人口大量的进入城市，不仅对社会治安产生挑战，对社会保障、劳动、计生部门也提出了新的工作要求。以计生工作为例，各省市自行制定流动人口计划生育管理规范，但人口的流动性要求全国流动人口"一盘棋"管理。因此，国务院于 2009 年 10 月颁布了《流动人口计划生育工作条例》。

另一方面，"据权威预测，21 世纪的前 20 年将是我国工业化、城镇化、现代化快速发展时期，这 20 年最显著的一个特征是大量的农村人口向城市迁移，每年需从农村转移 1500 万以上人口"。[②] 面对如此严峻的流动人口形势，国家各部委纷纷出台有关流动人口的法律法规，以应对流动人口激增而导致的各种社会问题。2001 年，公安部在我国两万多小城镇里，通过降低入户的基本条件，推进小城镇户籍管理制度改革。此次改革将入户的条件降低到"在城镇有稳定的生活来源和合法住所"，凡符合条件的外来人口均可通过申请获得城镇居民户籍。[③] 这一改革步骤是我国户籍改革循序渐进型改革中的一步，我国的人口户籍改革不能采用一刀切或者一蹴而就的改革方式，原因如下：首先，我国是一个人口大国，人口基数大、问题复杂，而且户籍制度在我国已根深蒂固，很多行政部

---

① 赵秉志编著：《刑事法治发展研究报告》，中国人民公安大学出版社 2008 年版，第 75~80 页。

② 人口计生委发展规划司编著：《国家人口发展战略研究报告》，中国人口出版社 2007 年版，第 55~58 页。

③ ［意］切萨雷·杰荣齐：《移民与全球化》，罗红波译，社会科学文献出版社 2006 年版，第 56~59 页。

门的法律法规都与户籍制度紧密相连，因此户籍制度的改革必然会影响到社会发展的多个方面。其次，我国地区间发展不平衡，经济发展水平、社会发展水平等多方面差别显著，只有分阶段、分层次、分步骤的进行户籍制度的改革才能妥善地解决人口管理的问题。再次，我国人口管理的相关立法不完善，户籍制度的改革要求有完善的法律体系做保障。相关的立法不仅需要时间而且需要多部门的协调配合，收集各个部门的法律诉求，完善立法体系。流动人口管理的法制建设与户籍制度的改革密切相关，我们只有逐步地完善法律制度，统筹解决人口问题，通过法律手段才能合理解决流动人口管理的相关问题。

第二章　法治视野下的户籍制度改革研究

户籍制度无论在任何历史时期都是一项重要的社会制度。中国古代的户籍制度是统治阶层控制社会的主要工具，它担负着社会控制和征发赋税徭役的功能。中国古代户籍制度的改革体现了由血缘身份到职业身份的转化；近代，传统的户籍制度随着西学东渐的冲击也翻开了崭新的一页，逐步由家国一体的管理模式向保障个人权利的管理模式转化；在现代，中国户籍制度也同样与劳动、教育、就业等人民切身利益息息相关，而户籍制度也发生了从军事管制到社会治安再到服务于民的制度及理念两个层面上的变化。

第一节　古代户籍制度的改革——从户籍赋役制到保甲制

中国古代两千多年的历史中，封建国家经历了复杂的发展历程，户籍制度作为一个与各种社会关系息息相关的法律制度，它的发展变化在其中起了非常重要的作用。从先秦产生户籍制度的雏形，到秦汉至隋唐封建赋役户籍制度的建立，再到宋元明清封建职业户籍制度的建立，以及清中后期保甲户籍制度的鼎盛，经历了漫长的改革和演变过程。本章古代户籍制度改革的重点是由赋役户籍制向职业身份户籍制的转化，再由职业户籍制向保甲户籍制的转化。

一、"商鞅变法"：对血缘身份的废除

从春秋战国开始，我国封建社会和封建法制逐步形成，各诸侯国纷纷开展了各自的变法活动。商鞅在离魏入秦后主持了两次变法，达到了非常好的效果，使秦国最终统一了其余六国，这也是户籍制度改革的开始。

（一）变法的社会背景

战国时期，奴隶制的政治秩序全面瓦解，西周王室连名义上的共主地位也无法维持。至此，夏商周早期国家所发明和使用的政治控制手段完全失去效用。这种政治和法律制度解体的根本原因是社会经济基础的变化和阶级关系的变化。

从经济情况看，这个时期由于铁制农具和牛耕的推广，生产力得到迅速提高，大量的荒地被开垦，出现了真正意义上的私田，使以土地王有为核心的井田制受到冲击。另外，由于周天子的实力削弱，各级诸侯实际上逐渐取得了所占土地的所有权，于是，井田制从根本上发生了动摇。从政治情况看，这个时期的周天子虽然名义上仍是天下共主，实际上对各诸侯国已逐渐失去控制力量。[①] 过去是"礼乐征伐自天子出"，现在逐渐成为自诸侯出，自大夫出，甚至由"陪臣执国命"[②]。犯上作乱，违礼坏法的情况层出不穷，这种阶级关系的变化，说明奴隶制法律制度正在瓦解，已无力维持统一的奴隶制政权，西周所建立的一整套宗法制度也随之而崩溃瓦解。[③] "礼谊不足以拘君子，刑戮不足以威小人。"[④] 原有的道德规

---

① 孙光妍：《中国法律史简论》，东北林业大学出版社 1998 年版，第 23 页。

② 杨伯峻译注：《论语译注》，中华书局 1982 年版，第 172～179 页。

③ 孙光妍：《中国法律史简论》，东北林业大学出版社 1998 年版，第 23 页。

④ （汉）班固：《汉书》，中华书局 1975 年版，货殖传，第 3682 页。

范和法律制度尽皆丧失对社会的调节作用。

既然宗法礼仪、道德伦理已经丧失了对国家和人民的控制作用，那么唯有实力才能决定国家的地位。因此在战国时期，各国也只讲究现实利益，由于国家经济实力可以在很大程度上决定一个国家的军事力量，而军事力量又可以决定一切，所以发展经济，增强国家军事力量就成为当时各国的要务。秦国在秦孝公时，拜商鞅实行变法，外修刑政，内务耕织，重战伐军功之赏。商鞅所实行的变法有效地推动了国家经济和武力的发展，秦国逐渐成为七国中的强国，合其余六国之力也无法抗衡秦国，并且最终由秦始皇统一了中国。秦国在商鞅变法以后逐步采取了一整套的措施来完善和强化户籍制度。

（二）《分户令》与废除世卿世禄制

在秦国商鞅两次变法中，户籍制度得到强化和完善主要体现在以下几个方面：

首先，颁布《分户令》。为了开垦更多的土地，扩大赋税来源，同时方便户籍管理，商鞅第一次变法时发布了《分户令》，其中规定："民有二男以上不分异者，倍其赋。"① 第二次变法时又规定："令民父子兄弟同室内息者为禁。"② 两次变法强调要求父子、兄弟分居，如果违反的话就要予以惩处。这样的分户政策是打破了原有的家庭合居共助的氏族传统，在经济上增加了税源，在军事上则增加了军队兵源。

其次，废除了世卿世禄的血缘身份制度。在政治上，商鞅废除了世卿世禄制度，按照军功授爵。西周国家的爵位制都是面向贵族的，普通的平民根本没有机会获得爵位，而秦国的爵位制却是面对平民而设的，其授受的基本依据是军功，所以商鞅直接称之为军爵。除国君嫡系以外的宗室贵族，没有军功，就取消其爵禄和贵族

① （汉）司马迁：《史记》，中华书局2010年版，商君列传，第4654页。

② （汉）司马迁：《史记》，中华书局2010年版，商君列传，第4654页。

身份。韩非子曾经说过：“商鞅之法曰：‘斩一首爵一级，欲为官者为五十石之官；斩二首爵二级，欲为官者为百石之官。’官爵之迁与斩首之功相称也。”① 而能以军功获爵，便可得到相应的“田宅、臣妾、衣服”。商鞅变法时规定：“明尊卑爵秩等级，各以差次名田宅，臣妾衣服以家次。”② 军功爵位的高低决定了一个人的社会地位和物质享受的等级。

再次，规定了“什伍连坐”法。春秋战国以来，经济社会快速发展，传统的政治社会秩序陷于瓦解。商鞅采用了“什伍连坐”的办法控制基层社会。这种办法是以五家为伍，十家为什，将百姓编成什伍组织，同一什伍组织的居民互相监督、举告犯罪。若不举告，负连带的刑事责任，即“全民为什伍，而相牧司连坐，不告奸者腰斩，告奸者与斩敌者同赏，匿奸者与降敌者同罚”③。“什伍连坐”有效地控制了人口的自由流动，对基层社会的控制大大增强了。

（三）对后代户籍制度的影响

商鞅实施变法改制后，一方面，它打破了原来贵族的世卿世禄身份，改变在传统社会中贵族无所作为却既富且贵的局面，对立下战功的将士予以重赏，使得平民出身的士兵看到了出人头地的希望，也使那些出身贵族豪门的人们不敢懈怠，对于调动平民出身的军士的战斗积极性和刺激秦国军事力量的强大起到了很大的作用，推动了秦国向富国强兵方向发展。④ 另一方面，《分户令》与“什伍连坐”法使国家对人民的控制不再停留在礼仪的形式上，户籍制度的前提就是所有土地、所有人民都属于封建国家，然后封建国

① 陈奇猷：《韩非子新校注》，上海古籍出版社 2000 年版，第 957 页。

② （汉）司马迁：《史记》，中华书局 2010 年版，商君列传，第 4654 页。

③ （汉）司马迁：《史记》，中华书局 2010 年版，商君列传，第 4654 页。

④ 王威海：《中国户籍制度——历史与政治的分析》，上海文化出版社 2006 年版，第 45 页。

家再把土地分配给老百姓，老百姓被附着在土地上，为封建国家承担各种各样的赋税徭役。这也使得统治者和国家能够更有效地控制基层社会，掌握和控制基层社会的人口自由流动，户口编制自此成为了对基层社会进行控制的重要手段。

二、“王安石变法”：由士族世袭赋役制向职业身份赋役制的转化

宋代由于其社会的进步、经济的发展，使中国封建户籍制度在此发生了重大的转折。从这一时期开始，不仅户籍法律出现了编敕、编例，敕（例）律并行的状态，而且随着门阀士族的衰落和土地私有化程度的提高，户籍由士族身份世袭制开始向职业身份世袭制过渡，其征发赋税徭役的功能也开始逐渐弱化。

（一）变革的社会背景

封建社会前期，政府向民户课税一直是重人、轻财产，也就是说主要是按丁口征发赋税徭役，而不考虑其田产多少。如汉朝的田租、口赋；魏晋南北朝的田租、户调；唐初的租庸调制等，都是以人丁为本，不论土地和财产多少，都要按丁交纳同样数量的绢粟。这种赋税制度是建立在广泛实行均田制，自耕农大量存在，并且都占有一定数量的土地的基础上的。[①] 封建社会后期，土地兼并速度日益加快，农民逐步失去土地，按丁征收租庸调制与土地占有状况日益不相适应。于是，改租庸调制为两税，即主要依据田产多少征收赋税。规定“户无主客，以见居为簿；人无丁中，以贫富为差”。[②] 两税实质上是土地税，只向有田产的民户征收，无地的客户不直接承担两税，故两税更适合均田制废弃后土地私有制进一步

---

① 姚秀兰：《户籍、身份与社会变迁——中国户籍法律史研究》，华东政法大学2004年博士学位论文。

② （宋）欧阳修、宋祁撰：《新唐书》，中华书局1975年版，杨炎传，第21页。

发展的现实。两税按田产征税，纠正了从丁而税之弊，把对人征收的租庸调制废除，成为对物的财产税，是中国封建社会赋税制度的重大改革。从此，中国封建赋税由重丁口、轻田产开始朝轻丁口、重田产方向转变。这种转变同时意味着赋税的征收不再以户籍及其登记内容为唯一的依据，户籍制度征税派役的功能开始分化。[①] 但是这一时期改革的趋势并未凸显，改革的条件也未完全成熟，这也为后世的户籍制度改革积蓄了力量，奠定了基础。

宋朝建立以后，逐渐统一了全国，结束了五代十国的长期分裂。但是在宋代初年，由于战争刚刚结束，户籍依然非常混乱，很难发挥作为政府控制基层社会和征发赋税徭役工具的作用。为了稳定社会秩序，发展经济，重建户籍便成为头等大事。在这一时期，经济得到了恢复和发展，并且出现了一些新行业、新形式等新的经济因素，需要由政府运用制度、政策进行有序调节。宋代统治者开始重视经济立法，宋代成为中国古代经济立法最为活跃的时期，其立法活动频繁，法规内容涉及社会经济活动的各个方面。这其中以法律手段确认租佃关系，成为宋代民事与经济立法发展中最为重要的组成部分。宋初，统治者适应了中唐以来租佃制广泛发展、土地制度日益变化的趋势，对土地采取“不抑兼并”、“土地得以自由买卖”的政策，并且取消了唐代的部曲制，将佃户编为客户，将佃农正式登入国家户籍，成为封建国家的“编户齐民”[②]。在宋代经济发展和土地兼并、土地私有制的发展的社会状况下，两宋按照时代的要求进行了地籍与户籍分离、划分主户与客户的彻底转变，逐渐完成了户籍制度由赋役制向职业身份世袭制的转化，对户籍制度进行了一次较为重大的改革。

---

① 姚秀兰：《户籍、身份与社会变迁——中国户籍法律史研究》，华东政法大学2004年博士学位论文。

② 孙光妍：《中国法律史简论》，东北林业大学出版社1998年版，第113页。

（二）地籍与户籍分离——户籍赋税功能弱化

1.“户籍”

从北宋“方田均税法”到南宋“经界法”乃至“经界推排法”，两宋将“田亩税色，载之图册，使民有定产，产有定税，税有定籍”。① 其结果是唐以来户籍充当地籍凭证和纳税依据的功能开始弱化。至道元年（公元 995 年），宋颁行了“两税版籍”和“税籍”，② 田赋征收册籍从户籍中分离出来并逐渐完备。两税版籍是加盖印迹之后长久保存的征税清册，主要登记各户田产；税籍是依据两税版籍所造的当年赋税征收清册，主要记载户数、夏税、秋苗等内容。③ 此外，随着职役、力役夫役④与两税分立，宋朝户籍又分化出以征派力役和丁税为目的的“丁账”、以征派职役差役为目的的“五等丁产簿”和“形势版籍”、“户帖”等。⑤

“五等丁产簿”，又称物力簿、五等簿、五等簿籍、闰年图、五代版籍等。在宋代，“天下闰年造五等版籍，紫今先录户产、丁推及所更色役”⑥，可见这“五等丁产簿”主要用于记录纳税户的财产情况。“五等丁产簿”当然是分为五等，编造目的也是按照不同的户等征发赋税徭役。所谓“本朝经国之制，县乡分户五等，以两税输谷帛，以丁口供力役”⑦，也就是这个意思。“丁账”又叫

① 梁太济、包伟民：《宋史食货志补正》，中华书局 2008 年版，第 513 页。

② （宋）李焘：《续资治通鉴长编》，中华书局 1979 年版，第 311 页。

③ 孙翊刚、董庆铮主编：《中国赋税史》，中国财政经济出版社 1998 年版，第 143 页。

④ 职役是指由大小地主、富农承担的差役，包括衙前、里正、户长、乡书手等；力役是指由农民承担的无偿为封建国家提供的劳役。参见陈汉生：《中国古代经济法制史纲》，电子工业出版社 1990 年版，第 299~300 页。

⑤ 姚秀兰：《户籍、身份与社会变迁——中国户籍法律史研究》，华东政法大学 2004 年博士学位论文。

⑥ （元）马端临：《文献通考》，中华书局 1986 年影印本，卷十一。

⑦ （宋）李焘：《续资治通鉴长编》，中华书局 1979 年版，第 426 页。

甲册，主要是为征发丁男服役而设。与“五等丁产簿”不同的是，甲册不仅登载主户，而且也登载客户。[①]“户帖”则是有点类似于现代居民的户口本，是政府发给民户的凭证，除了登记该户应该交纳的租赋外，还详细登记了该户所有的财产，由大甲头或者大保长、户长保管。

2.“地籍”

在宋代，户籍制度的一个引人注目的变化就是地籍的出现，而且地籍已经取得了与户籍同等的地位，也能够起到掌握户口、土地亩数、财产情况以及赋税徭役额度的作用。宋代的地籍有很多种，其中比较重要的是砧基簿、庄账等。砧基簿是宋高宗绍兴十二年（公元 1142 年），宋朝制定经界法重新调查民户财产时出现的，从此以后砧基簿便成为农村户口财产登记的基本记录了。砧基簿也是每 3 年编制一次，编制时也是由各主户自陈手实，“民之所有田，各置砧基簿，图田之形，及其亩之四至，土地所宜，永为照应，即田不入簿者，虽有契据可执，并拘入官”。[②]各级乡、县的官吏根据各户上报的情况，经各户签名认可后，绘制成地图，编为乡、县砧基簿。庄账则是纳税户一级主户的庄田簿账，登记每个主户庄田亩数、四至、税额等情况，也是由各户造册上报，由官府审核批印后发还，作为凭证。

地籍的出现，说明了自从唐代实行两税法以来，由于赋税征收的原则已经由两税法以前的“以人丁为本”演变为“以资产为宗”。这样一来，政府编制户籍的目的也由原来的特别注重对人口的控制，演变为土地与人丁并重的原则。客户虽然因为没有土地而不必交纳两税，但是成丁仍然必须服役，后来改为交纳免役钱，也就是说即使没有财产仍然必须交纳人口税。可见宋代政府在重视对

---

① 宋昌斌：《中国古代户籍制度史稿》，三秦出版社 1991 年版，第 104 页。

② （宋）李心传：《建炎以来朝野杂记》，转引自王威海：《中国户籍制度——历史与政治的分析》，上海文化出版社 2006 年版，第 135 页。

土地控制的同时，并没有放松对户口的控制。[①] 总之，户籍制度与土地制度，以及户籍与赋税在一定程度上的分离，都显示出中国古代户籍制度已经出现了异变的趋向。

(三) 主、客户之分——户籍职业身份制的兴起

经过前代的发展，两宋由前代依据门阀和等级取得禄位，和占有土地的制度，转变为主要经由科举考试任命官员，和主要通过买卖取得土地。[②] 伴随这一转变，财富（土地的占有）成为评判人们地位的标准，户籍也因有无田产及田产多寡作为划分依据，将其划分为主户与客户。

1. “主户”

所谓“主户”，是指家有田产，并且承担国家赋役的人户，也称正户。主户又分为乡村主户与坊郭（城市）主户。乡村主户中，既有自耕农、半自耕农，也有地主，包括一部分官户和形势户等具有特殊身份的人家，还包括当时社会中出现的各种专业户，如蚕户、机户、茶户、矿户、盐户、船户等。从宋代官方统计数字看，主户占全国总户数的65%左右。为了相对公平地摊派赋役，宋代在主户中按资产多少评定户等，按户等高低负担赋役。[③] 确定户等的标准有两个：其一是按照土地的多少来划分户等；其二是依照家庭实际拥有的财产当然也包括土地来划分户等，家庭财产主要包括土地（田亩与物力）、浮财（实业物力，如房屋、农具、牲畜、林木）等。宋代确定户等最为重要的标准仍然是土地，其他财产在确定户等时起到参考性的作用。

主户是宋代赋税的承担者，但是主户上下贫富悬殊，因此，引

---

① 王威海：《中国户籍制度——历史与政治的分析》，上海文化出版社2006年版，第135页。

② 郑秦：《中国法制史》，法律出版社1998年版，第193页。

③ 宋昌斌：《编户齐民——户籍与赋役》，长春出版社2004年版，第72页。

起的社会矛盾十分尖锐。宋代的土地制度以“不立田制”和“不抑兼并”为特点，所以土地兼并十分剧烈，土地的集中程度也是空前的。北宋中期以后，占全国1/10的上户占有了全国80%的土地，而占人口总数90%以上的下户和客户所占有的土地只有1/5。在任何时期，生产者与生产资料相分离都必然会造成激烈的社会矛盾。因而宋代的阶级矛盾一直相当尖锐。从北宋初年到南宋末年，各类规模的农民起义从未间断过，而矛盾的核心亦在于土地集中造成的贫富悬殊。①

2.“客户”

“客户”与“主户”相对应，也是宋代的主要户种之一。历代失去土地、租种别人田亩并居住人家房屋的农户，实际上都是客户，不过有时叫浮客或佃客等。与唐代不同，宋代则把客户与主户并列为两大户口类别，宋代的客户乃是身列户籍的编户齐民。在宋代，区别主户与客户的标准是有无田产，客户实际上是宋代佃户的代名词。客户中，既有乡村客户，也有坊郭客户。乡村客户中，有一部分耕佃官田的官庄客户，也有一部分虽无土地，却有耕牛等农具的佃客。从宋代户口统计数看，客户占全国总户数的35%左右，个别地方高达百分之五六十。② 故而宋代也有人认为当时耕种地主田地的客户“盖多于主户”。客户与业主有一定的人身依附关系，有的地主将客户当作奴仆对待，甚至私家处罚、买卖。

“客户”过去“随主属贯，又别无户籍”，至宋代成为国家的编户齐民，有独立的户籍。所谓“户无主客，以见居为簿”，客户

---

① 王威海：《中国户籍制度——历史与政治的分析》，上海文化出版社2006年版，第138页。

② 宋昌斌：《编户齐民——户籍与赋役》，长春出版社2004年版，第72页。

身份开始转换。[1] 在两宋更加剧了这一转换过程，客户在迁移他乡，定居垦荒者，便可编入当地户籍。真宗天禧五年（公元1021年）诏："诸州县自今招来户口及创居入中开垦荒田者，许依格式申入户口籍。"[2] 同时，宋代客户的社会地位已经有了很大的提高，客户正式成为国家的编户齐民，与前代佃户处于贱民的地位已经不能同日而语了。这从一个侧面反映出中国古代国家的逐步成熟。

3."主户"与"客户"的关系

宋代客户对主户的人身依附关系，即佃户对地主的人身依附关系，较前代大大减轻。主户与客户之间基本上形成了一种契约关系，这主要体现在以下两个方面：

第一，宋代的客户逐渐取得迁徙自由权。这一权利经过了漫长、曲折的过程最终得到了确定。宋初，客户虽然成为正式的编户，但当时政府规定："私下分田客，非时不得起移，如主人发遣，给予凭由，允许别主。"[3] 这一规定把分成制佃户的迁徙权完全交给地主，结果使得客户被剥削不能自由移动。但是这样的规定与宋代租佃制占主导地位的经济形态显然不相适应，所以又重新就这一问题作出规定："自今后，客户起移，更不取主人凭由，须每田收田毕日，商量去处，各取稳便，即不得非时衷私起移；如是主人非理拦占，许经县论详。"[4] 这一规定使得客户真正取得了比较大的迁徙自由。这一改变的意义和影响都是巨大的，直至今日，学者们仍然在思考和讨论着如何处理好公民迁徙自由权利的有效实现与社会稳定发展的关系问题。

第二，宋代在实际的司法过程中逐渐明确了客户的法律地位。

---

① 陈汉生：《中国古代经济法制史纲》，电子工业出版社1990年版，第276页。

② （元）马端临：《文献通考》，中华书局1986年影印本，户口二。

③ （清）徐松：《宋会要辑稿》，中华书局1957年影印本，卷一之二四。

④ （清）徐松：《宋会要辑稿》，中华书局1957年影印本，卷一之二四。

在宋初的很长一段时间里，一直都未对客户的法律地位予以明确规定，不过从史籍中所反映出的一些情况仍然可以看出客户的法律地位。例如，宋仁宗嘉祐二年（公元 1057 年），随州司理参军李之父李阮因为殴杀佃户而被判处死刑，后经李恳求以自己的官职代父赎罪，经过宋仁宗特别批准方得以免除死罪。从这段记载中不难看出客户与官户在法律地位上已经处于平等地位。[①] 当然这样的情况后来又有反复，后世的刑罚较之宋仁宗年间有所退步。

总的来说，宋代客户的经济地位、社会地位和法律地位都比前代有了根本性的改善和提高，也是一个不争的事实。客户与主户之间的关系基本上体现为一种契约关系。在双方的关系中，主户并不处于主宰地位，“从历史发展的长河中看，表明佃农的人身依附关系相对减弱……这无疑是一种历史的进步”。虽然，“从契约关系的现实性而言，不过是在新的条件下束缚佃农的一条绳索而已”[②]，但是单纯地从法律规定的角度看，佃农已经享有了比较大的人身自由和较前代更高的地位。从政治的角度看，客户作为宋代的主要生产者，其社会地位相对提高，对于促进宋代社会经济的发展与繁荣起到了决定性的作用。而且，佃户以客户的身份登入国家户籍，已经处在古代国家的控制之下，其对地主的人身依附关系当然也受到阻遏，使宋代避免了佃户对地主人身依附关系的极端化发展，从而彻底消除了地主贵族化的发展趋势，使得宋代户籍制度趋向成熟和稳定。[③]

---

① 王威海:《中国户籍制度——历史与政治的分析》，上海文化出版社 2006 年版，第 140 页。

② 周宝珠、陈振:《简明宋史》，人民出版社 1985 年版，第 133 页。

③ 王威海:《中国户籍制度——历史与政治的分析》，上海文化出版社 2006 年版，第 140 页。

（四）士族世袭制的衰退与职业身份制的兴起

1.“贵贱不移”的改变

主、客户之划分和客户入籍，一方面表明人身依附关系的减弱，有利于人口的流动和经济的发展；另一方面也表明，人们的身份可因对土地占有的变化而发生流转，并不像以往那样是固定不变的。客户一旦拥有土地就有上升为主户的可能，主户若完全丧失土地便降为客户。而科举制度的实行，又使得官僚地主与庶民地主的差距日益缩小，官僚地主除在经济上可免除部分徭役和杂税外，已无多少特权可言。官僚地主和庶民地主都可以通过土地买卖实行土地兼并，并由此改善其进经济地位和社会地位。[①] 总之，社会经济文化的发展变化，必然要对贵贱不移、尊卑有序和重本抑末的户口类别形成冲击。顺应这种发展变化，在维护统治基础的前提下，适时对户口类别之间的关系做些调整，是宋代户籍制度改革的重要体现。

2.“城郭户”的出现

宋代随着社会商品经济的发展，城市人口增多、城市工商业繁荣、城乡分野明显，于是出现了前所未有的“城郭户”，即城市工商户，成为当时社会中与乡村户对应的一个重要的户口类别。从事工商业的“城郭户”，一般有自由营运权，官府按资产多少征收“营运钱”[②]。“城郭户”既可以是主户，也可以是客户。“城郭户”在户籍类别中的正式出现，证明了以基本的职业划分户籍类别被正式载入法律史册，开始了宋代由士族世袭赋役户籍制向职业身份户籍制的转化与演变。与此同时，随着商品经济的发展，两宋出现了专门从事某项生产经营的专业户，如茶户、盐户、船户、茧户、灶

---

① 姚秀兰：《户籍、身份与社会变迁——中国户籍法律史研究》，华东政法大学 2004 年博士学位论文。

② 宋昌斌：《编户齐民——户籍与赋役》，长春出版社 2004 年版，第 76 页。

户、机户、匠户等。这些户类均是按职业划分，还没有专门的户籍，仍属于一般主户。[①] 这些专业户类的出现，为职业身份户籍的发展作了一个铺垫，前世盛行的士族门阀世袭制宣告结束。

三、清代“摊丁入亩”：由职业身份赋役制向保甲制的转化

清代由于社会环境的不断变化，统治者在继承前世户籍制度不能达到控制社会的目的的情况下，开始寻求建立新的户籍管理体系。在这一时期，“摊丁入亩”推动了建立以保甲制为核心的户籍管理制度，同时彻底摆脱了户籍制度2000年来的赋役功能，在户籍法制历史上具有重要的意义。

（一）变革的社会背景

从渊源上看，保甲户籍可以追溯到商鞅变法中的“连坐”之法。后来在王安石变法中，“始联比其民以相保任。乃诏歌内之民，十家为一保，选主户有干力者一人为保长；五十家为一大保，选一人为大保长；十大保为一都保，选为众所服者为都保正，又以一人为之副”。[②] 王安石变法失败后，保甲制度日渐废弛，直至明末，保甲制度才又被重新启用。但是明朝末年，黄册制度和人丁编审因为战乱而陷于废除，明朝的户籍簿册也大都毁于战火，仅余的《万历条鞭册》也已经无法起到征发赋役和户籍管理的作用，保甲制度虽然重新启用，但是并没有盛行，更没有取得良好的效果。所以，清代初年的统治者，一方面努力恢复以明朝户籍黄册为蓝本的户籍管理体系，另一方面鉴于黄册制度在明朝的失败，因而也开始寻求建立新的户籍管理体系。

于是，清朝建立了与黄册在内容上并无太大差异的以人丁编审为主的户籍管理制度。但随着清朝政权的稳固和社会经济的恢复和

---

① 宋昌斌：《中国古代户籍制度史稿》，三秦出版社1991年版，第248页。

② 《宋史》，中华书局1985年版，兵志六，第214页。

发展，单纯以征收丁银为目的的人丁编审制度也不能满足稳定社会秩序的需要。一方面，由于土地商品化的进一步发展，使得土地频频易主，人丁编审跟不上土地买卖的节奏，致使政府财政收入大受影响；另一方面，由于少数民族入主中原以后，民族矛盾与阶级矛盾一直相当尖锐，对基层社会秩序形成威胁，而从明代继承过来的里甲组织根本没有能力担负维持社会秩序和行使基层政权的能力。① 在这种情况下，清政府开始尝试对以“人丁编审”为主体的户籍制度进行改革，以应付日益严重的社会危机。

（二）“永不加赋”与“摊丁入亩”——户籍制度赋役功能的彻底消亡

1.“永不加赋”

清初的统治者比较重视人民的休养生息，经济恢复较快。在这种情况下，人口应该是大量繁育和增长的，但是这些现象并未在人丁编审册簿上面得到反映。为了了解户口增长的实际状况，更为了消除社会矛盾，公元 1712 年，康熙终于颁布了著名的“永不加赋”诏令，“嗣后编审人丁，据康熙五十年丁册，定为常额。其新增者谓之盛世滋生人丁，永不加赋”②。

康熙希望以“滋生人丁，永不加赋”的措施来使隐漏的新增人丁反映到人丁编审的册簿中来，但是这一看上去十分有效的措施，并未使康熙了解真实的人丁户口数字的希望得以实现。不过“永不加赋”虽然未能从根本上解决人口统计数字的问题，但是这一措施的积极意义是不容否定的。因为这一措施不仅是中国古代历史上难得的善政，而且也表现出统治者希望以固定税额来减轻人民负担，从而缓解社会矛盾的愿望。

---

① 王威海：《中国户籍制度——历史与政治的分析》，上海文化出版社 2006 年版，第 207~208 页。

② （清）席裕福纂：《皇朝政典类纂》，上海图书集成局清光绪二十九年（公元 1903 年）版，户役一，第 325 页。

更重要的是，“永不加赋”的措施虽然没有解决隐漏人口数字和赋税收入减少的问题，但是从一定的意义上讲，“永不加赋”是户籍制度进行彻底改革的催化剂。正是由于“永不加赋”的实行没能达到预期的效果，才使得清代统治者必须对户籍制度进行更加彻底的改革，可以说是“永不加赋”促使了“摊丁入亩”的正式出台。

2.“摊丁入亩”

“永不加赋”等一系列改革实际上是为“摊丁入亩”的实行准备了条件。康熙五十年（公元1711年），清政府开始在部分地区试行“摊丁入亩”，即把康熙五十年所征收的丁银总额按照田亩分摊到田赋中去。雍正二年（公元1724年），“摊丁入亩”开始在直隶地区实施，标志着这一制度已经实际上得到认可。至雍正七年（公元1729年），“摊丁入亩”终于开始在全国范围内推广实施，只有个别地区延至乾隆时期才实行“摊丁入亩”。①

“摊丁入亩”的推行，使得丁银全部摊入田赋之中。延续了两千年的人头税从此不再单独征收，人身不再成为赋役征发的依据，传统的人丁、财产双重的征发赋税的标准演变为仅仅以财产（土地）为依凭的单一赋税标准，财政收入因此固定下来。因此可以说，是“摊丁入亩”结束了中国古代户籍制度在财政赋税方面的历史使命，从此，户籍制度摆脱了几千年来的赋役功能。

（三）保甲之法——户籍保甲制的转换

保甲之法始于商鞅变法中“保甲连坐”之法，这是保甲制度在法律中的最初体现，是基层社会组织建立的开端。后来，王安石变法中也有保甲制度的明确规定，但是保甲制度一直没有达到鼎盛。清初，为了控制社会、稳定社会治安，政府宣布“编制户口保甲之法”。史载，“世祖入关，有编置户口牌甲之令。其法，州

① 王威海：《中国户籍制度——历史与政治的分析》，上海文化出版社2006年版，第209页。

县城乡十户立一牌长，十牌立一甲长，十甲立一保长。户给印牌，书其姓名丁口。出则注所往，入则稽所来。其寺观亦一律颁给，以稽僧道之出入。其客店令各立一簿，书寓客姓名行李，以便稽察。”① 但此时由于沿用明末户籍编审制度，保甲户口印牌的作用并不明显。

顺治六年（公元 1649 年），清政府首次以保甲的名义颁布法令规定：“各处逃亡民人，不论原籍、别籍，必广加招徕，编入保甲。”② 保甲组织正式开始建立，但是并不顺利。康熙四十七年（公元 1708 年）清政府再次颁布保甲法令：“弭盗良法，无如保甲，宜仿古法而用以变通。一州一县城关若干户，四乡村落若干户，户给印信纸牌一张，书写姓名、丁男口数于上。出则注明所往，入则稽其所来。面生可疑之人，非盘诘的确，不许容留。十户立一牌头，十牌立一甲头，十甲立一保长。若村庄人少不及数，即就其少数编之。无事递相稽查，有事则互相救应。保长、牌头不得借端鱼肉众户。客店立簿稽查，寺庙亦给纸牌，月底令保长出具无事甘结，报官备查，违者罪之。”③ 这一次的规定显然借鉴了明代后期的某些内容，并且表现出与前两次不同的特点。这种特点体现在这一次的规定中较之以往的规定更为详细，在保甲组织的编制体系、编制范围、保甲组织的功能方面都做了较为明确的规定。但由于保甲组织承担着户籍管理的基本工作，其建立依然很难受到地方官员的重视。④

保甲组织的治安功能在摊丁入亩实施后得到了充分的显现。清

---

① 赵尔巽：《清史稿》，中华书局 1977 年版，食货一，第 124 页。

② 《清世祖实录》，中华书局 1985 年影印本，卷七。

③ （清）刘锦藻编纂：《清朝文献通考》，浙江古籍出版社 1988 年版，职役二，第 143 页。

④ 王威海：《中国户籍制度——历史与政治的分析》，上海文化出版社 2006 年版，第 214 页。

政府再次颁布保甲的法令。雍正四年（公元 1726 年），颁布法令内容包括地方官的保甲考成法和保甲执事的赏罚条例，其中规定："地方官不实力奉行者，专管、兼辖、统辖各官分别议处。"① 雍正九年（公元 1731 年），又规定"令江南苏州坊设立坊总，甲长"，"又令甘肃回民通编保甲，选掌教数人，以资稽查。"② 经过康、雍两朝的整顿，清代保甲制度日臻完备，到乾隆初年，全国普遍设立了保甲组织。③ 清乾隆初年，保甲组织已经初具规模，并开始产生效果，其情形正如乾隆所说的，"直省各州县设立保甲门牌，土著流寓一切护列，原有册籍可稽"。④

我们从保甲制度发展过程可以看出，作为保甲制度本身，其主要的目的是强化统治者对人民的控制。如前所引，"出则注所往，入则注所来……其客店令各立一簿，书寓客姓名行李，以便稽察"。清代最初推行保甲制度的目的也在于此。因此，保甲户籍突出了户籍的治安功能，强化了国家对人口的全面控制，从有服役义务的人丁到所有妇孺人口。但事实上，随着保甲制度的普遍推广，保甲户籍的功能日趋扩大，由编查人户，又扩展到原有赋役户籍的催缴税粮和承办州县官府飞差杂役等职能。⑤ "凡一州县分地方若干，一地方管村庄若干。其管内税粮完欠、田室争辩、词讼曲直、盗贼生发、命案审理，一切皆与有责。遇有差役所需器物，责令催办。所有人夫，责令摄官。稍有违误，扑责立加。终岁奔走，少有暇时。乡约、里长、甲长、保长，各有责成，轻重不同。凡在民之

① 《清世祖实录》，中华书局 1985 年影印本，卷四六。

② （清）刘锦藻编纂：《清朝文献通考》，浙江古籍出版社 1988 年版，职役三，第 107 页。

③ 聂红琴：《清代前期的户籍与赋役》，载《史林》2001 年第 1 期。

④ （清）刘锦藻编纂：《清朝文献通考》，浙江古籍出版社 1988 年版，户口一，第 223 页。

⑤ 姚秀兰：《户籍、身份与社会变迁——中国户籍法律史研究》，华东政法大学 2004 年博士学位论文。

役大略如此。"[①] 这说明在封建社会本质未变的情况下，统治者始终会给户籍制度附加上许多社会功能，以期待能达到统治目的。

（四）户籍制度赋役功能的消亡与保甲制度的兴盛

1. "摊丁入亩"使户籍制度摆脱赋役功能

"摊丁入亩"的实行对于中国古代户籍制度产生了深刻的影响，并使之产生了深入的变革。自秦始皇以来，中国古代国家通过户籍制度实行政治控制与经济剥削相结合的统治方式，但是到了清代，这种统治方式已经无法继续下去，"摊丁入亩"是最好的证明。同时也表明，随着社会生产力水平的提高和商品经济的发展，古代国家只能放松对户籍的管理，人民对国家的依附关系随之发生根本性的减弱。同时，"摊丁入亩"也使得中国古代户籍制度得以摆脱赋役征发的功能，成为比较单一的制度。而更为重要的是，由此中国古代国家解决了由于土地商品化和私有化所必然造成的政府财政危机。不过从某种程度上讲，这已经不再是政治控制与经济剥削合二为一的户籍制度了，也已经不再是原本意义上的古代户籍制度了，户籍制度的性质至此已经发生转变。[②] "摊丁入亩"制度，结束了中国古代户籍制度在赋役方面的历史使命。

2. 保甲制度的兴盛和瓦解

保甲制度在经过不断改进和完善之后，作为清代政府控制社会的有力手段，在相当长的一段时间里适应了变化了的社会现实，对维持清政权起到了重要的作用。第一，保甲制度维持了基层社会的统治秩序；第二，保甲组织的建立使清政权的政策可以顺畅的执行；第三，保甲制度促进了中央与地方、基层社会的密切结合。但是随着保甲制度的普遍推广，保甲户籍的功能日趋扩大，由编查人

---

① （清）刘锦藻编纂：《清朝文献通考》，浙江古籍出版社 1988 年版，职役三，第 101 页。

② 王威海：《中国户籍制度——历史与政治的分析》，上海文化出版社 2006 年版，第 212 页。

户，又扩展到原有赋役户籍的催缴税粮和承办州县官府飞差杂役等职能。最终，在封建社会本质的要求下，户籍制度很难彻底摆脱赋税功能，很难对人身的束缚有彻底的改变，人民依然是被“编牌入甲”，受到控制。①

因此，保甲制度的全面瓦解是历史的必然，但是它却为中国古代户籍制度画上了一个并不完美的句号，中国古代国家以政府强有力全面控制基层社会的统治方式至此也已经结束。保甲制度的结局再次反映出，随着具有开放流动特征的商业社会经济的发展，无论统治者以何种方式改变和强化原有的统治方式，都无法改变人身日趋自由、经济日趋开放的社会发展趋势。中国古代国家的政治统治方式破产以后，中国国家的统治方式面临着一次根本性的考验和变革。②

（五）清代流民问题的成因及政策探析

流民，是中国古代封建社会一种特殊的社会群体。关于流民的含义，《明史·食货志》解释为：“年饥或逃兵他徙者曰流民。”③《辞海》则认为流民是“因自然灾害而流亡在外，生活没有着落的人。”④ 二者含义相当，即都认为流民是指因各种天灾人祸而背井离乡的百姓（以农民为主）。流民问题一直困扰着中国历代封建统治者。作为中国封建王朝的集大成者，清代在管理和控制流民方面已经比较成熟与完备，拥有一套独立完整的社会调整体系。通过对清代流民政策的深入研究，可以为正确解决现实难题提供一些可资借鉴的历史经验或启示。

---

① 姚秀兰：《户籍、身份与社会变迁——中国户籍法律史研究》，法律出版社 2004 年版，第 57 页。

② 王威海：《中国户籍制度——历史与政治的分析》，上海文化出版社 2006 年版，第 222 页。

③ （清）张廷玉：《明史》，中华书局 1974 年版，卷七十七，第 1878 页。

④ 辞海编辑委员会编：《辞海》，1979 年版缩印本，上海辞书出版社 1980 年版，第 952 页。

1. 清代流民问题产生的社会背景

清朝开创了中国历史的新局面，康雍乾盛世时的政治和经济发展到了封建专制社会的顶峰，但是清代的流民问题依然十分严重。每逢天灾人祸，百姓流离失所，土地闲置荒芜，正常的生产难以维持。流民积聚成祸使社会生产力遭到巨大的破坏，社会经济发展停滞乃至倒退，充分地暴露出清代日益尖锐的社会矛盾。概括起来，清代形成大规模流民浪潮的主要原因有：

首先，保障满族贵族利益的“圈地运动”逼迫大批农民失去土地而流亡。为了安抚满族贵族和笼络八旗将士，清代先后出现了三次大规模的“圈地运动”（见表2），疯狂地掠夺汉人土地。“圈田所到，田主登时逐出，室中所有皆成其所有，妻孥丑者携去，欲留者不敢携。”[①] 据史料记载，皇室贵族圈占了土地大约2.2万余顷，八旗官兵圈占高达14万余顷的土地。被学术界列为“清初五大弊政”之一的“圈地运动”，加重了土地的兼并和集中，不仅肆意破坏了正常的农业生产，还严重地激化了社会矛盾。“被圈之民，流离失所……相从为盗，以致陷罪者多。”[②] 被剥夺土地的农民，由于得不到及时和妥善地安置和解决，一部分沦为地主的佃户，另一部分流离失所，被迫背井离乡，形成了巨大的流民浪潮。还有人数众多的农民群情激愤加入了抗清的队伍。

① （明）史敦：《恸余杂记》，中华书局1959年影印本，圈田。

② 《清世祖实录》，中华书局1985年影印本，卷三十一。

表 2　清初三次大规模的圈地运动

时　间	内　容
顺治元年（公元 1644 年）	“我朝定都燕京，期于久远，凡进京各州县无主荒田及明国皇亲、附马、公、侯、伯、太监等，死于寇乱者，尔部可概行清查，若本主尚存，或本主已死，而弟子存者，量口给与，其余期于田地，尽行分给东来诸王、勋臣、兵丁人等”①
顺治二年（公元 1645 年）	“凡无之地，查明给与八旗下耕种”②
顺治四年（公元 1647 年）	“应于近京州县内，无论有主无主土地，拨换去年所圈薄地，并给今年东来满洲”③

其次，自然灾害是造成流民问题层出不穷的重要诱因。“一部二十四史，几乎同时也是一部中国灾荒史。”④ 据学者统计，“清代灾害之频数，总计 1121 次，其中，旱灾 201；水灾 192；地震 169；雹灾 131；风灾 97；蝗灾 93；歉饥 90；疫灾 74；霜雪之灾 74。”⑤与前朝比，清代自然灾害发生得极为频繁，其发作次数和频率令人触目惊心（见表 3）。以单个家庭为生产和生活单位自给自足的小农经济，生产力水平低。在封建地主阶级巧取豪夺之下，农民们缺乏抗御自然灾害的能力。因此，在社会救济能力有限的情况下，每逢旱灾、洪灾、瘟疫等灾难，饿殍遍野，民不聊生。如清朝光绪元年（公元 1875 年）至四年（公元 1878 年）间，发生了近代最严

① 《清世祖实录》，中华书局 1985 年影印本，卷十二。
② 《清世祖实录》，中华书局 1985 年影印本，卷二十。
③ 《清世祖实录》，中华书局 1985 年影印本，卷三十。
④ 《清世祖实录》，中华书局 1985 年影印本，卷二四零。
⑤ 邓云特：《中国救荒史》，商务印书馆 1993 年版，第 32 页。

重的特大旱灾——“丁戊奇荒”①，被称作“二百余年未有之灾”②。灾荒袭击了上百个州县，殃及二亿多人口，约占当时全国人口总数的一半。共造成1000万左右百姓死亡，流民人数高到2000万以上。③ 紧随其后甘肃的8级地震、骇人听闻的瘟疫和狼鼠灾害，把人们彻底推向惨绝人寰的人间炼狱。灾民生不如死，只能束手待毙或四处逃荒。

表3　清代自然灾害发生次数及频率比较表④

朝代	秦汉	唐	宋	元	明	清
次数	375	493	874	513	5105	5344
频率	0.85次/年	1.7次/年	2.7次/年	5.31次/年	18.5次/年	19.9次/年

再次，赋税沉重、劳役频繁、官吏贪赃猖獗也是造成流民问题日益严重的主要原因。赋税和劳役是国家政治和经济制度中的重要内容。繁役重赋是套在农民脖子上的枷锁，当其不堪忍受之际，逃亡只能是唯一的选择。影响清代国家机器正常运转的另一大顽疾是贪污腐败。上到高官权贵贪赃枉法、蚕食鲸吞，下到衙役书吏欺压百姓、中饱私囊，沆瀣一气、腐化堕落的官场使百姓怨声载道、苦不堪言。“有私贿者，以富为贫，有素嫌者，以贫为富，稍拂其

① 由于灾荒以1877年至1878年为主，光绪三年（公元1877年）为阴历干支纪年丁丑年，光绪四年（公元1878年）为阴历干支纪年戊寅年。所以史称为“丁戊奇荒”，又称“丁丑奇荒”。因山西和河南受灾最严重，所以又被后人称为“晋豫大荒”。参见张之洞：《张文襄公全集》奏稿卷三。

② （清）曾国荃：《请饬拔西征军饷疏》，曾忠襄公奏议，卷五，第33页。

③ 《光绪东华录》中华版第1册；马士：《中华帝国对外关系史》第2卷；《东方杂志》第26卷第5号等。

④ 闵宗殿：《关于清代农业自然灾害的一些统计——以〈清实录〉记载为根据》，载《古今农业》2001年第1期。

意，从重苛派，以致各处富户争向地方官求情纳贿，避重就轻，罗掘之资率归中饱。”[①]。相较于天灾，风行于官吏中的贪污腐败对社会的危害力更为巨大。特别是在救荒救灾期间，贪官污吏以赈灾之名欺上瞒下，侵吞克扣，置百姓于水深火热之中。

最后，相对的人口过剩是造成农民流亡的另一个不可忽视的重要因素。中国传统社会中，人们有着浓厚的乡土观念。“安土重迁，黎民之性；骨肉相附，人情所愿也。”[②] 百姓崇尚“兄弟析烟，亦不远徙，祖宗庐墓，永以为依”[③]，只有在迫不得已下才会远走他乡。清代政局稳定，人口飞速增长（见表4）。从乾隆十八年（公元1753年）至道光二年（公元1822年）间，人口增长了近一倍，但在人口数量突飞猛进时，耕地总量变化无几。“户口虽增而土田并无所增。”[④] 清道光三十年（公元1850年），人口从明洪武元年（公元1368年）的6000万攀升到43000万人，人均耕地急剧下降，从14.5亩跌至1.8亩。[⑤] 土地相对短缺引起土地价值剧增和土地兼并加快，数量庞大的农民丧失了赖以生存的土地，走上了流亡之路。

---

① 朱寿朋：《光绪朝东华录》，中华书局1958年版，第668页。

② （东汉）班固：《汉书》，中华书局1962年版，卷九，第292页。

③ （明）王鏊重：《震泽编》，明弘治十八年（公元1505年）刻本，卷三。

④ 王学泰：《游民文化与中国社会》，北京学苑出版社1999年版，第75页。

⑤ 王学泰：《游民文化与中国社会》，北京学苑出版社1999年版，第75页。

表 4　清中期人口超载情况表①

年份	实际人口	耕地总量（百亩）	人口承载力	人口超载率
乾隆十八年（公元 1753 年）	183,678,259	7,352,218	183,678,259	100.0%
乾隆四十九年（公元 1784 年）	286,321,307	7,605,694	190,142,350	150.8%
嘉庆十七年（公元 1812 年）	333,700,564	7,886,256	197,156,401	169.2%
道光二年（公元 1822 年）	372,457,539	7,562,102	189,152,550	196.9%

2. 清政府针对流民问题的政策选择

“安土重迁”的百姓为了求生或反抗阶级压迫而被迫流散逃亡，他们或流落异地沦为乞丐，或聚众自保，或揭竿而起，使国家的政治和经济遭到空前的破坏，成为社会动荡的主要根源，甚至有可能成为朝代更迭的主导力量。历代统治者不得不高度重视流民现象和流民问题，不断审视和反思统治之策、调整和改善治国之道，这在一定程度上推动了社会发展和历史进步。清代统治者在继承历代治理流民良策的基础上，根据本朝特色和实际情况予以完善，形成了一套结构完整、日趋成熟的应对机制。

（1）未雨绸缪，建立预防机制。古人云：“与其辑之于既流之

① 转引自季泓旭、李信：《清中期的人口承载力与人口超载》，载《哈尔滨师范大学社会科学学报》2013 年第 3 期。转自梁方仲：《中国历代土地、户口、田赋、统计》，上海人民出版社 1980 年版，第 431 页。

后，不如抚之于未流之先”[1]。解决流民问题，加强防范具有更重要的意义，因此统治者首先从形成流民问题的根源入手。

①抑制土地兼并、减轻农民租赋。通过一些控制兼并土地的政策，使耕者有其田，让农民能够安居乐业。适度减轻赋税徭役，避免农民因过度剥削压榨而游走他乡。此外，清统治者还通过奖励农耕、兴修水利、整饬吏治等方式减少流民现象的发生。

②将乡民外流数目与官员升迁考绩相挂钩，规定奖惩之法，抑制乡民外出。地方官员如果隐瞒不报，严厉责罚。

③积极防灾备灾。“救荒之策，备荒为上。……备荒莫如裕仓储。”[2] 为了控制灾民对社会的猛烈冲击，清政府重视防灾减灾、积极积谷备荒、完善仓储制度、大力鼓励垦荒，促进了社会的稳定和经济的增长。

④灌输孝道，提倡“父母在，不远游，游必有方。”[3]。为了在思想上加强对民众的控制，统治者大力灌输儒家传统的伦理道德观念，积极推行重农抑商的政策，长期禁锢农民的意识和行为。

(2) 安抚救助。在吸取古代救灾备荒经验与教训的基础上，清代规定：“凡荒政十有二：一曰备祲；二曰除孽；三曰救荒；四曰发赈；五曰减粜；六曰出贷；七曰蠲赋；八曰缓征；九曰通商；十曰劝输；十有一曰兴土筑；十有二曰集流亡。”[4] 这十二项措施又各自有着一套内容具体、程序完整的制度性规定。可见，清代的荒政已经发展得相当成熟和完备。为了让灾民尽早回原籍恢复生产，防止灾民形成流民潮威胁作乱，清代的安辑措施主要是资送和留养。即对于愿意回家的灾民，清政府派人护送回籍，并赠与一定

① 李文海、夏明方：《中国荒政全书》（第二辑第四卷），北京古籍出版社 2004 年版，第 238 页。

② 康沛竹：《灾荒与晚清政治》，北京大学出版社 2002 年版，第 73 页。

③ 杨伯峻：《论语译注》，中华书局 1980 年版，第 40 页。

④ 《钦定大清会典》，光绪二十五年（公元 1899 年），卷一九一。

的费用。如雍正元年（公元 1723 年），朝廷确立的流民资送费用为“每口每程给银六分，其间有老病不能行走者，每口每程加给三分，以为脚力之费，委官护送。”① 对于因为某些特殊情况暂时不能回家的灾民，予以收养，等情况消除或好转，再资送回家。如乾隆七年（公元 1742 年），江苏、安徽水灾，灾民纷纷外出。乾隆皇帝为此发布上谕：“著江南及河南、山东、江西、湖广等省督抚，各严饬地方有司，凡遇江南灾民所到之处，即随地安顿留养，或借寺庙，或盖棚厂，使有栖止之所。动用该处常平仓谷，计口授粮，据实报销，并训谕约束，不得籍端生事。至于灾民聚集众多之处，则更委道府大员专行督察，及冬月水消春初耕种之时，有愿归本乡者，即资送回籍”。②

（3）吸引或强制还籍。安抚救助作用极其有限，在实践中还会由于执行不力无法落实到位。为了使百姓重新依附于土地，尽快恢复社会生产秩序和保证国家稳定的税收，清政府通过大力度的除积欠、减免赋税、免除徭役等方式诱使流民返回原籍。这些措施，在实践中也取得了一定的效果，回乡复耕的流民数量大幅度增加。对于部分确实不愿意返回原籍的流民，政府则授予他们一定数量的土地，允许在流入地入籍和缴税纳粮。统治阶级也会招募一些身强体壮的流民当兵，以防止流民沦为匪贼。此外，还有一些流民，在严刑峻法下被强制遣返，因不满和反抗而被杀或遭流放。

（4）招徕垦荒。“民之为道也，有恒产者有恒心，无恒产者无恒心。”③ 孟子认为，普通百姓有了家产，才能安定守本分；没有家产的人就会做事无所顾忌。为了缓解尖锐的人地矛盾问题，顺治六年（公元 1649 年），清统治者颁布了《垦荒令》；顺治十四年

---

① 《光绪朝大清会典事例》，石印本，1899 年，卷二八八。

② 《光绪朝大清会典事例》，石印本，1899 年，卷二八八。

③ 杨伯峻：《孟子译注》，中华书局 1960 年版，第 17 页。

(公元 1657 年)，又颁布了《垦荒劝勉则例》[①]。“天下有田之民易安，无田之民难安”[②]。清政府招徕无地、少地的流民到土地资源丰富、地广人稀的地区垦荒，对开垦超过一定数目的予以奖励。同时，还不断修改垦荒奖惩条例，将垦荒的数量和户口的增减作为考核依据，以此刺激各级地方官员积极督垦。开垦荒地使流民安家固本，有了最基本的生活保障，促进了农业生产的发展，有利于国家赋税的征收。

(5) 棚民政策。据《皇朝通志》载：“棚民乃民人搭棚山旷居住，或种麻种箐，开炉煽铁、造纸、作菇为业。”[③] 清代的棚民大都是一些不堪忍受生活穷苦的农民，絜妇将雏离开原籍，迫于生计居住在偏僻山区的茅棚里。他们利用山区资源，从事手工业或农业生产活动。棚民在给自己带来可观收入的同时，也促进了山区经济的繁荣。但过度的采伐严重地破坏了山区的植被和生态环境。再加上棚民脱离户籍管制，极易发展为盗匪，不利于社会稳定。因此，清初严厉打击和竭力驱逐棚民。雍正年间，虽然依旧严格监管这些棚民的日常生活，但已开始灵活变通地处理棚民问题，准许其取得户籍和参加科考。

(6) 加强户籍管理。清统治者认为，“况利之所在，易聚奸匪。讹言煽诱无籍之徒，蝇营蚋噬，偷窃争闹之衅必生”。[④] 历来都将户籍制度作为治理和防范流民的主要手段。首先，劝农重耕，“逐末者引之以务农，游手者教之以学稼”，[⑤] 使百姓都能自食其

---

① 《清世祖实录》，中华书局 1985 年影印本，卷一零九。

② （清）贺长龄：《皇朝经世文编》，道光七年（公元 1827 年）刊行，卷二七，户政。

③ 《文渊阁四库全书》，上海古籍出版社 1987 年版，第 645 册，第 234 页。

④ 《朱批奏折》，乾隆九年（公元 1744 年）直隶总督高斌奏。

⑤ （清）贺长龄：《皇朝经世文编》，道光七年（公元 1827 年）刊行，卷三六，户政 · 农政，张允随，劝农三策疏。

力。其次，强化户籍登记，限制游民的产生。清代“严游民之禁，百姓不谋生业者，宜置常罚，令乡晋邻里，时简举之”。[①]“倘有游手无赖之徒，诱惑乡愚成群出走，势难阻止者，即访明去路报官，查明为首号召之人，重处枷示。”[②]企图把农民紧紧地捆绑在土地上。再次，严格管理户籍，明文规定“外来游民不入户册者，例不给颁”，[③]使流民在异乡无法谋生。最后，加大惩治流民的力度。“查定例，游手好闲不务本业之流，演弄拳棒轮叉舞棍者，杖一百，流三千里。”[④]清代还延续了明朝的保甲制度，通过联保连坐法稽查游民，使“奔亡者无所匿，迁徙者无所容”。[⑤]

这些安置和应对流民问题的措施，在一定程度上缓解了社会矛盾，对恢复生产、维护社会稳定和发展起到了一定的积极作用。但清代中期以后，流民问题日益严重。虽然国家煞费苦心地堵截，但由于封建社会不可调和的阶级矛盾，流民问题始终不能彻底根除，发展成为社会的隐患。

3. 清代流民政策对当前户籍制度改革的启示

改革开放以来，随着城镇化建设步伐的加快，我国出现了大规模的人口流动。剧增的城镇流动人口为城市的快速发展做出了巨大的贡献。但也对政府管理和公共服务提出了严峻的挑战。

（1）现代流动人口与流民的比较分析。古代中国是以农业生产为主导经济的社会，土地是人们主要的经济来源，百姓完全依赖土地而生活。国家为了保证税赋和维持治安，也通过户籍制度严格

---

① （清）贺长龄：《皇朝经世文编》，道光七年（公元1827年）刊行，卷四一，户政·荒政一，魏僖，救荒笔。

② （清）贺长龄：《皇朝经世文编》，道光七年（公元1827年）刊行，卷四一，户政·荒政一，方观录，娠济十五条。

③ 《平定教匪纪略》，卷三八，转引自《清史资料》（第七辑），中华书局1980年版，第34页。

④ （清）张集馨：《道咸宦海见闻录》，中华书局2008年版，第112页。

⑤ 黎翔凤：《管子校注》，中华书局2004年版，第1023页。

限制人的地域迁徙和职业变迁。因此，除非因为自然灾害、战乱、土地兼并、苛捐杂税等天灾人祸，农民才会背井离乡以求生存。“为了生存而被迫离家”，是古代流民的一个主要动因和突出特点。

流动人口，是在传统社会向现代社会转型过程中出现的一个概念，指的是离开原户籍所在地，以工作和生活为目的，在其他地区停留一定时间（通常指6个月以上）的人口。流动人口不同于迁移人口，迁移人口的户籍随着人口迁入流入地，而流动人口的户籍没有变化。按照英国学者李（Everett SLee）的“推拉理论”（push and pull theory）①，现代人口流动的主要目的则是为了更好地改善生活，流出地的不利于改善生活条件的因素是推力，流入地的有利因素就成为拉力。现代人口流动是推力和拉力综合作用的结果。当今流动人口迅猛增长的原因主要有：第一，改革开放以来的政策，为人口的自由流动提供了相对宽松的社会环境。不同于古代对人口流动的束缚，现代政府对人口流动的控制，主要是基于政治经济的发展和公共服务的承受力。第二，农村剩余劳动力逐渐增多，是人口流动的根本原因。随着工业化水平的逐步提高，人均可耕地面积的减少和农业生产机械化的增长使得农村产业结构大幅度调整，大规模的农村剩余劳动力迫切需要转移。第三，城市现代化的流光溢彩，吸引着人口快速流动。城乡收入的巨大差异、较多的就业机会、便捷的交通设施、丰富的社会服务资源等驱使着流动人口纷纷涌向城市。在多种因素的共同影响下，“为了发展而积极流动”，是现代流动人口的典型特征。

---

① “推拉”理论是研究人口流动原因的宏观理论。最早对人口迁移进行研究的是英国学者雷文斯坦（E. Ravenstien）。他于1880年发表的一篇题为“人口迁移之规律”的论文。20世纪60年代，美国学者E. S. Lee提出了系统的人口迁移理论——“推拉理论”。他认为，影响迁移的因素包含“推力”和“拉力”两个方面。“推力”是促使移民离开原居住地的消极因素，“拉力”是吸引移民迁入新居住地的积极因素。

（2）清代流民政策对当代户籍制度改革的启示。人口流动，既有利于劳动力资源的合理配置，又促进了城镇化建设和社会主义市场经济的迅速发展。但改革开放以来，户籍制度及其相关的各种社会福利待遇，筑成扩大城乡差距的壁垒，严重地束缚了劳动力的自由流动，阻碍了城市现代化的进程。当前，户籍制度已成为流动人口无法融入当地城市的最主要的制度障碍。2014 年 7 月 24 日，随着国务院发布《关于进一步推进户籍制度改革的意见》，新一轮户籍制度改革拉开了帷幕。各地户籍制度措施也正紧锣密鼓地跟进。了解清代流民产生的成因以及清政府的应对之策，我们可以从中得到一些有益的启示：

①必须始终高度重视“三农”问题。流民主要是脱离土地而流动的农民。没有切实重视和解决农民问题，是流民浪潮形成的主要原因。古人云：“王者以民为天，民以食为天。”、“农业稳，天下稳；农民安，天下安。”[①] 中国是个农业大国，农业是国民经济的基础，重大经济问题的突破都依赖于农业、农村、农民问题的良好解决。“三农”问题的核心在于增加农民收入、减轻农民负担、提高他们的生活水平及在市场经济条件下生存和发展的能力。当前，中央和地方政府积极、稳妥、有效地推动户籍制度改革，也是党和国家重视民生、重视“三农”问题的具体体现。传统户籍制度形成的城乡二元结构体制，使农民在就业、社会保险、社会保障、子女教育等方面受到不平等的差别待遇，也无法与城市居民共享社会文明发展的成果。现行户籍制度改革的核心就是消除城乡间不平等的鸿沟，使农民与城市居民一样拥有平等的发展权利和同等的社会待遇。农民的合法权益是否真正能够得到保障和落实，是当前户籍制度改革能否取得成功的关键。

②注重疏通人口流动，而非禁锢流动人口。即使是集封建统治

① （汉）班固：《汉书》，中华书局出版社 1962 年版，郦食其传，第 325 页。

技术之大成的清代，统治者对待流民采取的更多的是控制之术。为消除流民的生成，统治者不遗余力。甚至将流民的多寡作为考核官吏政绩、奖惩、升迁的重要依据，但却始终未能“断流”。这些控制措施取得了一定成效，确实有可取之处。但只堵不疏，终有一日会溃堤千里。随着社会主义市场经济的发展，流动人口的数量日益增长，人口流动的速度也在大幅度增加。当代的流动人口在城市现代化建设中发挥着举足轻重的作用，他们既是社会主义社会的建设者，也应是社会改革发展成果的共享者。传统户籍制度中对人口流动不合理的限制或控制，以及对流动人口的差别对待，明显已经不适应经济发展和社会进步的需求。应该改变以往严格控制和管理流动人口的政策措施，改革户籍制度中差别性或歧视性的规定，应拓宽城镇流动通道，积极探索流动人口管理和服务的新体制，使流动人口更好更快地融入城市生活。

③着重缩小地区城乡差别，实现不同群体权益的平等保障。天灾人祸，是历代王朝流民大规模涌现的主要原因。当代发达的科技和完善的社会管理制度，提高了百姓的生存和发展能力，大幅度地减少了因自然灾害而外流的人口。但计划经济体制下的二元户籍制度造成了城乡之间、地区之间在政治、经济、文化发展水平上的巨大差异。改革开放以来，流动人口的数目持续增长，但流动人口一直没有享受到和流入地户籍人口同等的权利待遇。人们为了追求更高的物质和精神享受，向现存社会利益分配格局挑战而导致流动人口大幅度攀升，隐含着巨大的社会风险和社会冲突。因此，改革户籍制度，关键是消除隐藏在户籍身份背后的权益落差，保障公民享受平等的政治和经济权利。考虑到城镇化进程中不同规模城市发展水平的不同，户籍制度改革的有效途径，应该是首先从缩小城市差距入手，促进形成比较均衡的社会资源配置方式，为深入推进户籍制度改革打下坚实的基础。

④推动户籍制度改革城市间的沟通交流和跨地区合作。目前，全国已有若干省份正式公布了本地户籍改革意见，明确表示取消农

业户口与非农业户口性质区分，建立城乡统一的户口登记制度。部分省市还将进一步落实积分落户制度。随着户籍制度改革的逐步推进，需要城市之间、乡镇之间加强交流和跨地区合作，使各项社会保险保障体系实现技术上和制度上的有效衔接。因此，应当及时归纳和总结各城市或区域户籍改革的经验或教训，探讨户籍和各项福利待遇在不同城市间的衔接机制，建立流入地与流出地相关部门和机构的有效对接制度，促进区域间的技术经验交流和人员跨地区合作，推动中国户籍制度改革的圆满完成。

民国新闻先驱黄远生曾撰文称："吾国数千年之政治，一游民之政治而已。"[①] 流民问题历来是衡量社会动荡与稳定、兴盛与衰亡的晴雨表，也是反映社会发展和文明进步的一个重要标尺。深入推进新型城镇化建设是我国当前重要的发展战略，社会的流动性还将进一步增强。因此，探讨"化游入土"有效的策略和应对机制，对于国家的长治久安无疑具有重要的现实指导意义。

四、古代户籍制度改革评析

"商鞅变法"、"王安石变法"、"摊丁入亩"是具有历史意义的三次中国古代户籍制度改革。它们演绎了自古以来户籍制度，经过长期的演变逐步由赋役制变成保甲制，而身份、职业贯穿其中的户籍制度史。这些具有典型意义的改革，同时体现着古代户籍制度变迁的共同特点，清晰地揭示了户籍制度从弱化赋役功能，到彻底摆脱赋役功能，再到农民与地主人身依附关系逐渐松懈，农民具有了真正法律人格的历史演变过程。

（一）经济功能层面：逐渐弱化赋役制度

在中国封建社会前期，赋税制度是"舍地而税人"[②] 征发赋税徭役。因此，赋役成为户籍制度的一项重要功能，以人口或人户为

① 黄远生：《远生遗著》（卷一），文海出版社 1968 年版，第 5 页。

② （元）马端临：《文献通考》，中华书局 1986 年影印本，天赋考。

标准的赋役量远大于以田亩财产为标准的赋役量，而这些以人或户为标准的赋役都是佃农所必须承担的。有人做过统计，汉代按人口计算的各项赋税的总和相当于田亩租赋的4.3倍，可见在封建社会的前期按照田亩资产征收的赋税在赋税总量中几乎是微乎其微的。[①] 经过了宋元明清几代改革之后，按照田亩和资产征收的赋税越来越重要，户籍制度以人头为主要标准的赋役功能越来越降至次要位置。“摊丁入亩”以后，延续了2000多年的人头税便彻底废除了，户籍制度与赋役制度彻底脱钩。这不单单只是赋役的合理化，同时，也意味着户籍制度原来的内在矛盾被彻底解决。

（二）法权关系层面：弱化人身依附性

封建国家对户籍的控制状态逐渐呈放松趋势，这也使农民对地主的人身依附逐渐趋于松懈。宋代的改革，佃户便摆脱了地主私属的地位，以客户的身份登入国家户籍，成为国家的编户齐民，但是主佃户之间在法律地位上仍然是不平等的。到了明清时期，佃户在法律上不再对地主负有身份性的义务，从而与地主在法律上成为平等的人。当然从封建礼仪的角度，佃农对地主仍须保持“以少事长”的关系，但是这毕竟不是法律上的人身依附。而且，主佃之间法权关系的变化实际上也促进了主佃之间封建宗法关系的逐步松懈，促进了户籍制度向着专业化、近代化的方向发展。[②]

（三）政治目标层面：逐渐强化统治权力

中国的封建社会是一个前后连贯、不可分割的整体，但是，由于在它的前期和后期之间存在着非常巨大的差异，因而用一个简单的模式和规律是不能够概括中国封建社会的历史的，这从户籍制度的演变角度也可以得到不少的印证。宋代和清代之所以在户籍制度方面有这么大的变革，就是因为社会状况、政治经济状况的变化而

---

① 胡如雷：《中国封建社会形态研究》，三联书店1979年版，第398页。

② 王威海：《中国户籍制度——历史与政治的分析》，上海文化出版社2000年版，第212页。

形成的。但是无论这种变革的方式是什么样的，甚至无论这种变革朝着什么方向去发展，都必然逃不出封建的枷锁，封建社会的政治权力在户籍制度方面体现着逐渐强化的趋势。由赋役制的把人依附于土地之上到保甲制的保甲组织控制基层社会，虽然方式在随着社会的发展不断地转变，但是政治权力逐渐强化的趋势却没有改变。这种政治权力的强化也体现着封建势力的性质，封建社会性质决定了政治权力在户籍制度中的地位不会改变。

中国封建专制国家绵延长达2000多年，这在世界历史上是绝无仅有的。在长达2000多年的时间里，封建国家经历了从前期到后期、不同的复杂的发展历程，户籍制度作为一个综合性的社会制度，它的发展变化在其中起到了重要的作用。户籍制度经过长期的演变，逐步由赋役制变成保甲制，身份和职业贯穿其中。至明清两代，户籍的赋役功能逐渐丧失，而逐步向人口统计的方向发展。虽然在宋、清两代的户籍制度改革中，户籍制度呈现了向专业化、近代化方向发展的趋势，但是由于封建社会的性质没有改变，封建制度下的户籍制度仍然呈现出周期性覆亡的现象，这是历史的必然。

第二节　近代户籍制度的改革——治安户籍制

随着1840年鸦片战争以后国内外环境的改变，中国户籍制度也发生了相应的变化，这就是自清末宪政开始的一系列户籍制度的变迁。

一、近代户籍制度改革的社会背景

（一）政权的频繁更迭

公元1842年，即清道光二十二年，中英鸦片战争爆发。这场战争持续了两年零两个月，最终以清王朝宣布失败而告终。1842年8月29日，清政府在南京与英国侵略者签订了丧权辱国的《南京条约》。鸦片战争给中国人带来的绝非仅只割地赔款、主权丧失的耻辱，更掀起了中西文明碰撞冲突的狂潮，揭开了中国近代史的序幕。[①] 1911 年 10 月 10 日，辛亥革命爆发，推翻了腐朽的清朝政府，埋葬了在中国存在了 2000 多年的封建君主专制制度，创立了中华民国，在南京建立了以孙中山为临时大总统的资产阶级民主共和制的中华民国临时政府，史称“南京临时政府”。但其仅存在了 3 个月，1912 年 4 月，袁世凯篡夺了辛亥革命的胜利果实，建立了中华民国北京临时政府，即北洋政府，取代了南京临时政府。1927 年 4 月 12 日，国民党蒋介石悍然发动了反革命政变，在南京建立了名为“中华民国国民政府”的大地主大资产阶级的蒋家王朝。直到 1949 年 9 月，南京国民政府被推翻，才正式宣告中华民国时期的结束。短暂的百年，政权的频繁更迭，政治上混乱不堪，战争不断，这也使统治者没有精力把改革重心放在户籍制度上，反而要求户籍制度在最大限度内发挥其维护社会治安的功能，解决政权稳定的作用就尤其突出。

（二）西学东渐的思想文化革新

传统的中国受儒家、道家思想的支配，统治国家主要以家族主义、人治主义为主形成了中国传统的治国理念。但是，1840 年以后，外国的坚船利炮打开了中国的大门，中国不再具备闭关锁国、自给自足的条件，西方思想逐渐传入中国，中国思想受到外来思想的影响，发生了巨大的变化。中国逐渐改变了对西方的通商、传教排斥的态度，开始承认西洋文化的实用价值，开始学习西方。直到 19 世纪末 20 世纪初进入西洋文化主导时期，中国仿效西方，在法律制度、政治制度、社会制度等方面都以西方为典范，当然，户籍制度也不例外，这是户籍制度在近代改革中最为显著的原因之一，是中国户籍制度由家族本位向个人本位发展的诱因和推动力。

---

① 刘睿：《人口压力与社会危机——浅淡中国进入近代社会问题背景》，载《琼州大学学报》2003 年第 4 期。

(三) 人口激增的社会压力

经过清代税制改革“永不加赋”和轻徭薄赋、与民生息的政策实施，促使人口迅速增长，再加之清代生产力水平的提高，更给人口的迅速增长提供了基础。有资料表明，清朝“顺治末年到乾隆末年，全国的耕地面积从 5 亿亩增长到 9 亿亩”①，这无疑给人口的增长提供了坚实的物质基础。但是进入近代的百年，政权频繁更迭，战争不断，这也给骤然增加的人民带来了深重的灾难，更给这一时期当政的各个政权提出了一个不小的问题，那就是这些人口的户籍问题以及与之关系密切的政权稳固、社会秩序稳定的问题。在这样深重的社会危机面前，户籍制度只能选择一条改革之路，来寻求在社会新形势下，达到户籍管理和稳定治安的基本功效。

二、近代治安户籍制度的确立

(一) 新机构的设置

1. 湖南保卫局的创设

太平天国以后，中国各地，尤其是南方各省的保甲组织，已经失去了控制基层社区的能力。于是，各地方政府为了维持社会治安，开始探索新的户籍管理办法，如湖南保卫局的创设最具代表性。光绪二十四年（公元 1898 年），湖南创设了保卫局。这个所谓的保卫局是由“官绅合办”，保卫局的“第一要义”便是清查户口，进行户籍管理。保卫局设总局一个，下设分局和小局，一共三个级别。保卫局的核心工作是进行户籍管理和维护社会治安。此时户口登记的主要内容议案，包括户主及户内成员的姓名、年龄、职业、籍贯，等等。如果是工商、寺庙道观、烟馆、客栈等，则还需把伙计、雇工、馆主等，及其眷属、僧道尼姑登记在内。对于那些“流荡无赖之家”、“诡秘可疑之人”、“窝聚无定之户”，每个分局

① 戴逸：《简明清史》（第 2 册），人民出版社 1984 年版，第 344 页。

还编有另册以备查考。[①]

保卫局的创设替代了保甲组织的许多职能，在维持社会治安的户籍管理功能方面起到了积极的作用。虽然在成立不久即被裁撤，但是湖南保卫局的创设却开启了中国近现代户籍管理的方向，促进了近现代警察制度的产生，是近现代警察户籍制度的萌芽，其后中国的户籍管理仍然可以从中找到它的踪影。

2.“西法”试办巡警

签订了《辛丑条约》以后，清王朝不得不陆续推出了一些新政，新的巡警组织替代以前的保甲组织便是新政之一。光绪二十八年（公元1902年），由于新建的保甲组织也已经被义和团冲垮，所以袁世凯在保定等地采用“西法”试办巡警，并首先在天津设立巡警局，这一举动得到了清政府的认可。此后各省也陆续设立的巡警制度实际上取代了已经被义和团冲垮的保甲组织。同年9月，清政府下令各省“仿照直隶章程，奏明办理，不准视为缓图，因循不办”。[②] 巡警制度开始在全国范围内推广，这也被大家看做是中国警察制度的正式发端。[③]

3. 中央政府巡警部的设置

光绪三十一年（公元1905年），清政府在中央政府设置巡警部，1906年巡警部改名为民政部，“调查户口，归其职掌，各省则分设巡警道专司其事”。[④] 民政部下设两个司五个厅，其中的民治司专门主管户籍的编制与管理。光绪三十三年（公元1907年），清政府统一在各省设立巡警作为省一级的警政管理机关。巡警道受

---

① 王威海：《中国户籍制度——历史与政治的分析》，上海文化出版社2006年版，第223页。

② 《清德祖实录》，中华书局1987年影印本，卷五零五。

③ 王威海：《中国户籍制度——历史与政治的分析》，上海文化出版社2006年版，第224页。

④ 赵尔巽：《清史稿》，中华书局1977年版，食货一，第127页。

各省督抚的节制，业务上则受民政部指导。巡警道下设公务、警政、卫生等科室，科以下再设置一些课，具体管理相应业务。在州县也建立巡警署，由警务长、分区区官和巡警官组成，归地方长官统辖。① 以巡警体制为主的户口登记是非常严密的。户口登记的内容包括户数、口数以及户内成员的姓名、年龄、职业、籍贯等。对于那些曾经违法犯罪被监禁者、无职业者、非亲属聚居者，还专门设立“另册”进行登记管理。若有形迹可疑、来路不明、骤富骤贫者、死伤原因不明者、甚至家里有异状的，也都详细登记，立即上报。边远地区如西藏、青海等地区的居民，以及居住在那里的外国侨民，还要实施特别调查，结果直接上报民政部。户口调查的范围，包括工厂、学校、会馆以至外国人的营业单位，调查项目包括身份、迁移、婚嫁、收养、继承，等等。调查以后依然要编制户籍簿册，而后逐级上报至民政部。② 由此，中国的户籍管理终于翻开了崭新的一页。

警察户籍制度的建立是一个新的组织体制的建立，在中国历史上具有非常重要的意义，它是户籍制度由古代封建体制下的产物向近代化转变的一个标志，同时，警察制度的确立，也标志着中国古代户籍制度自两税法以来发生的异变终于有了最后的结果，这昭示了中国政治统治方式以及中国户籍管理制度的彻底变革。③

---

① 王威海:《中国户籍制度——历史与政治的分析》，上海文化出版社2006年版，第224页。

② 王威海:《中国户籍制度——历史与政治的分析》，上海文化出版社2006年版，第224页。

③ 虽然以警察体制为核心的户籍管理依然带有古代户籍制度的痕迹，但是，警察体制与由基层乡里组织承担户籍编制与管理的体制在性质上完全不同。警察体制是从属于政府行政体制的，较基层乡里组织在组织结构上，更加附和时代发展的新特点，发挥更大的功效，因而警察制度已经彻底取代和改变了中国古代户籍制度。此观点参见王威海:《中国户籍制度——历史与政治的分析》，上海文化出版社2006年版，第225页。

（二）治安户籍制的法律化

1. 1911 年《户籍法》颁布

1911 年，晚清政府在考察欧美各国之后，认识到“宪政之进行无不以户籍为依据，而户籍法编定又必于民法与习俗而成”①，在参考东西各国之良规的基础上，制定了中国历史上第一部《户籍法》单行法规。该部法规共八章，184 条，其内容可分为户籍的管理、人籍、户籍、罚则四个部分。该部法规的主要特点在于：首先，将户籍吏、户籍局置于法规的第一章和第二章，突出了户籍管理机构即警察机构的地位，反映了政府在观念上仍视户籍为人口统治的手段，强化户籍治安管理的功能。其次，法规区分了人籍与户籍。人籍主要是关于个人出生、死亡、婚姻、继承、国籍等比较个人化的信息资料，户籍则是以家庭为单位，关于移籍、入籍、就籍、除籍等家庭信息资料（见该法第五章和第六章之规定）。②

这部法规的颁布，在户籍制度立法史上具有划时代的意义，主要集中在两点：首先，法规将表现欧美个人主义的个人身份证书和体现中国家族主义的传统户籍相结合，剔除了传统户籍中资产登记项目。户籍不再纯粹是国家管制人口的工具，而开始成为传递人口信息、个人私权保障的工具。这是户籍制度近代化发展的最显著的标志，也是近代户籍制度乃至当今户籍制度个人本位的开端。其次，法规既规定了民众有呈报户籍之义务，也规定了民众对户籍吏处置不当行为有提起诉讼抗告的权利，将权利与义务统一起来，废除了以往民众只是义务载体的陋习。③ 例如，户籍法在第三章和第

① 《民政部编订户籍法奏折》，载公安部户政管理局编：《清末至中华民国户籍管理法规》，群众出版社 1996 年版，第 3 页。

② 姚秀兰：《中国近代户籍变革探析》，载《华东政法学院学报》2004 年第 4 期。

③ 姚秀兰：《户籍、身份与社会变迁——中国户籍法律史研究》，法律出版社 2004 年版，第 115 页。

四章设置了监督与抗告规定："户籍吏凡关于记载人籍及户籍之事务，须受管辖户籍所在地之初级审判厅监督。""凡因户籍吏处置不当而受不利益者，得向监督户籍局之审判厅抗告之。""审判厅之决定有违背法律时，依民事诉讼律规定，再行抗告。"①

2. 1946年《户籍法》颁布

南京国民政府成立之后，认为"户籍法与清查户口，及推行地方自治，皆有密切关系……为训政时期初步重要工作。"② 在推行乡自治的基础上，参照英、美、德、日等国户籍及人事登记的法律制度，于1931年正式颁布了中国历史上第一部《户籍法》。1931年《户籍法》分总则、登记簿（户籍登记簿、人事登记簿）、登记之声请（户籍登记、人事登记）、登记程序、登记之变更或更正、诉愿、罚则、附则，共八章，132条。1934年对该法修正，并于同年施行。1946年对该法进行了第二次修正，并公布施行。该法分通则、籍别登记、身份登记、迁徙登记、变更登记、登记声请、罚则、附则，共八章，61条。③

与1911年《户籍法》相比，1946年《户籍法》在许多方面表现出了其进步的特质，尤其表现为两点：一是废除了1911年《户籍法》人籍与户籍之区分，改为身份登记，并将个人身份登记单列成章，强调个人主义，推行身份证制度的同时也简化了登记手续。1946年《户籍法》第11条规定："已办户籍登记之地方，得制发国民身份证，或经内政部核准，以户籍誊本代之。"④ 二是确

---

① 1911年《户籍法》第12条、第13条、第18条。引自公安部户政管理局编：《清末至中华民国户籍管理法规》，群众出版社1996年版，第7页。

② 谢振民：《中华民国立法史》（上册），中国政法大学出版社2000年版，第507页。

③ 姚秀兰：《中国近代户籍变革探析》，载《华东政法学院学报》2004年第4期。

④ 1946年《户籍法》第11条，引自公安部户政管理局编：《清末至中华民国户籍管理法规》，群众出版社1996年版，第10页。

立了“以户立户”的编户原则。“户”的概念突破了传统家族血缘关系的范畴，户不限于亲属，“凡在同一处所同一主管人之下共同生活或经营共同事业者为一户”。(第 4 条)[①] 并且，“户”被明确分为共同生活户和共同事业户。共同生活户不仅包括具有血亲、姻亲关系的普通家庭户，还包括不具有血亲、姻亲但居同一处所的共同生活者。而共同事业户则概括了工厂、商店、寺院、机关、学校及其他集体住户。立户的范围大大扩大，同时又强调了居住处所，既体现了“口系于户、户著于地”的传统立户原则，又区别了民法上“家”的概念。[②]

(三) 由家族本位向个人本位转变的特点

从总体上来看，1911 年的《户籍法》既摈弃了传统户籍的国家主义和身份标志，也废弃了清朝中、后期盛行的保甲户籍；确立了户籍管理形式的统一、平等和保障私权的近代户籍管理原则；并使《户籍法》从诸法合体的法律体系中独立出来，成为单一的行政法规，为民国时期的户籍立法奠定了基础。[③] 同时，它体现了家族本位与个人本位在户籍制度上的结合，标志着户籍制度由古代户籍制度家族本位向近代户籍制度家族本位与个人本位相结合，甚至是近代户籍制度个人本位化的发展趋势，是在户籍制度史上具有重要的意义。

而 1946 年南京国民政府《户籍法》继承了 1911 年《户籍法》的保障个人权利、由家族本位向个人本位变化的特点，更强调个人身份、个人本位，体现了户政独立自治，是历史的进步。户籍制度

---

① 1946 年《户籍法》第 4 条。引自公安部户政管理局编：《清末至中华民国户籍管理法规》，群众出版社 1996 年版，第 9 页。

② 姚秀兰：《户籍、身份与社会变迁——中国户籍法律史研究》，华东政法大学 2004 年博士学位论文。

③ 姚秀兰：《户籍、身份与社会变迁——中国户籍法律史研究》，法律出版社 2004 年版，第 121 页。

也因此完成了由古代的家族本位，到1911年《户籍法》家族本位与个人本位相结合，再到1946年《户籍法》的注重个人本位的转变。这是户籍制度在本质上由封建社会性质向近代化转变的标志，更是现代户籍制度发展的缩影和开端。

中国近代户籍制度的改革，是伴随着政权的不断更迭和政府的基本社会控制逐渐开始的。经历了由封建性质向近代化的转变，经历了由古代户籍制度政治功能实现向近代户籍制度私权保障的转化，即经历了户籍制度由家族本位向个人本位的逐步转变，这是现代户籍制度发展的开端，是历史的进步。但是由于战争不断，近代户籍制度在发展的同时也具有自身的缺点，但对现代户籍制度发展的开端所起的积极作用是毋庸置疑、值得肯定的。

第三节　新中国户籍制度的改革——从“治”到“安”的调整

了解户籍制度传统的、历史的背景固然重要，但更重要的是与现实更接近或离当今的制度状况较近的那段历史。20世纪的上半叶，此起彼伏的辛亥革命、军阀混战、抗日战争以及解放战争，持续了近半个世纪之久。新民主主义政权建立以及新中国成立后，为了稳定公共秩序、恢复生产，建立了新中国户籍制度。户籍制度在城市管理中得到酝酿，尤其是哈尔滨作为新中国解放的第一个大城市，在户籍制度的建立过程中起到了积极的作用，是新中国户籍制度的萌芽。在哈尔滨解放区户籍制度的基础上，新中国形成了比较系统的、普遍的制度。

一、新中国的户籍制度

（一）新中国成立后我国户籍制度的变迁

20世纪上半叶，我国一直处于战乱时期，军阀混战和抗日战争使我国的社会秩序非常混乱，对人民的生产、生活也造成了很大影响。新中国成立之后，国家为了规范社会秩序和维护社会治安，进行了一系列的改革，并对户籍制度进行重新定义，提出了计划经济的发展方式，控制人口的流动，促进了当时社会的发展和经济的复苏。

我国的户籍制度是一项对人口基本情况进行统计、维护社会治安稳定的行政管理制度。户籍制度与社会的发展和公民的生活息息相关。了解户籍制度的发展和变迁过程，分析其演变和形成的原因，不仅有助于我国户籍制度的改革，更有助于我国社会的健康发展和社会民主的实现。

1. 以维护社会治安为目的的户籍制度

新中国成立初期，国家在经历了长期的战乱之后，各个行业和社会秩序都处于百废待兴的状态，国家经济需要快速地恢复和发展，人民需要社会的和谐与安定。但由于当时处于新政权刚刚确立的特殊时期，内有土匪和国民党反动派余患，威胁着新政权的稳定；外有资本主义国家虎视眈眈，社会的发展受到严峻地影响。朝鲜战争爆发后，为避免战乱蔓延至我国边境，造成边境人口混乱而带来的社会不稳定等问题，国家开始了对户籍制度的改革。

这一时期的户籍制度，主要起到统计人口、维护社会治安及加强社会管理的作用。在这一特殊的社会状态下，迫在眉睫的是稳定社会秩序。只有建立一套合理的户籍制度规范，人口得到稳定和保障，国家和社会才能稳定和安全。国家在新中国成立初期制定的政策中，曾多次涉及户籍管理问题，对户籍的管理尤为重视。

（1）特种人口管理的暂行办法。1950 年 8 月，公安部出台《关于特种人口管理的暂行办法（草案）》，主要是针对当时社会上的一些反革命分子和社会可疑人员进行监督和控制，从维护社会安全的角度上出发，保障人民的安全，同时也为国家人口管理提供基本数据。

（2）城市户口管理暂行条例。1950 年 11 月，中央颁布《城市户口管理暂行条例》，将工作的重点由农村转移到城市，加大了对城市人口登记的管理力度，并以城市作为户籍改革的试点，逐步建立统一的城市管理体系。由于我国新中国成立之前，长期战争不断，逃荒现象较为严重；新中国成立之后，许多逃荒的人民返回故土后面临着生存和失业的问题；加之农村人口进入城市谋求生活，造成城市管理混乱，人口流动过于频繁，失业率大大增加，城市管理相对于农村的管理显得更为复杂和特殊。政府出台此政策的目的是在城市建立人口户籍管理制度，从而达到统计城市人口信息、缓解城市就业压力、对失业人员进行救助的目的。

（3）全国人口调查登记办法。为迎接第一次全国人民代表大会的召开，政务院于 1953 年 4 月发布《为准备普选进行全国人口调查登记的指示》，明确要求在对选民登记的同时进行全国性的人口调查登记，并统计出国家的实有人口数量。同时出台《全国人口调查登记办法》，对常住人口与户主的关系、姓名、性别、年龄、民族，住址等 6 个方面进行调查和统计，建立一套简易的户籍统计制度，以确保人民代表大会选举工作的顺利进行。并在此次人口统计的基础上划定了国家粮食收购的范围，实行国家统一调控的粮食供应计划。

（4）建立经常户口登记制度。继第一次全国人口普查之后，国家为加强对户口登记的管理和对社会的治安管理，在 1954 年由内政部、公安部和国家统计局发出联合通告，要求全面建立农村户口登记制度，加强对农村人口户籍的统计。1955 年又出台了《建立经常户口登记制度》，重申了户籍管理的重要性，加大了对农村户口登记的管理力度，要求建立经常性的户口登记制度，便于国家掌握人口状况和制定发展计划，有效地进行资源分配和调控。

（5）农村户籍移交公安部门。改革是一个不断尝试、渐进的过程。由于当时对户口进行管理的部门比较零散，造成户口登记程序过于复杂。为了更好地管理人口户籍和提升效率，国务院于 1956 年 1 月发布了《关于农村户口登记、统计工作和国籍工作移归公安部门接办的通知》，要求人口登记和人口信息统计的工作统一移交公安部。

（6）第一次全国户口工作会议。1956 年 3 月，公安部召开了第一次全国户口工作会议，并发布了《户口工作的基本情况和今后意见的报告》、《全国户口工作会议总结》和《关于重点人口工作的规定》三个文件，明确提出了户口管理的三项任务："证明公民身份，便利公民行使权利和履行义务；统计人口数字，为国家经济、文化、国防建设提供人口资料；发现和防范反革命和各种犯罪分子活动，密切配合对敌斗争。"① 进一步加强了对户口的控制，逐步建立起一套适应社会发展需要的户籍管理体系。

在我国户籍制度建设的初期阶段，国家尊重人民自由迁徙的权利，并没有对人口的自由流动进行限制，而是利用政府对社会的影响力和其权威性，采取说服和宣传的方式对社会和人民进行控制和管理，这对我国社会稳定发展和建设起到了积极作用。从新中国成立到 1956 年这一时期，我国并没有完整的户籍制度，国家出台的大多数文件和政策相对片面和零碎，但也出现了很多新的创新和尝试，为今后我国户籍制度的发展奠定基础、积累经验。因此，这一时期是我国现代户籍制度改革的雏形。

2."二元化" 户籍制度的产生

在经过新中国成立初期的过渡之后，我国社会发展逐步稳定，工业和农业的生产能力得到快速提高。我国当时实施计划经济体制，国家对生产、资源分配以及产品消费等方面事先进行指令性的规划，形成了国家对经济和社会统一集中管理的计划体制，对社会经济的发展提供保障，有助于消除资本主义给社会经济发展带来的弊端，保持社会高速、稳定的发展。

虽然，计划体制对我国社会经济的发展提供了科学性的计划，保证了社会的稳定发展，但城乡发展差异却日趋明显。农业生产对劳动力的需求较为固定，社会稳定后的农村劳动力相对富余，大量

① 公安部全国首次户口工作会议，1956 年。

农村人口开始涌入城市寻求新的出路，造成了人口流动过于频繁的现象。当时城市的发展尚处于初始阶段，大量人口涌入势必会造成城市发展缓慢。

早在1953年，中央就针对这一现象，对城市人口和农村人口进行界定，划分为“农村户口”和“非农村户口”，并先后出台了《政务院关于劝止农民盲目流入城市的指示》、《关于继续贯彻〈劝止农民盲目流入城市〉的指示》、《国务院关于防止农村人口盲目外流的补充指示》、《关于防止农村人口盲目外流的指示》等多项政策，并在其中指出，应当区分城市和农村户口，按户口分类对发展进行规划，集中对粮食进行有计划地供应，控制人口的自由流动和户口类型的随意变动。

（1）中华人民共和国户口登记条例。1958年1月，在全国人民代表大会常委会上通过的《中华人民共和国户口登记条例》，对我国社会的发展和户籍制度的改革有着极其深远的影响。条例要求建立一个集人口出生、死亡、迁徙于一体的户口登记制度，便于国家对社会发展进行整体规划。并首次运用法律的形式界定了城市和农村户口，对户口的迁移进行严格管理。

（2）关于防止农村人口盲目外流的指示的补充通知。1958年2月，国务院发出了《关于防止农村人口盲目外流的指示的补充通知》，针对1957年12月18日发出的《关于防止农村人口盲目外流的指示》进行了补充。由此可以看出，国家对控制农村户口和限制农民进城问题的重视程度。这些条例有别于以往的户籍登记和管理方式。回顾之前的户口变动，户口的迁移仅需迁出地的人民委员会进行审批，而新的户口的迁移规定则需要迁入地和准迁单位的审批方可迁移。其目的在于整合对户口的管理和对计划资源的控制，通过国家认可的户口，享受计划分配的资源，标志着我国正式进入“二元化”的户籍管理阶段。

由此可以看出，国家实施“二元化”的户籍制度，限制了农村人口大量涌入城市，其原因一方面在于缓解城市户籍管理和经济发展的压力。当时城市的发展速度无法承受人口过快的涌入，人口的增多带来诸多负担。例如，在当时的计划经济体制下，粮食供应的不足会造成国家财政负担的增大。另一方面的原因在于，国家偏重于对工业的发展，忽视了农业生产的重要性，对工人阶级的偏重，在工资待遇上优待产业工人。但事实上，国家的发展又离不开农业，农业的发展是工业发展的基础。因此，当时的决策层认为，限制农民进城，既可以增加农业劳动力、提高粮食产量，为国家提供更多的粮食，又能提供更多资源，促进工业生产，带来工农业的全面发展。其实从相对论的角度来看，这种政策本身就是相互矛盾的，国家既发展工业，又限制劳动力的注入；既重视农业，又忽视农民的外向发展，最终只能成为乌托邦式的空想主义。

3.“反城市化”的户籍制度

由于工业的过快发展和粮食的供应不足，加上自然灾害的影响，造成了1959年至1961年3年的大灾荒。以及因计划部门使用夸大数据，造成人力资源从农业转移到工业，从而引发“大跃进”运动，对当时的社会发展造成了严重的影响。据不完全统计，由饥荒导致死亡的人数达到2000多万。这是一场由制度的不完善和领导决策层空想、盲动、冒进的“左”倾思想造就的。空前的经济大灾难和饥荒史，对我国的经济和社会发展造成了不可估量的损失。

（1）减少城镇人口和压缩城镇粮食销量。1961年6月，中央发布了《关于减少城镇人口和压缩城镇粮食销量的九条办法》，要求在3年之内减少2000万的城市人口，1961年1年之内必须减少1000万。我国自1961年起，开始对城市居民和企业单位进行裁员，被裁员的基本上是在1958年之后来自农村的工人。为了使农民尽快返乡，国家要求当地的人民公社要积极配合和协调农民返乡的动员安置工作。自此，我国出现了城市迁往农村的以逆向迁移为主的人口迁移现象，一场由国家行政命令支配的“反城市化”运动开始。

除了对进入城市的农村人口进行解雇和遣返外，国家还加大了对户籍制度管理的力度，便于国家对社会和经济进行计划。并加强对日常生活用品的控制，把生活必需品和资源配置联系在一起，发行各种票证实施凭票供应的方式，以户口作为获得资源的凭证，不同类别的户口所享受到的资源不相同。另外，对城市企业和单位招收员工进行严格的限制，以此抑制城市户口的快速增长。通过这些政策的限制，国家提高了农村人口落户城市的成本和难度，使得农民即使进入城市也无法获得户口，无法享受到粮食和日用品的供应，从根本上限制了农村人口过快地向城市迁移。

（2）减少城市压力，鼓励城市人口迁移农村。20 世纪 60 年代是大饥荒之后的经济复苏时期，城市人口迅速增多。国家一方面要求企事业机关招收新职工要严加控制，避免农村人口带给城市更多压力；另一方面还发动广大的知识分子“上山下乡”，动员城市知识青年到祖国最需要的地方去，以期抑制城市人口过快增加的势头。1962 年 12 月，公安部发出的《关于加强户口管理工作的意见》中就规定：对农村前往城市的，尤其是迁往大城市的人口进行严格控制；由城市迁往农村的，一律准予其自由落户。

政府鼓励知识青年“上山下乡”有两个方面的考虑：一方面是考虑到由于城市人口的过快增长造成的发展缓慢，让部分城市人口到农村临时落户，通过暂时减少城市户口，以暂时缓解由此带来的资源供应和社会发展压力。另一方面是处于政治和思想方面的考虑，认为广大的青年学生和知识分子需要到农村去，接受贫下中农的再教育，经过农村生活的洗礼，才能成为合格的共产主义接班人。在当时以阶级斗争为纲，一切都要用“政治挂帅”的年代，人们对待问题的看法和处理问题的方法都相对极端，集体的意志超越了个人，因此，国家意志的和政治思想改造是当时主要的控制方式。1977 年 11 月 1 日，国务院批转的《公安部关于处理户口迁移的规定》，进一步加强了对户口迁移工作的严格管理。在“文化大革命”时期，政府发动了约 4000 万的知识分子回到农村“插队落户”，这是一次大规模的人口逆向迁徙运动，代表着我国第二次“反城市化”运动的开始。

（3）严格控制农村劳动力进城务工和转为非农业人口。“文化大革命”时期国家对人民的衣食住行等进行严格的控制，定量分配资源。在人口流动方面，由建国时单方面的控制变成多方控制。国家一方面对流出地进行控制，居民外出需由本人常住地的权威部门许可，开具介绍信后方可外出；另一方面是对流入地的控制，在流动人口进入流入地时，需要登记注册，其行为和动向受到当地权力机构的监督；国家除对流入地和流出地的控制之外，还对流动人口的生存资源进行控制，外出的流动人口需要自带粮食和购物票据，才能在当地居住和购买生活用品。国家将户口所享权利的差异化和对资源的控制结合在一起，形成户口分级的差别观念，通过对户籍的控制达到控制人民的目的。

表5 我国工业化率和城市化率比较①

年份	工业化率	城市化率	IU 比率
1965 年	36.41	17.98	2.14
1966 年	38.21	17.86	1.91
1967 年	33.96	17.74	1.80
1968 年	31.73	17.62	2.07
1969 年	36.30	17.5	2.36
1970 年	40.97	17.38	2.49
1971 年	42.90	17.26	2.57
1972 年	44.10	17.13	2.56
1973 年	44.00	17.2	2.52

① 资料来源于《中国统计年鉴》。

续表

年份	工业化率	城市化率	IU 比率
1974 年	43.23	17.16	2.65
1975 年	46.02	17.34	2.65
1976 年	45.57	17.44	2.61

“大跃进”和“文化大革命”期间，我国的户籍制度虽有变动，但总体上还是遵循着“反城市化”的目标，国家运用行政手段控制城市的发展。对比 1966 年至 1976 年期间我国的工业化率和城市化率可以看出，我国这一时期的城市化率变化不大，基本维持在 17% 左右，而工业化率呈逐步增长的趋势（见表 5）。首先，“反城市化”虽在一定程度上缓解了城市的压力，却把矛盾转向农村，造成了社会发展的不均衡现象。其次，城市化率的停滞与当时我国推行的“不要城市化的工业化”发展模式有很大关系。

1981 年 12 月，国务院发布了《关于严格控制农村劳动力进城做工和农业人口转为非农业人口的通知》。其中针对我国当时城市非农业人口的快速增加，农业资源分配能力的有限性，以及城市承载力不足等问题进行分析。提出要及时引导农村剩余劳动力在乡村建立多种经营，不能一味地涌入城市，造成城市发展负担过重、粮食供应紧缺的现象发生。由此可以看出，国家在放宽城市准入指标的同时，也意味着对非农业户口的身份赋予特权，使“二元化”户籍制度的壁垒再次得到强化。“‘农转非’指标的控制，无疑赋予非农业户口一定的价值，从而使非农业户口无形之中成为一种稀缺资源。”①

① 陆益龙：《户籍制度——控制与社会差别》，商务印书馆 2003 年版，第 214 页。

4. 对我国户籍制度改革变迁的反思

新中国成立后，政府在计划经济体制下，对城乡人口进行划分，统一管理和分配资源、严格限制人口迁徙，形成了新的户籍管理制度，为我国当时社会的发展和稳定提供了很大的帮助。

新中国成立初期，政府采取说服和动员的方式，结合土地改革运动，稳定了社会秩序，大量因战乱逃荒的农民返回故乡，安心从事生产劳动。但由于当时国家重视城市的发展而忽视了农业的重要性，在城市推出户口登记制度，对城市人口的管理规范化，虽在一定程度上使城市的社会秩序和工业发展的速度得到稳步提升，却造成了城乡产业结构的失衡，引发农村人口大量涌入城市的现象。显然，国家不愿意因农村人口的过分涌入而减缓工业化发展的步伐，但由于当时城乡差异并不严重，因而并未采取强制性的限制。

国家开始对城乡户口进行限制，是出现在3年灾荒期间。由于国家实行粮食统购统销的政策，定期向城市人口分配粮食，而农村则无法获得粮食的供应，这样就促使了农村人口渴望进入城市获得国家资源的分配，国家对户口的严格控制也是从此开始。在“大跃进”和“文化大革命”期间，由于决策层的错误决定，重视工业化的发展，忽略城市化建设，并加强了对户籍的控制，强制和非民主地控制人口迁徙，造成城乡人口相互分离，形成“二元化”的户籍管理制度，给我国社会、经济发展带来了很大的影响。

自20世纪中期以后，我国政府充分发挥了全能型政府的角色，政府管理的力度越来越大，范围越来越广，国家权力涉及人民的衣食住行等各个方面，户口类别与资源分配相联系。因此，人民对户籍的渴求程度越来越高，户口成为了城乡分割、显示身份、享有资源的一种凭证。户籍制度功能的异化、国家对户口迁移的限制、人为的控制城市的发展，虽然可以起到抑制的作用，但无法从根本上解决社会发展和户籍管理的问题，城乡差异被人为地拉大，只会使城乡之间的户籍壁垒更为坚固。

改革开放以来的人口流动现象，从经济学意义上讲，是劳动力资源从行政分配转向自由流动和市场配置的30年，是充分实现劳动力价值的30年；从制度发展意义上来讲，是人口从地域及职业禁锢向自由迁徙与职业自由转向的30年，是对劳动者的政治经济社会和文化等各种权利保障机制不断完善的30年。①

回顾我国户籍制度的变迁历史，其中虽然存在了很多不合理、不公平的问题，并对社会的发展和人民的生活造成了影响，但由于当时处于特定的历史发展时期，其出发点和期望都是积极的，不能因此而否定其价值。对我国户籍制度的发展进行梳理，期望从中总结经验和教训，进而找到一条适合我国户籍制度发展的道路。

（二）城镇流动人口户籍制度改革现状及困境

改革开放以来，国家以经济建设为主体目标，城市化的进程不断加快，城镇流动人口数量日益增多，传统的户籍制度已逐渐满足不了城市管理的需要，如何解决城镇流动人口的户籍问题成为社会各界关注的热点问题。

1. 改革开放以来我国城镇流动人口户籍政策演变

改革开放以来，国家对农村人口转入城市的指标和要求有所放宽，对流动人口的管理的变化大致可分为三个阶段。

（1）放松对人口流动的限制。

①实施“自理粮户口”制。20世纪80年代初期，随着农村土地制度的改革，家庭联产承包责任制的出现，农村出现大量剩余劳动力，而国家依然对农村人口的户籍进行严格的控制。尽管国家允许城市中出现“合同工”的农村身份，但其依然受到户口的限制，无法拥有城市户口所享受到的资源。正是由于这样的原因，在当时出现了一部分乡镇企业，使大批的农村剩余劳动力得以转移。

乡镇企业的兴起，使农村从事非农业生产的农民，大量进入乡镇中居住。国家为了便于工业的发展和农民的生活，在1984年10

① 王伟奇：《农村流动人口城市化的户籍改革分析》，载《三峡大学学报》（人文社会科学版）2011年第4期。

月 13 日，由国务院发布了《关于农民进入集镇落户问题的通知》。其中规定：在城镇拥有固定住所和职业的务工、经商、服务的农民和家属，公安部门应准予其落户，发自理粮户口簿。“自理粮户口”放开了农村人口转为乡镇人口的限制，允许农村人口进入乡镇从事生产和工作。同时，“自理粮户口”的出现也是经济体制由计划经济转向市场经济的一个标志，标志着国家逐步放开“二元化”户籍制度的开始，这是我国户籍制度改革的一个重大突破。

②暂住证。20 世纪 80 年代中期，随着改革开放带来的城市工业化高速发展和市场化经济的快速增长，城乡差距不断拉大，农村人口进入城市的渴求越来越强烈。尤其是当农村人口看到城市更优越的生活和就业机会之后，便纷纷涌入城市。公安部针对这一现象，在 1985 年 7 月 13 日颁布了《公安部关于城镇暂住人口管理的暂行规定》，要求对暂住时间超过 3 个月的 16 周岁以上的人口发放暂住证。对外来从商或从事服务行业，居住时间较长的人口，采取雇用单位和常住户口所在地主管部门管理相结合的办法，由户口登记机关登记为寄住户口，发放寄住证。暂住证和寄住证的出现，标志着国家允许人口流动并可以合法在非户籍地长期居住，初步建立了对暂住人口的管理体系。

③“居民身份证”制。1985 年 9 月 6 日，第六届全国人大常委会第十二次会议通过了《中华人民共和国居民身份证条例》。条例要求在全国范围内实行居民身份证，发放的范围为年满 16 岁，并登记常住户口的中国公民。身份证包含了居民的姓名、性别、民族、出生日期、住址、有效期限、编号、签发日期、签发公安机关的印章。主要用于选民登记、户籍簿登记、兵役登记、婚姻登记、入学、就业、办理公证等方面。

居民身份证制度的实施，是我国户籍制度的一次重大改革。改革开放以后，人口的流动频繁，传统的户口簿管理方式非常不利于国家对人口的管理，居民身份证的出现有效地解决了个人对家庭的身份依附和世袭限制，便于证明自身身份和获得平等权利。居民身份证的出现是国家尊重公民平等权利的表现。

④蓝印户口。进入20世纪90年代以后，随着我国经济体制不断深化，与户籍制度相关的资源和利益被弱化。尤其是国家在放开对粮油市场的控制之后，农村人口对商品粮户口的渴求程度降低，按类别划分的户籍已不再具有控制人口流动的作用。

国家为缓解“农转非”指标过少和农村劳动力进城的要求，公安部于1992年发布了《关于实行当地有效城镇居民户口制度的通知》。河南、广东、上海、山西、浙江和河北等十多个省先后实行了政策。该政策提出实行“蓝印户口制”，将“自理口粮户口”纳入“蓝印户口”范畴，允许外商的亲属、投资办厂的外商、科技人才、被征地的农民等以“蓝印户口”形式在城镇落户，享受与当地常住户口同等的待遇。“蓝印户口”具有过渡性质，外来人口需达到各省市“蓝印户口”管理规定中的条件方可转为常住户口。在满足条件之后，得到常住户口的农民，还须按规定缴纳城镇建设费、开发费和维护费等。这些条件其实是把户籍变相地货币化，作为商品公开出售，并运用政策使之合法化。因此，“蓝印户口”和“自理口粮户口”一样，仅仅是介于城乡户籍间的一种过渡政策，只改变了农民身份，而不是对其户口类型的转变，农民依然无法享受非农业户口所附带的资源和公共服务。

（2）管理机制的健全时期。

1993年11月14日发布的《中共中央关于建立社会主义市场经济体制若干问题的决定》指出，“鼓励和引导农村剩余劳动力逐步向非农产业转移和地区间的有序流动”。

1995年9月19日，中共中央办公厅、国务院办公厅发布的《中央社会治理委员会关于加强流动人口管理工作的意见》，提出了对农村剩余劳动力的转移要“因势利导，宏观控制，加强管理，兴利除弊”的十六字工作方针。

1997年6月，国务院批转公安部《小城镇户籍管理制度改革试点方案》，规范在小城镇居住的农民符合一定条件的可转为城镇常住户口。

2000 年 6 月，中共中央、国务院《关于促进小城镇健康发展的若干意见》规定，自 2000 年起在县人民政府驻地有合法住所、稳定职业或生活来源的农民，均可根据本人意愿转为城镇户口。

（3）管理机制的完善时期。

2001—2011 年，是我国户籍制度管理机制的完善时期，中央政府出台的有关人口流动的政策主要有：

2001 年 3 月，全国人大通过“十五”计划纲要，要求“改革城镇户籍制度，形成城乡人口有序流动的机制。”

2003 年 6 月，国务院《城市生活无着的流浪乞讨人员救助管理办法》出台，同时《城市流浪乞讨人员收容遣送办法》废止，对盲目流动人口的管理实现了从“强制收容遣送”到“自愿接受救济”的转变。

2006 年 1 月 31 日发布的《国务院关于解决农民工问题的若干意见》出台，提出了解决农民工问题的四十字方针，即“公平对待，一视同仁；强化服务，完善管理；统筹规划，合理引导；因地制宜，分类指导；立足当前，着眼长远”。

2007 年，党的十七大报告中提出，要“加强流动人口服务和管理”。

2007 年年底，中共中央办公厅、国务院办公厅转发了《关于进一步加强流动人口服务和管理工作的意见》，提出“公平对待、搞好服务、合理引导、完善管理”的新十六字流动人口工作方针。

2009 年 12 月 5 日至 7 日，2009 年中央经济工作会议部署 2010 年中央经济工作，提出放宽中小城市和城镇户籍限制。

2010 年 5 月 27 日，国务院发布《国务院批转发展改革委关于 2010 年深化经济体制改革重点工作意见的通知》，要求放宽中小城市、小城镇的落户的条件。逐步完善暂住人口登记制度，逐步在全国范围内实行居住证制度。

2010 年 6 月 6 日，《国家中长期人才发展规划纲要（2010—

2020 年）》，指出“逐步建立城乡统一的户口登记制度”。

2011 年 2 月 19 日，省部级主要领导干部社会管理及其创新专题研讨班开班式，要求提高社会管理科学化水平。进一步加强和完善流动人口和特殊人群管理和服务，建立实有人口动态管理机制。

2011 年 3 月全国人大通过的《“十二五”规划纲要》再次提出“加强流动人口服务管理”的要求。

2011 年 4 月 26 日，中共中央政治局第二十八次集体学习会议上，明确指出“积极稳妥推进城镇化”、“完善社会保障和养老服务体系”、“加大对留守人口家庭、流动人口家庭及其他特殊困难家庭的扶助力度”。

2012 年 2 月 23 日，国务院办公厅发布了《关于积极稳妥推进户籍管理制度改革的通知》（国办发〔2011〕9 号)，文件指出：明确分类户口迁移政策；放开地级市户籍，清理对流动人口不便的有关政策措施；对于直辖市、副省级城市和其他大城市合理控制；出台有关就业、义务教育、技能培训等政策措施，不要与户口性质挂钩；继续探索建立城乡统一的户口登记制度；逐步实行暂住人口居住证制度。

2012 年 12 月，2012 年中央经济工作会议召开，指出 2013 年经济工作的主要任务之一是“积极稳妥推进城镇化，着力提高城镇化质量”。

2013 年 2 月 3 日，国务院发布《国务院批转发展改革委等部门关于深化收入分配制度改革的若干意见》。提出“实行全国统一的社会保障卡制度”、“全国统一的纳税人识别号制度”、“全民医保体系”、“农业转移人口市民化机制”、“全国统一的居住证制度”，努力实现城镇基本公共服务全覆盖。

2013 年 11 月，《中共中央关于全面深化改革若干重大问题的决定》指出要“创新人口管理，加快户籍制度改革，全面放开建制镇和小城市落户限制，有序放开中等城市落户限制，合理确定大城市落户条件，严格控制特大城市人口规模”。

2014年6月30日，中共中央政治局召开会议，审议通过了《关于进一步推进户籍制度改革的意见》。会议指出，加快户籍制改革不搞指标分配，不搞层层加码。优先解决好进城时间长、就业能力强、可以适应城镇和市场竞争环境的人，使他们及其家庭在城镇扎根落户，有序引导人口流向。

2014年7月24日，《国务院关于进一步推进户籍制度改革的意见》（以下简称《意见》），指出建立城乡统一的户口登记制度。取消农业户口与非农业户口性质区分和由此衍生的蓝印户口等户口类型，统一登记为居民户口，体现户籍制度的人口登记管理功能。《意见》的出台，标志着进一步推进户籍制度改革开始进入全面实施阶段。

2015年2月，中央审议通过《关于全面深化公安改革若干重大问题的框架意见》及相关改革方案。此次改革提出，建立行政审批事项定期清理和行政审批权力清单制度。扎实推进户籍制度改革，取消暂住证制度，全面实施居住证制度，建立健全与居住年限等条件相挂钩的基本公共服务提供机制。落实无户口人员落户政策。建立户口迁移网上流转核验制度和居民身份证异地受理制度，方便异地办理户口和身份证。

2. 我国城镇流动人口户籍制度改革面临的困境

改革开放以来，我国的经济发展方式和社会结构有所转变，城市化和工业化水平得以快速发展。但城市的快速发展离不开劳动力的支撑，要保证城市快速的发展就需要更多的人口进入城市。然而，流动人口大量涌入城市，对城市的管理造成了很大的冲击，由此引发了一系列的社会问题：

（1）冲击城市规模，加重城市负担。近年来，国家对户籍的控制有所松动，逐步放开了对小城镇户口的准入限制。同时，也由于城市发展的需要，大量流动人口进入城市，造成了城市人口的膨胀，同时使得城市管理负担加重，对城市的交通、环境、住房供应以及公共服务的提供等是一个很大的考验。

城市具有集聚人口的作用，人口集聚越多对城市的发展越有利，但人口过快涌入城市势必会造成城市建设和管理的脱节。一旦城市人口增长速度过快，城市基础建设和管理超负荷运转，就会出现城市病现象。例如，城市的排污设施欠缺而造成对环境的污染，工作岗位的提供无法满足城市人口的增长，社会治安管理不及时等现象。以郑州市为例，截至2010年，郑州市区的外来人口总量从2007年的98万人，激增至2010年的306万人，而2010年郑州市区户籍人口共301万人，与外来人口数基本持平。① 从统计数据可以看出，短短3年时间，郑州市的城镇流动人口数量就已超过了本地户籍人口。城镇流动人口占用了城市很大一部分资源。郑州市用301万人的城市规模承载了600多万人口在城市生存，虽带动了城市经济的快速发展，但也使郑州成为了名副其实的“堵城”。城市建设按照城市户籍人口进行规划，忽视不断增多的城镇流动人口必然会导致“城市病”的发生，造成城市瘫痪。

（2）限制户口迁移，造成“人户分离”。计划经济时期，我国施行严格的户籍管理制度，限制农村人口进入城市，城市人口增长较为平缓。在建国初期，城市人口占全国人口的比例为10.64%，1978年比例达到17.92%，城市人口比例仅增加为7%左右。但改革开放后，国家经济体制转变，城市发展速度加快，大规模的人口流动逐渐开始。1980年，我国城市人口比例为19.39%，2000年达到了36.21%。据中科院发布的《城市蓝皮书：中国城市发展报告N0.5》显示：截至2011年年底，我国城市人口数量达到6.91亿人，占全国总人口数量的51.27%，全国“人户分离”的人口数为2.71亿，其中流动人口人数为2.30亿。②

---

① 郑州市统计局：《郑州统计年鉴2010年》，中国统计出版社2010年版，第327页。

② 潘家华：《城市蓝皮书：中国城市发展报告N0.5》，社会科学文献出版社2012年版，第53页。

在我国“二元化”户籍制度限制下所产生的“人户分离”现象对城镇流动人口在城市的日常生活、感情生活产生了负面影响。由于他们缺少当地的户籍，不能像其他户籍人口一样享受同等的社会地位，严重干扰了他们的家庭地位和正常生活，使他们背负着巨大的心理负担和对被收容遣返的恐惧。虽然其他的流动群体由于流动原因主要以获取经济利益为主，对于感情生活方面相对考虑不多，但户籍的限制依然增大了他们实现正常的家庭生活的难度。

同时，随着我国城市化发展进程的加快，越来越多的农村青壮年劳动力流入城市，造成农村人口在年龄结构上两极化的倾向，形成“农村空心化”的现象。农民之所以离开农村，一方面在于农村经济不发达，加上受生活条件、交通闭塞、信息不畅通等原因，加速了农村人口向城市的流动；另一方面，由于农村村庄的不合理分布，导致大量土地荒芜和废置，农业生产难以有很大的增收，使得农村劳动力大规模向城市转移，造成农村“抛荒”和“空巢”现象极为严重。外流的人口大部分进入条件相对优越的大城市，并适应了城市生活，农村的流出人口大于回流人口，这就更拉大了城乡间的差距。

不可否认，农村劳动力的外流，对于城镇化建设，促进城乡一体化发展有着很大的促进作用。但过于快速的人口转移，不仅给城市管理带来极大的困扰，同时在没有形成大规模农业现代化之前，农村劳动力的缺失也会影响农民对农业生产的积极性。农村青年劳动力的缺失，使得留守在家的老人、妇女的劳动量加大，对儿童的心理造成影响。同时，因为缺乏学习农业技术知识，滥用污染严重的农药，反而会影响农业的收成，造成土地污染等问题。

（3）社会融入困难，人口频繁流动。我国是一个人口众多、快速发展中的国家，劳动力决定着社会的发展速度，城市只有引入更多的劳动力才能更快更好的发展。虽然近年来进入城市的农民工不断增多，但却依然面对着“招工难”和“就业难”的问题。

造成“招工难”和“就业难”的最直接的原因，一方面是因为流动人口中大部分为文化程度较低的农民工，高中以下文化程度者和从未接受教育和技能培训者占绝大多数。由于文化和技术水平较低，农民工在城市只能从事劳动收入较低、工作环境恶劣、技术含量较低，风险性较大的工作。这类工作稳定性较差，失业风险较大，个人权利无法得到保障。另一方面是因为农民工工资过低，企业的用工不规范以及农民工权益得不到保障。农民工进入城市就业是为了获取比在农村劳动更多的价值。从农民工的角度来看，他们对劳动力付出与收入之间的差距要求并不高，其到城市工作只是为了获得比在农村从事劳动生产更多的收入。但由于农村劳动力过剩，城市无法吸收过多流动人口就业，企业在招工时，大多倾向于文化程度较高，或拥有职业技能的人才，对农民工的报酬和所提供的保障并不会太高。这就造成了农民工会经常地变换工作，寻求更好的就业环境和获得更多的薪酬。

随着 80 后新生代的农民工的出现，“招工难”和“就业难”现象更为凸显。新生代农民工虽受教育程度较高、谋求发展动机强烈、对工作的要求较高，但欠缺专业的技能和实践经验、缺乏务实就业观念、主观工作意愿和实际工作能力脱节，经常更换工作，造成了城市服务业大量缺工与新生代农民工大量失业的现象出现，对城市的发展造成影响，不利于形成稳定的就业环境和高素质产业队伍。

（4）市民化改革滞后，阻碍城镇化健康发展。城镇化是指农村人口逐步转化为城镇人口的一个过程。城镇化不仅是将第二产业和第三产业向城镇集聚，增加城镇数量，扩大城镇规模的过程，同时也是优化城乡结构和转变功能的一个过程。城镇化旨在提高社会物质文明，促进社会发展，符合我国现阶段的国情，有利于农村剩余劳动力的转移。

随着我国城镇化进程不断加快，越来越多的农村人口进入城市工作和生活。流动人口作为城市的新鲜力量，为城市的发展做出了巨大的贡献，但却无法成为真正的城市人口，无法享受到与城市居民相同的社会地位和平等权利。过量的流动人口进入城市，而流动人口市民化进程滞后，势必会影响城镇化的健康发展，为城市发展埋下了隐患。

影响农村进入城镇的流动人口市民化存在两个方面的问题：

一是城市中常住人口和户籍人口的区别。城镇流动人口难以成为城市居民，与我国的户籍制度有着很大的联系。我国传统的二元经济结构中，以城乡和地区分割为基础的户籍制度承载了过多的职能，而户籍制度中统计人口数据的基本功能则被弱化。我国现行的户籍制度体现着城乡两种待遇悬殊的福利体制，城市居民和农村居民在就业和社会福利上存在着很大的差别，户籍制度逐渐异化为一种资源和利益分配的依据，并成为流动人口融入城市的最大阻碍。

二是农村土地制度改革相对滞后，农村人口“市民化”受农村土地政策的影响。我国现行的《土地管理法》规定按被征收土地的原用途给予补偿，补偿上限不超过土地被征收前 3 年平均年产值的 30 倍。因此，农民最终所获得的收益相对较少，在一定程度上也影响失地的农民进入城市落户的能力。同时随着农村人口进入城市，农村必然会出现土地荒废和土地集中的问题。现阶段虽然有以暂时代耕性质的土地集中方式，但土地权利流转性质的大规模集中还没有形成，对土地的保护和长期投资极其不利。土地是流动人口的最后保障，返乡流动人口承包土地必然会引起许多纠纷，而且，如果实施农村土地流转政策，对土地进行统一和规模化经营后还需要面临大量农村人口和劳动力的安置问题。

中国社科院发布的《城乡一体化蓝皮书：中国城乡一体化发展报告（2011）》中指出：“2003 年以来，我国的城镇化进入高速发展期并具有起步晚、波动大、复苏慢、推进快等鲜明特点”。[①] 因此，如何在加快流动人口市民化的同时使城镇化健康发展，成为

---

① 汝信、付崇兰：《城乡一体化蓝皮书：中国城乡一体化发展报告》(2011)，社会科学文献出版社 2011 年版，第 45 页。

当前一个重要的研究课题。

(5) 服务管理缺失，城镇流动人口权益难以保障。完善的社会保障制度是维护社会稳定和社会公平的重要保证。当前我国受城乡二元化户籍制度的影响，流动人口大量进入城市，给城市的管理带来了极大的挑战。流动人口在城市从事艰苦的行业，为城市的发展做出了巨大的贡献，但却无法享受到应有的公共服务和社会保障。公共服务管理体系的滞后和不均等严重影响着社会的发展，同时也影响着流动人口在城市的居住、就业、医疗、卫生及子女受教育等方面的权益。

目前，我国的社会保障体系没有统一的标准，社会保障制度呈现地区化和多元化。一方面是受到城乡二元结构的影响，城乡间的社会保障体系福利待遇差别较大；另一方面是因为我国的社会保障体系处于初始阶段。面对诸多的矛盾和问题，由于我国的社会保障标准受地区差异和各地经济水平的影响，差别较大，种类繁多，各省、市、地区间的社保标准不尽相同，转移手续极其复杂，这就与劳动力和人才的流动形成了直接冲突。人口的流动往往以放弃其社会保障权益为代价。尤其是在城市中从事工作的农民工，其工作风险性大，岗位艰苦，社会保险制度对其影响更为重要。当农民工变更工作和城市时，个人所缴纳的保费可带走，但个人账户内地方统筹部分积累的保费却被当地社保部门截留，无法实现跨地区的转移。因此，社会保障的多元化和地区对人口的流动造成了很大的阻碍，对流动人口的个人权益也是一种制约。

城市中的流动人口受户籍的影响，无法享受到与城市人口相同的待遇。在住房方面，流动人口没有稳定和合法的居住环境。虽然一些城市将流动人口纳入城市住房保障体系，但限制条件过于苛刻，准入门槛较高。在流动人口子女受教育方面，其子女的教育无法得到保障。调查显示，进城落户的流动人口中，其落户的主要原因选项中，“有利于孩子接受教育”占比重最高，达到94.2%。据统计，我国义务教育阶段随迁的子女达到1167万。由此可见，使子女获得良好的教育是流动人口进城落户的主要激励因素。但大批的随迁子女进入城市，对流入地政府教育经费的筹措，流入地学校的接收能力以及教育质量带来很大的挑战，同时也会因户口、家庭经济状况、感情缺失等原因造成心理不平衡，受到歧视，更有可能发生反社会的行为。因此，处理好流动人口公共服务的平等化，对其子女的教育问题有很大的帮助，同时，对流动人口的稳定和社会的和谐发展也有很重要的意义。

（三）城镇流动人口户籍制度改革政策发展及地方创新

1. 我国城镇流动人口户籍制度改革目标

越来越多的流动人口进入城市，对我国的社会发展造成了很大的影响，同时对城市的管理也是一个很大的挑战，如因人口过度集聚引发的交通拥堵、环境污染、住房困难、就业压力、土地问题、社会治安、社会保障等方面的问题。

近年来，国家逐渐重视对户籍制度的改革，并针对当前城市流动人口所面临的一些社会问题，出台了一系列与流动人口个人权益、社会保障相关的改善政策，为流动人口在城市就业、落户、享受平等的公共服务提供了很大便利。

从近年来我国出台的有关户籍制度的政策可以看出，国家对城乡“二元化”的户籍限制有所放开，并逐步向建立城乡一体化的户籍登记制度和实行全国统一的社会保障的方向发展。

（1）人口流动更加合理有序。我国是一个拥有 13 亿多人口的大国，人口数量、素质、结构直接影响着我国经济社会的发展。近年来，城市高速发展，对人口的需求不断增大，城市流动人口增长速度过快，原有公共服务体系面临着极大挑战，城市管理不当造成社会问题频繁出现。国家针对人口快速增长、城市管理薄弱的问题非常重视，提出了许多建设性的思路，并出台了相关措施，以期在保持社会经济快速发展的同时，合理地进行人口流动，保障个人权益不受侵害。

2011 年 4 月 26 日，胡锦涛总书记在中央政治局就世界人口发展和全面做好新形势下我国人口工作进行第28次集体学习时指出："要充分认识我国人口问题的长期性、复杂性、艰巨性，不断增强做好人口工作的自觉性和主动性，加强战略研究，加强政策统筹，加强工作协调，加强任务落实，不断开创人口工作新局面，为"十二五"时期经济社会发展创造更加有利的人口环境。"① 人口合理有序流动的提出是"科学发展观"精神的深入贯彻。"科学发展观"的核心是"以人为本"，"是人的全面发展"。因此，只有提高人口素质，优化人口结构，合理引导人口分布，才可以促进社会的可持续发展。

人口流动的合理有序主要是指"流动有序"和"流向合理"两个方面。应当加强对流动人口的管理和提供平等化的公共服务出台相关的政策，并加快城镇化的建设力度，合理的统筹人口分布，把流动人口管理和服务纳入到流入地经济社会发展总体规划之中，为人口流动迁移创造良好政策和制度环境。

（2）社会融入更加及时顺畅。"融入"，是一种单向的进入方式。流动人口的社会融入，就是指流动人口在经济、行为、文化、观念等方面融入城市社会的管理体系之中。同时，融入暗含着不平等的出现。流动人口进入城市社会，其经济水平、文化观念等方面与城市人口存在差别，容易受到歧视和排斥，但流动人口进入城市之后又必须融入到社会中去，更快更顺畅地使流动人口融入社会是我国户籍制度改革的目标之一。

流动人口难以融入社会，一方面是因为其就业的不平等，以及无法得到合法的居住环境。其从事的行业多为技术含量较低的建筑或服务行业等，并且由于户籍和经济状况的限制，无法得到良好的居住环境。尤其是城镇流动人口中的农民工，他们有一部分甚至没有固定的居住点，流浪或露宿街头。另一方面是因为无法享受到公

---

① 2006年，胡锦涛在第16届中共中央政治局第28次集体学习开班仪式发言。

共服务和个人权益的保障。社会保障体系的“碎片化”导致了流动人口在进入流入地之后无法转移原有的社保手续。因户籍的限制，流动人口只作为流入人口，而不是持有当地户口的居民，个人权益往往不能得到有效地维护。

（3）权益保护更加积极有效。对流动人口的权益构建保护是构建和谐社会的重要标志。温家宝在2010年政府工作报告中提出：“推进户籍制度改革，放宽中小城市和小城镇落户条件，有计划、有步骤地解决好农民工在城镇的就业和生活问题，逐步实现农民工在劳动、报酬、子女就学、公共卫生、住房租购以及社会保障方面与城镇居民享有同等待遇。”① 从温总理的报告中不难看出，国家正逐步放开对中小城市户籍的限制，并对流动人口的就业和生活等问题进行解决。但现阶段，我国对流动人口权益的保护力度尚显不足，这与我国户籍制度的“二元化”，流动人口的融入不顺畅以及公共服务的不均等有着很大的关系。流动人口在城市中无法像城市人一样享受同样的公共服务，在自身权益受到损害的时候无法维权，就业、住房等缺少最基本的保障。

十七大以来，国家关注民生，重视流动人口在城市的发展和生活。从已出台的相关政策中不难看出，国家的户籍改革正朝着消除城乡二元结构的方向发展。一方面试图解决流动人口在城市的落户问题，适当放宽对流动人口落户城市的条件限制，规定满足一定条件即可成为当地常住居民；另一方面也要求继续控制大城市的人口规模，并未完全放开人口的自由迁徙。由此也可以看出，要达到城乡统一的户籍管理制度，不再区分城市户口和农村户口的目标仍需要一定的时间。因此，目前的政策应当趋向以为居民提供公平的公共服务，使居民享受同等权利为主要目标，同时建立统一的社会保障体系，对居民提供统一的公共服务和保障，进而保证流动人口在流入地的合法权益不受侵害和歧视。

---

① 2010年，温家宝在2010年政府工作报告讲话。

2. 城镇流动人口户籍制度改革的地方政策探索与实践

近几年来，城市发展速度较快，进一步拉大了城市与农村之间的差距，造成城乡间发展不均衡，越来越多的农村人口希望进入城市发展。受“二元化”户籍结构的限制，流动人口从农村向城市转移的过程中，往往面临着生活和就业的不稳定，同时由于国家政策的滞后性，以及由于东西部差异明显，现阶段不适合出台全国统一的户籍改革方案，对户籍制度的改革尚处于尝试和探索阶段。因此，目前的户籍改革主要以国家政策为指导，各省市、地区为试点，因地制宜地进行尝试和创新。

(1)“居住证”概念。目前所实行的“居住证”制度，是由1984年广东省推出的“暂住证”制度演变而来。“暂住证”——人口的暂时停留，从字面上看，具有排斥外来的意思。实践中，“暂住证”制度带有浓重的歧视色彩，它限制着流动人口在城市就业、医疗、教育等方面的权益，对我国城市化的发展和经济社会的建设非常不利，诸多弊端日益显现，对暂住证的改革迫在眉睫。因此，将“暂住证”改名为“居住证”有助于消除城乡间的差距，实现人人公正平等，同时也体现着城市对流动人口的态度逐渐转变，由排斥转向接纳。一些省市相继出台了改革政策，提出以“居住证”来代替“暂住证”，作为户籍制度改革进程中的一种过渡方式。①

(2)“引进人才居住证”。从2002年开始，各地就相继出台了一系列“居住证”政策，但多为吸引高级人才，吸引外来投资的

① 笔者主要以上海、广东、北京等地的流动人口政策为主要研究对象，一方面是因为这些省、市多为社会经济快速发展的地区，是流动人口主要的聚集地，对户籍制度的改革尝试较早，各种政策的落实相对先进，有一定的借鉴意义。另一方面，作为大型城市，其城市的承载能力较强，公共服务体系较为完善，对研究流动人口的户籍管理有着诸多优势。以下笔者将按照目前学者比较认同的几个流动人口户籍改革创新政策分别对其进行分析。

政策，如上海、深圳、珠海、广东等地的“人才居住证”、北京市出台的“工作居住证”等。这类“居住证”都注重于引进人才，而忽视了大部分流动人口的权利和公平，尤其是流动人口中的农民工更是无法得到保障。

以上海市为例，上海市早在20世纪90年代开始就实施过类似“人才居住证”的“外来人才寄住证”，用来吸引国内优秀人才到上海工作。2002年4月30日，上海市《引进人才实行〈上海市居住证〉制度暂行规定》出台，将“引进人才工作寄住证”正是改名为“引进人才居住证”，其中规定：“凡具有本科以上学历或者特殊才能的国内外人员，以不改变其户籍或者国籍的形式来本市工作或者创业的，可以依据本规定申领《上海市居住证》”。[①] 持有“引进人才居住证”的外来人口可在上海进行创业、从事科研、接受聘任等，同时还可享受医疗、养老、住房公积金等保障。

“人才居住证”制度主要以引进国内外人才为主，通过“人才居住证”为引进的外来人才提供便捷的工作、生活环境，以达到吸引人才的目的。“人才居住证”制度虽然保障了外来人才在城市平等的生存、就业和享受公共服务的问题，但并不能满足大部分城市流动人口的意愿，尤其是文化程度较低的农民工群体，对城市的管理来说依然是一个难题。

（3）“积分入户制”。“积分入户制”简单地来讲，就是以流动人口的科技贡献、专业技能、进入城市时间等指标为积分项作为入户的评分标准，当流动人口同时满足这些基本积分指标时即可申请落户。“积分入户制”较之前的户籍改革政策有很大的进步和创新，“入户”代表着可在当地办理户籍，转为户籍人口，而“居住证”仅代表着可以在当地居住和享受公共服务。

2009年，广东省中山市出台了《中山市流动人员积分制管理

---

① 2002年4月30日，上海市政府发布《引进人才实行〈上海市居住证〉制度暂行规定》（市政府〔2002〕第122号令）。

暂行规定》，是我国地方上首次推行“积分入户制”的开始。该规定允许流动人口使用自己的学历、职称、社会保险、社会服务、荣誉证书等积累分值，其所累积的分值将作为评定其在城市落户的凭证。2010 年 6 月 7 日，广东省人民政府又出台《关于开展农民工积分制入户城镇工作的指导意见（试行）》，在全省范围内正式推行“积分入户制”。以深圳市为例，其“积分入户”标准需同时满足六个方面的指标（见表 6）：

表 6　深圳市“积分入户制”的六个基本指标①

基本要求	持有居住证情况、身体健康情况、年龄情况
个人素质	文化程度、职业资格、技能竞赛、发明创造、表彰荣誉
居住情况	居住条件（拥有产权住房时间）、居住时间（拥有居住证年限）
参保情况	缴纳市养老保险年限、市其他保险年限、省内其他地市保险
奖励加分	献血、义工和志愿者服务、慈善捐赠等社会服务
减分指标	违反计生政策、违法犯罪、不良诚信记录等

（注：实行年度总量调控，排队轮候办理。）

以上海市为例，上海市政府也于 2009 年 2 月 12 日同期发布了《持有〈上海市居住证〉人员申办本市常住户口试行办法》，其中规定：到上海创业、就业，并持有《上海市居住证》的境内人员在满足“积分入户”的五个条件的情况下可落上海户口（见表 7）。

---

① 2005 年 8 月 1 日，深圳市人民政府发布的《关于加强和完善人口管理工作的若干意见及五个配套文件的通知》（深府〔2005〕125 号）。

表7　上海市“积分入户”五个条件①

居住情况	持有《上海市居住证》满7年
参保情况	持证期间按规定参加本市城镇社会保险满7年
纳税情况	持证期间依法在本市缴纳所得税
职业限定	在本市被聘任为中级及以上专业技术职务或者具有技师以上职业资格，并且专业及工种对应
减分指标	无违反国家及本市计划生育政策规定行为、治安管理处罚以上违法犯罪记录及其他方面的不良行为记录

（注：上海市对持证人员申办常住户口实行年度总量调控，符合条件的常住人员按规定排队轮候办理。）

通过表6和表7所示，深圳市与上海市出台的“积分入户”指标和条件进行比较，可以看到，两地放开了对外来人口的户籍限制，允许流动人口通过累积积分的方式落当地户口。但两地的“积分入户”政策也存在着一定的差异性：首先，深圳市的“积分入户”标准是面向整个流动人口，并未对职业有所限定，而上海市的“积分落户”政策则限制了在上海市拥有中级职称或相关的专业和对应的工种方可在上海市申请入户；其次，上海市的“积分入户”依然带有“引进人口居住证”制度的影子，并未像深圳市一样全面放开对流动人口的户籍限制。

“积分入户制”实施了对少数高级人才放开的户籍政策，允许广大流动人口在城市落户。另外，在制度设计上，传统的流动人口落户政策是按“准入指标”进行指标分配，而“积分入户制”未来将以流动人口的“准入条件”为落户的评定标准。城市运用“积分制”的评分标准来管理和引入流动人口，打破了传统的按指

① 2009年2月12日，上海市政府发布的《持有（上海市居住证）人员申办本市常住户口试行办法》（沪府发〔2009〕7号）。

标引入人口的规定，解除了对流动人口入户数量上的限制，在条件上对流动人口的入户进行了评定。

（4）“实有人口”服务管理体系。“实有人口”顾名思义，是指本地实际拥有的人口数量，它包含了本地常住人口、外来流动人口、本地户籍人口和外籍人口。“实有人口”服务管理体系是指：非本地人口在进入辖区之后，应到相应的人口管理部门进行本人信息登记，并纳入到当地“实有人口”服务管理综合系统。城市按照居住地管理的原则，对当地的“实有人口”信息进行统计，以“实有人口”作为配置基本公共产品和公共服务的边界，便于城市对外来人口的信息进行统计和汇总，制定城市未来的发展计划，以及对外来人口提供公共服务。

随着工业化和城镇化的快速推进，城市在经济快速增长的同时，也吸引了大量城乡劳动力，带来了实有人口的快速增长，流动人口的快速膨胀同时也给城市带来了诸多社会问题，对城市实有人口的管理是一个很大的挑战。从本质上看，“实有人口”公共服务管理体系制度虽然依托于“居住证”制度，但却把原有的对少数人群办理的“居住证”政策对所有的城镇流动人口开放，吸纳更多的流动人口参与到当地的社会事务管理，从而增强流动人口的认同感和归属感。

2012年，郑州市推行的“建立流动人口服务管理综合信息系统”① 概念，是对城镇流动人口户籍改革的一次重大尝试。郑州市流动人口信息平台采集和储存的基本信息涵盖了流动人员姓名、性别、民族、文化程度、婚姻状况、流动事由、户口所在地、到本地日期、现住址等内容，同时还包括个人身高、体重、足长、鞋号、指纹信息、照片等个人信息，并将个人信息与“居住证”绑定在

---

① 《河南研发完成省级流动人口综合信息管理服务系统》，载新华网，http://www.gov.cn/jrzg/2006/12/13/content-468583.htm，访问时间：2013年3月13日。

一起，作为流动人口享受公共服务的凭证。流动人口信息平台不仅能及时采集和更新流动人口信息，同时也为管理机构服务人民，制定相关公共政策提供数据支持，同时有助于外来流动人口的自我稳定和城市融入。

将流动人口纳入城市公共服务管理体系是我国户籍制度改革的一次大的进步，有助于剥离依附于户籍制度上的各种利益，实现人口的全面平等。

（5）“一元化”户籍制度改革。“一元化”户籍制度改革是指通过“一步到位”的户籍改革方式，彻底打破传统“二元化”户籍制度对城乡间“农业户口”与“非农业户口”的差异，建立一套城乡一体化的户籍管理制度，这种户籍制度改革方式有别于现行的“渐进式”的户籍改革政策。

早在2003年郑州市政府就出台了《郑州市人民政府关于户籍管理制度改革的通知》。通知指出：要进一步深化户籍制度改革，取消“二元化”的户口划分，实行城乡一体的户口管理模式，降低流动人口在城市的入户门槛（见表8）。但由于城市自身公共服务资源紧缺，加上流动人口过度增加等原因，该政策在实行8个月（2004年1月至8月）之后被迫停止，可以说郑州市的这次户籍制度改革并不算是成功的改革。虽然郑州市2004年放开城市户籍的这次尝试以被迫以停止告终，但对我国之后的户籍制度改革提供了很多的借鉴价值。以郑州市户籍改革政策为例进行分析，有助于探索一个符合我国国情的户籍制度改革道路。

表 8　郑州市“一元化”户籍制度改革入户条件

入户条件	使用群体
购房入户	在郑州市区购房面积56平方米以上，可入2~5人（本人和直系亲属）；在郑东新区购买商品房按面积迁入直系亲属3~5人，无下限；在县（市）购房、建房、租房，本人及亲属均可入
交地入户	“城中村”和人均耕地少于0.3亩的近郊居民要转为城镇人口
工作入户	与郑州企事业单位签订劳动合同，并缴纳社会统筹金的人员，可办理“迁郑户口”
投资入户	在郑州投资、经商、办企业的外地公民，连续经营3年以上，每年纳税金额3万元以上；或1年纳税10万元以上，本人与共同居住生活的直系亲属户口；外商投资企业按其实际投入外资额，每10万美元可迁入1人
纳税入户	同投资入户
人才入户	具有硕士、博士学位的可入户，博士配偶、子女可随迁。中专以上的毕业生，可入户。已婚的，配偶、子女可随迁
投靠入户	一方须有郑州户籍，夫妻分居3年以上，父母退休投靠；郑州市居民子女，可入
积分入户	户改政策未提及
其他入户	成建制迁入：外地企业成建制迁入郑州市的职工，经市政府批准，准予迁入

综合表8以及郑州市的地区因素分析可以看出，郑州市2004年推行的户籍制度改革政策，入户条件门槛很低，基本上适用于大多数流动人口。笔者认为，其实行“一步到位”的户籍改革政策，目的有两个方面：一方面是为了扩大其城市规模。郑州市作为河南省省会，城市规模较小，区域优势较小，制约了整个中原地区的发

展，放开对流动人口户籍的限制，有助于中原地区中心城市的建设，加快中原发展；另一方面为了加快城市化进程和工业现代化的需要。城市化和工业化发展是城市保持社会经济快速发展的基本条件，而快速提高城市化率和加快工业化发展的办法就是放开户籍的限制，使更多的流动人口成为城市居民。但过度的放开对人口户籍的限制，势必会造成城市公共服务运行不畅。郑州市在放开户籍限制的近 1 年时间内，就增加了超过百万的常住人口。由于城市过度的涌入人口，从而导致城市交通、教育、医疗等公共服务不堪重负，这也是郑州市在刚刚实行“户籍新政”8 个月后突然叫停的原因所在。

我国户籍制度的改革是一个漫长的过程，户籍改革的政策应遵从渐进式的发展路线。“一步到位”式的户籍改革方式可以从根本上解决我国目前城乡分化的“二元化”户籍差异，但需要城市具有充足的公共资源支撑改革的庞大需求。因此，在目前资源不充分的情况下，户籍制度的改革首先要满足城市流动人口的公共服务供给能力，使流动人口能够人人享受到户籍改革带来的权益，才能逐步形成“一元化”的户籍管理模式。

二、新中国成立后户籍制度改革的特点

新中国户籍制度经历了从无到有、从不完备到逐步改革、完善的过程。新中国经历了“大跃进”、“文化大革命”的动荡年代，进入了改革开放、经济发展的时代，新中国户籍制度也经历了改革、变迁的重大转变，这其中表现出了如下特点：

（一）从强制性到引导性

回顾近 50 年的变迁过程，强制性制度变迁是各个时期户籍制度的共同特征，同时存在强制性制度变迁和引导性制度变迁相结合，引导性变迁逐渐强化的特征。中国户籍制度变迁模式，包括政府主体依靠国家行政集权和法律强制实行的自上而下由严格限制到逐渐放松公民流动的法规条例和政策，还有以公民特别是农民为主

体在给定的约束条件引导下，为响应获利机会和实现自身收益最大化而自发倡导、组织和实行的自上而下式流动和迁移的方式，即符合新制度经济学的强制性制度变迁与引导性制度变迁两种模式。[①]

改革开放前的户籍制度是在高度集权的计划体制的背景下，政府自上而下地进行制度改革的。对自下而上的制度变迁需要强行压制，限制公民自由迁徙、限制农民进城，甚至限制与户籍制度相关的生活领域的粮油供应制度、社会保障制度、福利制度、教育制度，导致城乡居民与企业的自下而上的制度变迁力量异常薄弱。改革开放以后，政府逐渐地实行允许农民自理口粮、小城镇户籍制度改革，这些改革的政策都体现了强制性制度变迁与引导性制度变迁的结合。政府顺应了自下而上的制度变迁需求，有自上而下和自下而上两种制度变迁方式相互作用，前者逐渐弱化、后者逐渐强化的基本特征。

（二）从强化中央管理到地方权力的扩大

新中国户籍制度由强化中央集权向扩大地方权力的转化主要体现在两个方面：一是户籍制度的政策和法规的制定主体由中央集权政府制定向地方政府制定发展，即户籍制度制定主体由中央向地方化方向的转化；二是户籍制度的政策和法规的适用范围由全国适用转变为适用于城镇等不同地区。一些经济发达的城市、地区根据自身的情况制定了自己的户籍管理模式，制定了户籍制度法规和政策规范调整本辖区内的公民，即户籍制度适用范围由强化中央集权向扩大地方权力转化。但无论是制定主体还是适用范围的扩大，地方权力变化都体现着户籍制度地方权力转化的特点。2001 年 5 月，上海根据人户分离日益增多，决定改“户籍制”为“居住地制”；2001 年 6 月 1 日，山东省政府出台《积极推进小城镇户籍管理制度改革的通知》，对小城镇居民户不再实行计划指标管理；城镇引

---

① 李红霞：《1949 年后的中国户籍制度变迁研究》，华南师范大学 2003 年硕士学位论文。

进的各类人才，本人及直系家属均可落户。这些地方性户籍制度改革的政策和法规的制定证明了户籍制度逐步由强化中央集权向扩大地方权力转化的特点，这种发展趋势更能适应各个地区的发展脚步，在统一的户籍体系中和谐发展。

（三）从城乡二元化到二元化的消除

改革开放以来，政府在对户籍制度改革的过程中循序渐进地转变方式，顺应中国户籍制度变迁进程并不断对其相关的制度规则做出修改和调整。消除户籍制度城乡二元化，使户籍制度能够与时代和谐发展。政府先一步步使各项附着在户籍制度身上的利益与户籍制度脱钩，如放弃粮油定供、取消就业统包、改革公费医疗、福利分房制度、教育制度、社会保障制度等，使各项以往由城镇居民独有的利益逐渐“社会化”、“市场化”；然后通过 1984 年国务院发文允许农民自理口粮进城购房、办厂、经商，和 1997 年国务院批转《公安部关于小城镇户籍改革试点方案》，允许试点城镇具备条件的农村人口办理城镇常住户口，一步步放松限制农民进城的严格的户籍管制制度，促使户籍制度变迁由外围向核心转变。① 随着时代的快速发展，经济发展需要社会大量输入输出劳动力，因此打破城乡界限，打破户籍制度的二元化模式势在必行。而这种由二元化向消除二元化的转化逐渐转变的改革方式，给社会制度的转换有了一种渐进发展的时间，有助于社会的平稳与和谐。

哈尔滨解放区时期的户籍制度是中国共产党领导的政权下第一次建立户籍制度的尝试，在鲜明的历史条件下起到了积极的作用，同时也给新中国户籍制度的建立提供了有益的借鉴，具有深刻的历史意义。新中国成立后建立户籍管理制度，直接继承了哈尔滨解放区户籍制度在治安方面的经验，成功地控制了社会，稳固了政权。但是随着社会的不断进步，中国经济进入快车道，户籍制度已经不

① 李红霞：《1949 年后的中国户籍制度变迁研究》，华南师范大学 2003 年硕士学位论文。

能适应市场经济发展的需要，城乡二元化问题和公民迁徙自由权利问题日益凸显，经济状况要求户籍制度进行一场深入的改革。因此，政府也在对户籍制度积极稳健地由地方向中央、由外围向核心的转化，这种转变更是由注重户籍制度的政治功能向注重经济功能的转化，适应了时代的发展，并会推动社会的进步。

三、法治视野下户籍制度改革的价值认知

中国2000多年的历史，户籍制度一直伴随着政权的更迭、经济的发展而发展和变迁，经历了古代、近代、现代的各个改革阶段，逐步完善。各个时期的户籍制度在各个历史时期发挥着不同的功能和作用，同时也为当今的户籍制度改革提供了有益的经验和教训。本章通过对户籍制度改革的原因、特点、功能变化以及局限性的分析，试图为现行户籍制度的改革提供借鉴。

（一）户籍制度的功能及其变化

虽然从表面上看，户籍制度只是一种人口调查统计与管理的制度，但实际上，中国古代的户籍制度却是封建国家行政与财政的基础。没有户籍制度的正常运转，封建国家行政与财政便会立即陷入困境。进入了近代甚至到了新中国成立后，户籍制度仍然在不同程度上在政治、经济方面发挥着作用。但是，户籍制度的法律规制功能以及人权保护功能，却在2000年的历史发展中没有得到充分的体现。现代户籍制度改革正朝着与身份、利益等社会、政治、经济因素脱钩，逐步发挥法律功能、保障人民基本权利的方向发展。

1. 政治方面

把人与地紧紧地固定在一起的户籍制度方式，是农业社会管理方式的重要特征。农业生产方式的特点就是人和地的结合，社会财富和政府赋税都主要来自人们在土地上的产出物，因此，按地管人

也就是很有效的方法。[1] 在古代封建社会，户籍制度形成的最重要的标志便是户口的登记与户籍的上报，并且将人附着在土地上，这是封建国家最为有效的社会控制手段。统治者之所以如此重视户籍制度的真正原因是在于，一旦人民被登记入国家户籍，也意味着接受了国家的控制，户籍制度作为国家控制社会和人民的有效手段，也成为封建国家强化君主专制的中央集权政治统治体制的主要内容之一。也是因为这个原因，我们发现实际上户籍制度的健全与否，始终是封建国家能否有效地控制社会和维持国家统一的重要标志，同时户籍制度运转的状况更是关系到封建国家的生存状况，这也是统治者特别重视户籍制度的根本原因。[2]

新中国成立以后，户籍制度仍然在社会控制方面发挥着巨大的作用。新中国户籍制度继承了哈尔滨解放区户籍制度的特点，在新中国成立初期建立了特种人口管理制度等一系列稳定社会秩序、巩固政权的制度，迅速稳定了社会局面。然而在现代社会，经济和产业结构已经发生了重大变迁，经济一体化和全球化的趋势和潮流正不知不觉地影响着世界各国的社会经济发展。在这样的社会经济格局中，人口流动已是不可抗拒的潮流，冲击社会的各个角落。经济体制的改革，同样需要相关配套制度的变迁，尤其是那种与市场经济格格不入的制度，更需要调整和改革。[3]

2. 经济方面

古代户籍制度最主要、最直接的目的就是进行经济剥削，封建国家也一直是通过户籍制度征发赋税徭役的。在中国封建社会，户

---

① 陆益龙：《户籍制度——控制与社会差别》，商务印书馆 2003 年版，第 259~260 页。

② 王威海：《中国户籍制度——历史与政治的分析》，上海文化出版社 2006 年版，第 229 页。

③ 陆益龙：《户籍制度——控制与社会差别》，商务印书馆 2003 年版，第 259~260 页。

籍制度的各个环节，包括户口登记、户籍编制、户口统计、户等划分、户种划分、户口的社区管理以及检核户籍等都围绕着赋税徭役的征发而进行的。历史上每一次大的赋税徭役制度改革，都直接导致了户籍制度功能的变化。从这一角度来说，户籍制度与土地制度、赋税徭役制度是一体的，① 古代户籍制度其实是把土地制度与赋税徭役制度涵盖在内的，通过户籍制度分配和调节土地占有、征发赋税徭役。当然这样的情况在不断地发生变化，总的趋势是户籍制度逐渐与土地制度和赋税徭役制度分离，户籍制度的财政功能逐步减弱，直至户籍制度与土地制度和赋役制度彻底分离。

进入了现代社会，随着经济的快速发展，户籍制度也从本质上有了根本性的改变，户籍制度不再担负着财政功能，但它却与社会的经济发展息息相关。社会的进步，经济的发展，无时不在促使户籍制度发生变革，同时户籍制度也为经济的发展起着保障的作用。然而这种相互促进、相互影响、共同发展的关系，跟古代户籍制度的赋役功能却有着本质上的区别。这是社会性质决定的，更是历史发展的必然。

3. 法律方面

古代户籍制度因为其政治功能、经济功能的要求以及传统文化的影响，在制度上规定了贵族与平民的关系、地主与佃农的关系。尊卑等级是古代社会的表现特征之一，同时也是古代户籍制度表现出的最显著的特点。随着经济的发展、社会的进步，这种主仆的人身依附关系也在悄然变化。宋代的户籍制度改革使得佃农正式进入了国家户籍，真正在法律上具有了独立的人格。虽然，封建社会的性质没有改变，统治者和贵族仍然对其进行剥削和压迫，但是这是一个人权保护在法律上的开端。由于社会的进步，封建社会终于由完全的人权剥削向着积极的方向发展。

---

① 王威海：《中国户籍制度——历史与政治的分析》，上海文化出版社2006年版，第237~243页。

新中国成立后，人民摆脱了2000年的枷锁，翻身做了主人，公民的自由迁徙权和平等权被写入宪法，成为法律保障的公民基本权利。但是，现行的户籍制度由于城乡二元化和户籍制度缺乏法制化等问题，影响着公民基本权利的实现，限制了公民受宪法保护的权利，尤其是在经济进入快车道的当下，户籍制度在法律上、人权上的改革仍应继续。

（二）户籍制度改革的原因考察

从封建社会到近代再到新中国成立，户籍制度经历了各个社会历史时期的变迁，在政治因素、社会因素、经济因素的深刻影响下进行了多次深入的变革。通过分析户籍制度改革的影响因素，能够使我们更清楚地认识户籍制度的发展，为当今户籍制度的改革提供分析的理论基础和借鉴。

1. 社会的变迁

社会的变迁是户籍制度变革的最根本也是最直接的影响因素。在古代封建社会，每一次政权的更迭、社会的变迁都会影响户籍制度作用的发挥，甚至会使户籍制度根据其社会的需要进行深入的改革。到了近代社会，由于社会的发展以及西方文化对中国传统文化的冲击，社会制度产生了深入的变革，社会性质有了根本的改变，随之而来的就是由于社会变迁而要求户籍制度适应社会的发展而进行了彻底的改革。新中国成立后，中国建立了自己的社会主义国家，中国人民翻身做了主人，社会性质又有了根本性的改变，此时户籍制度也完全摆脱了封建社会给古代户籍制度戴上的枷锁，即赋役功能。为了适应社会的发展，户籍制度会随之改革。因此，社会的变迁是户籍制度改革的重要的影响因素之一。

2. 经济的发展

户籍制度的变迁与经济发展关系密切。纵观户籍制度发展史，我们不难发现，中国古代经济迅速的发展，朝代户籍制度就会产生大的变革。现代户籍制度更是如此。新中国改革开放前，“大跃进”急需大量农村劳动力，户籍制度执行宽松；紧接着的3年困难时期，户籍制度严格执行，对农民工实行大清退；“文化大革命”时期的“逆城市化运动”与经济状况差息息相关。改革开放后，由于经济状况大大改观，户籍制度的执行力度较改革前大为宽松，变迁幅度和力度较大。不仅如此，户籍制度的地方化与各地区经济发展也有着紧密的联系。由于自然条件、历史条件和政策的原因，我国经济呈现出地区非均衡发展特点。经济发达地区、东部沿海地区的城镇经济较发达、福利待遇优厚、就业机会多，其户口的价值就较高，按直辖市、省会、地级市至乡镇的户口价值依次递减。[①] 由于流动权与迁徙权基本由城镇部门决定，那么户籍制度的松与紧直接与城镇集团的利益得失挂钩。经济发展越快，城镇就业环境越好，户籍制度对人员流动限制越宽松，反之则限制严格。因此，经济发展状况好的省区和城市，户籍制度变迁顺利；经济状况较差的省区和城市，户籍制度变迁迟缓甚至倒退。东部沿海经济发达地区的户籍制度变迁一直走在全国前列，小城镇户籍制度改革活跃之地的经济发展均较迅速。而中西部经济欠发达地区户籍制度变迁则较为迟缓。[②] 这些都说明了户籍制度因为经济的发展而变化，经济发展是户籍制度改革的重要因素。

3. 新行业的涌现

职业是人们谋生的方式。依照正常的情况分析，社会分工的水平决定职业分化的程度。社会分工水平低则职业分化少，社会分工水平高则职业分化多。由于中国古代社会是以农业生产为基础的社会，因而农业也就成为人口数量最多的职业，工商则是被抑制的职

① 李红霞：《1949 年后的中国户籍制度变迁研究》，华南师范大学 2003 年硕士学位论文。

② 李红霞：《1949 年后的中国户籍制度变迁研究》，华南师范大学 2003 年硕士学位论文。

业。[1] 但是随着社会的进步，新行业的不断涌现，职业的分工水平越来越高，职业分化也在不断地进行。这使得户籍制度在制度层面上由士族世袭制向职业户籍制转变。以宋代为例，之所以宋代户籍制度进行了较大规模的改革，“城郭户”正式登上户籍历史的舞台，也是因为新行业的涌现，户种类型不得不进行改革，以便发挥户籍制度的社会控制功能。到了近代和现代，职业分化基本完成，但是随之而来的就是经济发展的日新月异，且要求人口的流动性增大，人不能附着在土地上进行管理、控制。顺应社会行业的发展需要，户籍制度应打破城乡界限，按照市场秩序和发展规律，制定法律，更好地促进行业的发展、经济的发展。

（三）户籍制度改革的历史局限性

在法治的视野下审视中国户籍制度的改革之路，可以看到，由于中国传统文化和几千年来的封建等级制度的影响，户籍制度呈现出“人治”与“法治”的冲突、“身份”与“契约”的冲突、理念与法制的冲突，这是户籍制度之所以不能进行深入改革、推动和促进社会和谐发展的重要原因。

1.“人治”与“法治”的冲突

中国传统文化注重“人治”而不注重法制，更不注重“法治”，这一特征在户籍制度中得到充分体现。一方面，《宪法》明文规定“中华人民共和国居民有居住和迁徙的自由”，而户籍制度的一系列法规条例大多数直接与宪法规定的居住和迁徙自由权相悖，却同样具有法律效力。更值得一提的是，程序上必须以“普适性”宪法为准则的法律条文，包括政府及有关部门颁布实施的与户籍制度有关的一切“特殊性”条例，不论其与宪法规定相抵触与否，在中国的实际操作过程中，其权力却往往凌驾于宪法之上。体现出中国各经济主体政府、企业、城乡居民深入骨髓的观念

① 宋昌斌：《编户齐民：户籍与赋役》，长春出版社 2004 年版，第 77 页。

是人治理念，并非法治理念。另一方面，户籍制度变迁过程属于政策性变迁，一系列户籍制度条例和法规随时可以增加或修正，变动频繁且互相矛盾但却合理存在几十年。[①] 这种重“人治”轻“法治”的传统文化思想一直影响了中国几千年。但是在当今的法治社会里，社会要发展要进步，经济要进入快车道就需要“法治”来保驾护航、来保障经济和社会稳定的发展，而这种变动频繁的不重视“法治”而重视“人治”的思想，必然导致了社会不能按照既定目标发展、产生无序现象。因此，户籍制度改革应重建“法治”理念，从根本上剔除“人治”的思想，一切按照规定、按照法律办事，使户籍制度能够在有序、稳定的状态下发挥作用。

2.“身份”与“契约”的冲突

中国古代社会是农业社会，人民基本上附着在土地上，户籍制度也是根据这一基本特点制定的，因此在户籍上重农抑商的例子无处不在。而宋代的户籍制度改革使“主户”和“客户”同时登入了国家的户籍，从此“客户”也具有了国家独立的法律人格，这是对公民人身权利最初在法律上的体现，是法律上“契约”在户籍制度上的首次体现。但是由于封建社会的性质，户籍制度是统治者控制社会、控制公民的有效手段，因此此举并不能使公民基本权利得以实现。新中国成立后，人民当家做主，宪法规定了公民享有平等权利，这是宪法赋予公民的基本权利，也是法律真正意义上公民权利的体现。2000 年来，户籍制度的改革和变迁表现了户籍制度由“身份”向“契约”的转变。但是我国当今的包括户籍制度在内的一些制度仍然深受重“身份”思想的影响，尤其是户籍制度的城乡“二元化”问题用“农业户口”与“非农业户口”将农民与城市居民在法律身份上彻底分开，与之相挂钩的是一系列如教育、就业等利益，更使户籍制度产生的公民不平等性越来越明显。

---

① 李红霞:《1949 年后的中国户籍制度变迁研究》，华南师范大学 2003 年硕士学位论文。

因此，在法治理念的指导下，我国户籍制度应该打破城乡二元化的壁垒，使公民具有平等的权利、平等的就业机会，这也是我国当今经济发展的需要。

3. 理念与法制的冲突

理念与法制的冲突是一直伴随着中国历代户籍制度的历史变迁发展而来的。中国传统文化中“人治”的观念影响着中国户籍制度以及中国法制建设的发展。这种“人治”观念体现在政府实行各项规章制度上，表现为具有方向性和指导性的政策。而我国无论是古代户籍制度还是现代户籍制度，都在不同程度上具有一定的政策性法规甚至是纯粹的政策做指导，这就是理念在法制中的具体表现形式。但是，由于社会的进步，我国已经进入了社会主义时期，社会状况、经济状况以及法制状况都要求政府依法治国，以法律制度来约束公民行为和国家政府的行为，用法律的武器武装保护合法权益。因此，法制的要求使我们在制度层面上开始进行深入地思考，户籍制度改革正发生着由理念向制度的变化。但是制度层面变化的同时，理念也要起到辅助作用。也就是说，在社会主义法制框架下进行户籍制度层面的改革，也要遵循社会主义法治建设的基本理念，在理念和制度的共同促进下，推进我国现行户籍制度的改革。

我国户籍制度改革经历了从赋役制到保甲制、从保甲制到近代治安户籍制、从军事管制色彩的户籍制度到服务型管理模式的户籍制度的转变，演进了2000余年，形成了我国现行的户籍制度。从功能变化方面来看，无论古代还是现代的户籍制度都不同程度地表现着其政治功能、经济功能和法律功能，但是由于户籍制度在改革中不断的进步，户籍制度逐渐摆脱了附着的经济功能和政治功能，逐步建立起了与户籍制度相关的法律体系，形成了户籍制度的法律化；从影响因素方面看，户籍制度自古以来就受到了社会的变迁、经济的发展等因素的影响，这些因素对户籍制度的改革起着至关重要的作用。但是，户籍制度改革仍然有其历史的局限性，存在

"人治"与"法治"的冲突、"身份"与"契约"的冲突和理念与法制的冲突，这些都影响着户籍制度向更先进的方向发展。在法治的视野下对户籍制度进行客观的价值评价，对于认识现行户籍制度的缺陷，以及如何对当今户籍制度改革提供完善设想和有益的借鉴有重要的意义。

第四节　户籍制度与社会人口流动的关系

一、社会人口流动的意义

人口流动是一种普遍的社会现象，我国自 20 世纪 80 年代以来，由于人口流动频繁，流动人口剧增，使人口流动这一社会现象成为社会各界所关注的热点问题。但由于研究的目的、内容和方法各异，对人口流动概念的理解也众说纷纭，不尽相同。笔者从户籍及人口流动的目的出发，认为社会人口流动是指不改变常住户籍而离开常住户籍所在地，以改变自己的社会地位为目的而进行的跨区域的人口移动行为。因此在这里判断人口流动除了要依据是否具有没有改变常住地户籍以外，还要看流动的目的是否为了改变自己的社会地位。因而这里人口流动的概念除了与户籍具有密切的关系外，它与社会流动也是紧密结合的，如果社会流动没有实现，那么就不能算是真正意义上的社会人口流动。因此社会流动对社会人口流动来说也是一个具有决定意义并且值得研究的问题。

社会流动概念是美国社会学家索罗金①在 1927 年所著的《社会流动》一书中首先提出来的。根据索罗金对社会流动概念所下的定义，所谓社会流动是指社会成员在社会关系的空间中由某个社

① 索罗金 Pitirim. A. Sorokin.，（1889—1968）原籍俄国的美国社会学家，是最早专门研究社会流动的社会学家，对社会流动理论起了奠基作用。利普塞特和本迪克斯对此也有比较经典的论述。

会位置向其他社会位置移动，它既表现为个人社会地位的变更，又表现为个人社会角色的转换，同时也表现为个人社会关系的改变。[①] 根据不同的标准，可以将社会流动划分为不同的类型，但社会学上最常见的划分只有两种，即根据流动的向度，将社会流动划分为纵向（垂直）流动与横向（水平）流动；根据流动是否为代内，将社会流动划分为代内流动与代际流动；根据流动的结构性状况，将社会流动划分为结构性流动与非结构性流动。[②]

通过人口流动，人们常常会实现改善自己生活方式和社会地位的目的，因此社会人口流动目的的实现程度可以反映一个社会整体开放程度。同时，社会人口流动也是社会健康协调运行的一个重要标志，社会人口流动的合理与否对于社会的发展具有重要的意义。社会人口流动是否合理可从量和质两个方面来衡量。从量方面看，指社会人口流动只有在特定阈限范围内才是好的，其最低阈限为能够满足社会发展需要；其最高阈限是不能超过社会承受力。从质方面看，社会人口流动是否合理，主要看它是否有利于社会发展，并符合现代社会中的机会均等原则。合理的社会人口流动对于社会协调发展的重要意义，则体现在以下两个方面：

（一）合理的社会人口流动有利于个人的全面发展

首先，合理的社会人口流动可以满足个人多方面的需要。我们知道，人的需要具有多样性。一方面，不同的人有不同的追求，如有的人注重经济收入，有的人追求事业成功，有的人关心名誉地位，有的人注重健康保障等。因此，当一个注重经济收入的人从一个穷单位来到一个富单位，当一个追求事业成功的人从一个无所作为的地方来到一个大有可为的地方，那么，他们的个人需要就得到

① Pitirim A. Sorokin, Social and Cultural Mobility, New York: The Free Press, 1964 . p. 133.

② Pitirim A. Sorokin, Social and Cultural Mobility, New York: The Free Press, 1964 . p. 135.

了满足。另一方面，同一个人的需要又是多方面的，恩格斯曾把人的需要分为三类：生存的需要，发展的需要和享受的需要。美国心理学家马斯洛把人的多种需要分为由低到高的五种：生理的需要，安全的需要，归属的需要，尊重的需要和自我实现的需要。很显然，要使人们多种需要得到满足，固守一隅是难以达到的。社会成员正是通过合理的流动来使自己的多种需要得到满足。当然社会成员在进行流动时也不能完全满足个人的需要，还必须考虑其流动是否符合社会整体和人民大众的利益，这也是合理人口流动的应有之义。

其次，合理的社会人口流动还有利于个人才能的充分发挥。与人的需要一样，人的能力具有多样性，而且人的能力多样性也主要表现为两个方面：一方面，不同的人具有不同的能力；另一方面，同一个人具有多方面的能力。不同的人有不同的能力，要求我们必须量才用人，把人放在最佳的社会位置，实现最佳的能级结合。如果一个人已有的社会位置不是最佳社会位置，那么他就应该流向最佳社会位置，以便其聪明才智的充分发挥。一个人的能力的多样化，决定了其发挥能力的复杂性，而最大限度地发挥人的能力必须首先找准其能级结合的最佳点。但这个最佳点往往不是一找就准的。因此，只有给人们较高程度的流动权，才能达到上述目的。在我国当前社会，存在着一些用非所学、用非所长等用人不合理现象，因此，促进或加强个人的流动是充分发挥人的能力和专长的需要，也是加速我国现代化建设的需要。

最后，合理的社会人口流动能够有效地激发人的积极性、创造性和开拓进取精神。人往高处走，水往低处流，人们都期望通过自身的努力，提高自己的社会地位，借以实现自身的社会价值。只要社会制度体现了起码的公正性，社会结构具有必要的开放性，能够为自由、公正的社会流动提供必要的空间，社会阶层地位的不平等就会产生良好的“激励”效应，就会鼓励社会个体更加勤奋地工作，鼓励个体充分发掘自身的潜力，在最有利于发挥自己聪明才智的社会地位上体现自己的社会价值，并获得相应的社会地位回报。这样就能够给社会系统注入强大的活力，推动社会的进步和发展。

（二）合理的社会人口流动有利于社会的进步与协调运行

首先，合理的社会人口流动可以形成一种新陈代谢的社会机制，从而促进社会的良性运行。众所周知，生物的进化是建立在生物机体的新陈代谢基础之上的，而社会的发展也是建立在社会机体的新陈代谢基础之上的。社会机体的新陈代谢在一定意义上说是通过社会流动实现的。比如，经常的合理的流入与流出将保持并增加劳动职工队伍的生机与活力，经常的合理的向上和向下流动将保持并增加干部队伍的生机与活力。而社会流动的实现常常要通过社会人口流动，可见，合理的社会人口流动将促进社会机体的新陈代谢，并不断给社会运行带来生机与活力。

其次，合理的社会人口流动可以形成一种拾遗补缺的社会机制，从而促进社会的协调发展。在社会发展过程中，社会的不同层面、不同领域、不同地区及不同行业等不可能齐头并进，必然出现快慢之差和先后之别，即在发展过程中，必然出现其不平衡或不协调的现象。仅从劳动人事角度看，因经济政治发展的不平衡，有的地区、行业及单位可能人口稠密、劳动力多余或人才拥挤，而有的地区、行业及单位可能人口稀少、劳动力不足或人才奇缺。合理的社会人口流动就能形成一种拾遗补缺的社会机制，使人口从其稠密地区流向其稀少地区；使劳动力从其多余的行业流向其不足的行业；使人才从拥挤的单位流向奇缺的单位。由此可见，合理的社会人口流动不仅使个人才能得到发挥，而且使社会结构得到优化。

最后，合理的社会人口流动还可以形成一种促优汰劣的社会机制，从而促进和推动社会的运行和发展。社会成员与其社会位置的结合一般呈现出差、中、好三种状态。所谓差，就是不适者与其社会位置的结合；所谓中，就是较适者与其社会位置的结合：所谓好，就是最适者与其社会位置的结合。后一种结合才是社会成员与其社会位置的最佳结合，而这种结合只有在现代社会并通过经常的、合理的社会人口流动才能实现。反过来说，经常的、合理的社会人口流动可以形成一种促优汰劣的社会机制，即它会使逐渐失去优势的社会成员与其社会位置相分离，同时使逐渐获得优势的社会成员与其社会位置相结合，只要其“离合”与其“优劣”紧密结合，社会人口流动就可能成为个人和群体自我提高和自我发展的强大社会动力。

二、我国现行户籍制度下社会人口流动的历史与现状分析

（一）布劳与邓肯的流动研究与地位实现模型

社会人口流动的最终目的是要实现社会地位的改变，简言之，就是要实现社会流动。如果社会流动没有实现，那么这种社会人口流动就是一次失败的流动。因此，社会流动可以反映出社会人口流动的状况。研究我国的社会人口流动，可以通过研究我国社会流动情况来加以把握。

社会流动是指在一定的社会分层体系中，人们的社会地位或位置的变动。但对社会流动进行操作化研究时，多选用职业这一指标，即把职业流动当成社会流动的操作化概念，用职业流动的结构和趋向说明社会流动的特征与方向，因为职业结构构成了社会分层的基础，职业作为个人安身立命的基础条件，基本决定了其在整个社会生活中的地位。对于现代社会的人们来说，从业岗位的变动至关重要，它会带来一系列的其他方面的变动，所以，职业变动被看作是现代社会流动的核心内容。然而影响社会流动的因素又是多方面的，这些因素有世袭性因素、个体性因素、结构性因素等。为了说明这些因素对人们职业地位实现的影响，1967 年布劳和邓肖出版了他们合著的《美国职业结构》一书。在这本书中，布劳和邓肯运用了美国人口普查局 1962 年人口现状调查资料，对美国的职业结构与职业流动进行了系统的研究。他们继承了索罗金的理论，把社会流动看作社会新陈代谢的过程，并指出，社会流动现象包括了先赋性和自致性两种内涵，个人的社会地位一方面取决于个人的

能力和努力，另一方面也要受社会出身的影响，上一代中的不平等会在下一代中程度不同地再现。为测量与把握这一再现程度与过程，他们以综合的社会经济指数（SCI）来表示个人的社会地位，将人们的职业变成一个可度量的定距变量，在此基础上提出了他们的“地位实现模型”。①

在其“地位实现模型”中，布劳与邓肯一改以往社会流动研究中着重于继承和流动总量分析的做法，将注意力转向个人生命同期中的一些特殊事件上。他们把代际流动和代内流动视为一个整体，认为二者共同构成了一个人自出生至达到某种社会地位的实现过程。他们将个人生命周期中的事件视为一条有时间顺序的因果链，个人地位实现的过程就在这一因果链中得到反映。据此，他们用路径分析的方法构筑了个人地位实现的基本模型。社会地位实现过程的研究可以有助于我们了解在个人地位实现的过程中，究竟哪些因素在起作用，以及所起的作用有多大。从布劳与邓肯的研究中，我们可以发现，在美国，虽然一个人的教育、事业、前途要受其家庭出身的影响，但是在其一生中，每一阶段的进展均与其日后的前途息息相关。在诸多决定个人前途的因素中，教育最为重要，教育程度之差异，足以导致不同的行业、不同职业、不同前途的发展。同时，布劳和邓肯的地位实现模型为研究我国社会流动的影响因素提供了一个有益的借鉴。

（二）新中国成立至20世纪80年代我国社会人口流动的回顾

社会人口流动与社会流动是分不开的，而且社会人口流动与社会流动有着一致的一面。新中国成立至20世纪80年代，我国社会流动的状况也可以充分体现出那段时期我国的社会人口流动的状况。

一定的社会流动状况总是与一定的社会结构、社会经济、政治

① Otis Dudley Duncan and Andrea Tyree (1967). The American Occupational Structure. New York: Wiley and Sons.

发展水平及社会管理体制相联系的。改革开放前，由于我国在社会结构方面是一种以身份为核心的高度凝固化的社会结构形式，而且经济社会发展水平低，加之实行的是一种单一计划经济管理体制，因此社会流动无论是在质的方面还是在量的方面都处于较低水平。除了中华人民共和国成立初期几次规模较大的结构性流动之外，以后相当长的一段时间内，职业阶层间的垂直流动和职业内部的水平流动都受到严格的控制，流动率较低。但是，由于部分优秀工人、农民参加了各种行政、事业管理，职业阶层出现了某些流动。同时，随着劳动人民的子女受教育的机会增多，向上流动也有一定的增加。但从总体上来说，在当时的社会背景下，个人的社会位置往往是国家直接分配的，而不是个人选择的，个人流动的机会极小，难度很大。即使有，也是强制性的政策性流动，并不能反映一个社会的实际流动水平，这种社会流动终因非自愿性而夭折。例如，新中国成立初期的工业化浪潮曾使数以万计的农民流入工人队伍，但以后的严格控制社会人口流动的政策又很快使农民回归故里；1958年兴起的“大跃进”也曾吸引数以万计的农民从事工业生产活动，但随后的3年自然灾害又使农民重新回流农村；在1966—1976年期间，曾一度出现过由政府动员组织城市知识青年“上山下乡”的运动，这是一次代与代之间的向下流动，还有其他，如干部下放等向下流动。这些社会流动的政治性与封闭性，往往扭曲了人们的价值导向，抑制了社会的公平竞争，增大了社会压力。

改革开放以来，由于农村和城市经济体制的改革、经济的迅速发展，特别是社会改革的不断深化和社会开放的不断扩大，我国开启了社会流动的闸门，社会流动以其前所未有的态势急剧增加，社会流动程度因此而明显提高。不仅个人根据自己的特质、专长及爱好选择职业、地区及单位的社会流动日渐增多，而且出现了成批社会成员选择职业和地区的结构性社会流动。我国社会20世纪80年代先后出的“从政热”、“经商热”、“出国热”，及“孔雀东南飞”、“民工潮”，都是我国社会流动急剧增加的反映。

一般来说，如果没有人口在不同的职业之间的流动，各个职业从业者的增幅应该大体上相当，但如果各个职业从业者的增幅差距大，表明存在职业流动。据统计，1982—1990 年间，中国的在业人口从 5.2 亿增加到 6.5 亿，增长了 24.1%。然而各个职业之间的增幅差距相当大，商业人员的增幅高达 106.8%，而工人的增幅只有 17.7%。[①] 这说明在 20 世纪 80 年代，我国的职业流动是相当活跃的。随着社会流动的潮起潮落，社会人口流动也出现了相应的变化，据估计，1982 年我国流动人口约 2000 万，1988 年人约 5000 万，1990 年人约 7000 万。[②]

（三）20 世纪 90 年代以来我国社会人口流动现状分析

20 世纪 90 年代以后，尤其是近年来，随着我国改革开放的深化和扩大，以及市场机制作用范围的逐渐扩大，社会人口流动不仅继续增加，而且出现了合理化的趋势。这些合理化趋势可以从以下几个特征体现出来：

首先，从流动主体来看，已呈现出多样化的特点，并由被动服从型向主动选择型转变。社会流动主要是指社会成员位置的变动。20 世纪 90 年代以来，我国农民的社会流动日益明朗化、动态化。这不仅仅表现为他们在社会空间位置的变动，而且越来越表现为他们在自然空间中和职业或产业体系中的位置的变化。换句话说，农民的社会流动不再表现为仅仅是在农村社会或农业社会内部的流动，而是越来越表现为跨地区、跨行业的流动，呈现出多样化的趋势。农民的流动一般被分为本地农村型、外地农村型、本地乡镇型、本地城市型、外地乡镇型和外地城市型共六种类型。以上六种农民流动方式中，除第一种外，后五种都属于跨地区或跨行业的流

① 李若建：《当代中国职业流动研究》，载《人口研究》（京），1995 年第 2 期。

② 郭志刚，邓国胜：《论我国城市化的实际水平》，载《人口与经济》1995 年第 5 期。

动。20世纪90年代以来，后五种农民流动呈上升趋势。例如，1995年全国跨地区流动的劳动力6500万人，其中90%是进入城镇的农民。[①] 又如，根据2000年全国人口普查资料显示，全国流动人口为12107万，其中从城镇流出的3267万，占27.0%；从乡村流出8840万，占73.0%；流入城镇的9012万，占74.4%；流入乡村的3095万，占25.6%。即1.2亿的流动人口中，从乡村流出的有73%，流入城镇的有74%。[②] 由此可见职业分化和地域流动变动已构成了20世纪90年代以来我国农民流动的两大特征。而且，职业分化和地域变动使当今的农民与改革前的农民已不是同一概念。即改革前的农民不仅户籍在农村，而且居住和工作在农村；而现今的农民，对于很多人来说，他们仅仅是户籍在农村，而生活在城市，工作在非农行业。

与农民的流动相比，20世纪90年代以来，工人的职业流动率较前大大提高，但是我国工人的流动既没有地域的变动，也很少职业的分化，而是表现为体制的变动和收入的分化。所谓体制的变动，是指工人从“体制内”单位即全民和集体等公有经济单位，向“体制外”单位即个体、私营、外资等非公有制经济单位的移动。这种流动即公有制单位人数减少、非公有制单位就业人数增多，成为20世纪90年代以来我国城镇工人流动的一个特点。例如，1998年城镇就业人口当中，在国有单位就业的人有9058万人，而到2001年就减少到7640万人，而同时在私营企业中就业的人数却从1998年的973万人增加到2001年的1527万人。[③] 所谓收入的分化，是指工人阶层或群体中的一小部分素质好、年纪轻的工

---

① 刘祖云：《社会转型与社会流动：从理论与现实的探讨》，载《华中师范大学学报》（人文社科版）1998年第5期。

② 《全国跨省流动人口超过4000万》，载中华人民共和国国家统计局中国统计信息网，2002年9月9日。

③ 《2002年统计年鉴》，载中华人民共和国国家统计局中国统计信息网。

人，通过岗位竞争或重新择业等途径而进入社会的较高收入层，而其余的大部分工人随着经济结构、分配结构的转变，其收入水平明显下降而进入社会较低收入层，有的甚至沦为社会的贫困者。

与农民和工人的流动相比，20 世纪 90 年代以来，我国的干部队伍（包括知识分子）的流动趋于相对平稳。在农民和工人的收入越来越不稳定的情况下，干部（包括知识分子）阶层或群体的收入显得相对稳定一些。这一阶层和群体的流动，特别是流出，因此而显得越来越平缓。虽然有部分干部和知识分子进入了科研产品的市场开发和企业管理领域，实现了身份的转变，但大部分干部仍留在干部阶层或群体内，仍然保留其干部身份，他们所追求的流动是在干部或群体内的向上流动，而不是向下流动。

农民、工人和干部（知识分子）的社会流动各有自己的特点，但他们作为流动主体在我国现实的宏观背景下，他们的社会流动也有相似的一面，即他们的社会流动正在从被动服从型向主动选择型转变。作为社会流动的主体，社会成员本应是其社会流动的发动者，因为社会成员本人最清楚自己适合何种岗位从事何种工作。然而，在计划经济体制下，社会成员的流动即人力资源的配置，如同其他社会资源的配置一样，都是通过国家计划调配的，个人的流动意愿至多是流动的参考因素，对其流动的流向、流速及流量等起决定作用的是国家计划。近年来，随着市场机制逐渐被引入，我国的劳动人事管理，以及由此而导致的各地区、各部门劳务市场、劳动力市场和人才市场的相继建立，人们的流动开始从被动服从型向主动选择型转变。这种择业或流动模式的变化，既考虑了社会各单位的具体要求，又充分尊重了流动者的个人意愿，因而有利于社会成员与工作岗位的最佳结合。

其次，从社会流动客体看，我国的社会流动正在从消极控制型向积极吸引型转变。作为社会流动的客体，流入单位或流出单位一般都希望流入他们所需的人才，而流出他们不需要的人员。那么，怎样才能实现这一愿望呢？在计划经济体制下，由于劳动人事指标是国家划拨的，企事业单位的工作人员是国家“封赐”的。因此，各企事业单位都视其分配给本单位的工作人员为其单位所有财产，并设置种种障碍限制他们流动。这种控制职工流动的做法具有明显的副作用：第一，影响和破坏了社会流动正常而又合理地进行。依据社会流动的运行，一般将其划分为良性运行、中性运行和恶性运行三种状态。前者是一种有来有往、有上有下的运行状态，在这种状态下，单位通过社会流动实现新陈代谢、促优汰劣和拾遗补缺；个人通过社会流动寻找能够用其所学、用其所长的最佳工作岗位。中者是一种来多去少、上多下少的运行状态。这种运行状态虽然能暂时给单位和个人带来收益，但它蕴含着社会流动最终会严重失衡并发展为恶性运行状态的危机。后者是一种有来几乎无往，有上几乎无下的运行状态，这实际上是一种近乎停滞状态的社会流动。由此可见，如果所有的用人单位都控制其职工流出，那么他们就没有职工流入，社会流动就必然处于一种恶性运行状态，单位和个人的发展都将缺乏活力与动力。第二，影响和压抑了人们的积极性、主动性、创造性，以及才智和特长的发挥。“人往高处走，水往低处流”，这既是自然法则、社会规律，也是人们的一般心态。因此，作为用人单位控制其职工流动，既违反了自然法则和社会规律，又违反了人们的自然心态，其结果是留住了人而未留住心，职工日益失去其积极性、主动性和创造性，更谈不上发挥其聪明才智和个人专长。正确的做法应该是在了解其职工流动原因的基础上努力改善本单位职工的工作和生活条件，不断增强其凝聚力，以此使即将飞出的孔雀转意，已经飞出的凤凰还巢。

近年来，随着劳动人事体制改革的深化和市场经济逐渐完善，越来越多的单位和领导认识到了上述道理，并纷纷制定优惠政策吸引人才。例如，上海、深圳等地充分发挥自身的优势，出台了一系列招聘人才的政策措施。这些地区通过多种形式进行招聘人才，其招聘范围不仅面向全国，而且还面向海外，招聘政策也更加优惠，在这种情况下所招聘的人才的素质也越来越高。总之，通过限制性措施控制其职工的做法已经过时，而通过种种优惠政策吸引人才流入的做法方兴未艾，社会流动也正由消极控制型向积极吸引型转变。

最后，从社会流动的过程看，我国的社会流动正在从单向型向双向型转变。社会流动作为一种社会过程，本应是有来有往、有进有出、有上有下的双向社会过程，但在计划经济体制下，由于单位制和身份制的限制，社会流动往往呈现出有来无往、有进无出、有上无下的单向社会过程。

所谓单位制，就是社会成员被组织到一定的社会组织（如企业、学校、医院、机关等）中，并以此为中介发生多方面联系的制度。由于我国是“单位办社会”，因此对于个人来说，单位具有十分重要的意义：单位不仅是职工工作的地方，而且职工的衣食住行、生老病死，以及子女入托、上学和就业都需要依靠单位。一个人的流动与其说是个人工作岗位的变化，不如说是整个家庭生活环境和条件的变化。此外，没有单位批准，职工也无权流动，而未经许可的流动会使本人失去其本人档案、工资、编制等一系列关系到切身利益的东西。

所谓身份制，就是根据一定社会标准将社会成员划分为地位或身份不同的阶层并将其固定化的一种管理体制。在我国，身份制主要表现为以下三个方面：一是通过户籍制度把乡村和城镇人口人为地分割为两种性质不同的农业人口和非农业人口，国家对这两种人的就业、教育、住房等实行有差别的社会福利政策，这不仅客观上把乡村人口分为两个经济利益不同的阶层，而且强化了人口对所在地区的人身依附关系，从而限制了社会流动。二是通过人事制度即干部管理制度，在编制上将社会成员划分为干部和非干部两个部分。这两部分社会成员在工资、待遇及管理方面有严格的界限。一般来说，一个人一旦为“官”，可能终身为“官”，而“民”升“官”则困难重重、障碍种种。这种制度虽然对向上流动开放了羊肠小道（如工农子弟可通过升学获得干部身份），但它却把这种流动的结果固定化，形成了干部终身制。三是通过劳动制度将社会在职职工划分为全民所有制工人和非全民所有制工人。在计划经济体制下，这两种工人在工资、待遇以及保险待遇等方面存在严格界限，因而在很大程度上限制了职工在不同单位的流动。

近年来，随着改革的深化和劳动力人才市场的建立，单位制和身份制受到了不同程度的冲击，并已开始付诸改革。一方面，随着各种社会组织的劳动、人事、工资等制度和其内部管理体制改革的深化和展开，以及以建立社会化的社会保障体系为目标的社会保障体制改革的进行，单位办社会的弊端开始被人们所认识，人们正开始着手改变这种社会状况；另一方面，随着干部招聘制、竞选制和全员劳动合同制的试行和推广，以及部分省市在企业中取消干部与工人的界限，身份制开始崩溃，人们的就业身份开始走向消亡。这两方面的改革及其变化使我国的社会流动获得勃勃生机，并开始从单向型向双向型转变。

（四）我国目前社会人口流动的障碍因素分析

社会流动是社会人口流动的目的，社会流动的实现与否直接决定着社会人口流动的成功与否。因此，分析我国的社会流动的障碍因素就可以反映出我国在社会人口流动还存在哪些障碍因素。

进入20世纪90年代以来，我国的社会流动无论从规模还是从增长速度与改革前相比都有一个很大的提高。据北京一家研究机构近来的调查，在2002名16岁至35岁的北京青年中，有25.6%的人曾经换过工作单位。而在最近3年内换过单位的情况是：换过1个单位的人占12%，换过2个单位的人占4.9%，换过3个单位的人占I.7%，换过4个单位的人占0.3%，换过5个单位的人占0.4%，换过6个及以上单位的人占0.4%。[①] 可见，当今人们的职业流动率已大大提高。但是在社会人口流动走向合理化的过程中，

① 钟云华：《走进小康——新视野新变迁》（之一），载经济日报网，2002年10月21日。

我国社会人口流动仍然存在着一些问题，这些问题主要表现为在社会人口流动中难以实现社会流动。虽然近年来我国的人口流动大大增多，但由于还存在多种制约因素使有流动意愿的人不能顺利实现社会流动。例如，我国有 30.73%的专业技术人员有流动意向，但是流动率只有 2%~3%，而美国的流动率是 20%。我国专业技术人员一生中，人均流动不到一次，而美国是 12 次，日本为 10.2 次。[①]这些情况表明，我国在由传统社会向现代社会全面转型的时期，社会流动并不是一帆风顺的。在社会流动向常态化、合理化趋势发展过程中仍然面临着诸多的障碍。从我国的实际来看，目前阻碍社会流动的因素既有社会因素，也有个人因素。

从社会因素来看，现代社会已普遍被纳入制度化轨道，各种社会制度、社会政策影响和制约着社会流动的方向、速度和规模。从我国的实际来看，制约与束缚社会流动的社会因素主要是一些刚性化的社会制度，如我国的身份制和单位制就是这样一种制度结构体系。目前，对社会流动影响比较大的制度主要是户籍制度、干部人事制度，以及社会保障制度。

首先，户籍制度严重阻碍了社会流动的正常进行。中国是实行户籍制度比较严格的国家。一个人一旦在某地注册了户口，也就基本决定了一个人的择业就职的空间。户籍制度最主要的是将人们分为城市户口和农村户口两类。由于城市特别是大城市的户口安置十分困难，在农村与农村之间、小城市与大城市之间出现了一条条难以逾越的鸿沟，因此，户籍制度严重阻碍了社会流动的正常进行。一方面，对于大多数农民来说，由于他们的户籍身份很难改变，因而他们极难进入其他社会群体。在“官本位”制有较大势力的情况下，一个农民不管怎样发展，它也依然是官本位分层体系的最下层，这就限制了农民向上的流动，不利于社会公正和平等竞争；另

① 任流：《千呼万唤始出来》，干部人事月报，1990 年第 7 期，转引自张六顺：《我国目前失业的社会流动阻滞》，载《理论观察》2002 年第 3 期。

一方面，对于城市人来说，他们一般很少愿意取消城市户口，这样就造成了一种只由农村向城市、只由小城市向大城市的单向流动，而这种单向流动既加重了城市人口的就业压力，引发许多城市问题，又不利于农村及落后地区的社会发展。

其次，干部人事制度严重影响了社会流动的正常进行。这主要表现在：干部的水平流动过少，容易形成狭隘的地方主义和裙带关系网；在干部的垂直流动中，往往表现为只能升不能降，缺乏双向流动，因而造成干部过多、机构臃肿、人浮于事；在干部的筛选机制中，由于受工人、干部两种身份编制的限制，因此，工人即使通过攻读职大、夜大、函大等而获得了大学文凭，也不能直接获得干部身份，还要等待十分紧缺的干部指标。如果不能获得干部身份，这些工人就不能改变自己的职业地位。这些说明，我国干部的筛选机制还不是适应社会主义市场经济发展需要的优胜劣汰机制。

最后，社会保障制度的不完善也在一定程度上限制了社会流动的正常进行。在我国城市中，传统的融职业与福利于一体的社会保障体系束缚了职工在不同单位之间的职业流动，使一个受制于原单位住房、福利、医疗保险、退休养老等方面约束的职工要想正常流动，后顾之忧太多。对于这些人来说，其职业流动往往面临着两难选择：要么找一个理想的职业，舍弃自己已有的福利待遇；要么保住自己已有的福利待遇，丢掉一个理想的职业。这无疑不利于人尽其才，不利于社会流动的正常化。

个人的社会流动除了受制于社会因素之外，个人因素也是一个不容忽视的因素。在个人因素中最重要的是受教育程度，其次是个人流动意识的强弱。

从个人所受的教育程度来看，个人的社会流动程度与其受教育程度呈正相关。根据社会学者们的研究，人们在青少年时代接受的教育年限越长，在成人时获得的社会地位就越高。布劳与邓肯的研究也表明，在美国，对个人职业地位影响最大的首推其受教育程度，其次为其参加工作后的第一个职业地位，父亲职业对子女职业的直接影响比前面二者小。教育对个人社会地位的作用由此可见一斑。改革开放以来，我国的教育水平虽然取得了长足的进步，但是我国的教育水平仍然有待提高。从第五次人口普查来看，在 6 岁及 6 岁以上的人口中，文盲还占有 7.75%，有小学文化水平的占 38.18%，初中文化水平的占 36.52%，高中文化水平的占 8.57%，中专的占 3.39%，大专占 2.51%，本科占 1.22%，研究生占 0.08%。[①] 从这组数据可以看出，我国的教育成果主要体现在基础教育水平的提高上，在高层次人才的培养上我国还有待进步。随着社会的发展，社会流动将更多地依赖于个人的文化水平。

从个人的流动意识来看，流动意愿的强弱直接影响着个人社会流动地位的高低。虽然有时一个人的流动意愿很强，而实际流动却很少，但这种情况的出现主要是受客观因素，如社会因素的制约，使得社会流动不能实现。但是在正常情况下，流动意愿越强，那么个人的社会流动率也就越高。从我国实际情况来看，改革开放以来，社会流动率有了提高，下海、跳槽等现象以及几次民工潮的出现都与我国国民流动意识的增强不无关系。但是从另一个角度来看，由于一方面我国是一个有着几千年农业文明的国家，因此传统农业社会中“安土重迁”、“知足常乐”的观念还在无形之中影响着人们的流动意愿；另一方面，我国刚刚从计划经济体制调整到市场经济体制，在计划经济体制下由于制度的刚性化以及身份制、单位制以及行政制的束缚，个人流动意愿受到了强烈的压抑，从而也形成了人们等、靠、要的观念。当我国由计划经济体制转向市场经济体制时，人们等、靠、要的观念仍然带着很大的惯性影响着人们的就业观，从而也影响着人们的社会流动意愿。因此当人们在进行社会流动时，并没有充分认识到自己的流动意愿。在这种情况下发生的社会流动往往带有很大的自发性，而个人流动自觉性不够，从而导致了社会流动中的盲目与无序。

① 《2002 年统计年鉴》，载中华人民共和国国家统计局中国统计信息网。

三、改革现行户籍制度是实现社会流动的内在要求

我国社会流动的变化与发展与我国的社会结构、社会分层密不可分。但是从阻碍社会流动的社会因素来看，身份制对要进行社会流动的人尤其对农民来说，是一道很难逾越的门槛。而作为身份制重要组成部分的户籍制度与其他社会制度相结合，给正常的社会流动制造了种种障碍。实践证明，只要户籍制度有了一定的松动，社会流动尤其是农民的社会流动就明显扩大。因此可以说，户籍制度是目前实现社会流动的主要制度性障碍。

(一) 现行户籍制度是目前实现社会流动的主要制度障碍

布劳与邓肯的地位实现模型的提出引起了社会学界的广泛兴趣。自那以后很长时间的社会流动研究几乎都要以之作为基本模型或参照比较，或对之进行修正。在我国，也有学者对我国的地位实现问题进行过调查研究。许欣欣根据 1990 年“人的现代化”和 1993 年“社会变迁与社会意识”两次调查提供的资料以及中国独具的社会特征，对中国的地位实现与流动障碍进行了分析。①

许欣欣在研究中选择了工作单位所有制、被访者 18 岁前的主要居住地、中共党员、教育、职业地位六个变量。在这六个变量当中，被访者 18 岁前的主要居住地是判断一个人的户籍身份的标准。因为研究者认为，我国的户籍制度不仅具有户籍管理功能，更兼有资源分配的功能，正是这后一种功能将我国公民划分为“城里人”和“乡下人”两大地位悬殊的社会群体。要分析户籍制对个人地位实现的影响，必须以个人出生时的户籍为准。因为按照有关规定，农民可以通过提干或上大学等途径改变户籍，如果以目前户籍为准，无疑将引起混淆。因此，一个人 18 岁以前的户籍才是正确判断一个人户籍身份的依据。由于研究者在设计问卷时没有问及被

---

① 许欣欣：《当代中国社会结构变迁与流动》，社会科学文献出版社 2000 年版，第 288 页。

访者出生时的户籍状况，因此在研究中就以被访者 18 岁前的主要居住地来代替。这样做可能会有一定的误差，但总的来说，我国户籍的难于变更性使得我们有理由根据一个人 18 岁以前的主要居住地对其出生时户籍类型做出基本判断。

在上述六个变量中，共包括了 9 个变量，其中 6 个为外生变量，它们是：父亲职业、父亲文化程度、父亲政治面貌、父亲工作单位所有制部门、本人政治面貌和本人 18 岁前的主要居住地；3 个内生变量，它们是：本人教育、本人目前工作单位所有制部门和本人目前的职业。研究者经过分析发现，本人目前工作部门对本人目前职业的相关系数最大，因此本人目前的工作部门对本人目前职业的影响最大。因而，我们也可以根据影响本人目前工作部门的因素而得出影响一个人目前职业的因素。对个人地位实现影响最大的因素是来自父辈的先赋性因素。但如果分析制度性因素对个人地位实现的影响时，可知本人的户籍对个人地位实现的影响力比本人政治面貌的影响力要大。因此，可以说，户籍制度乃是影响我国社会成员地位实现的一道主要制度障碍。此外，还有一些学者进行了深入的研究分析。总之，从目前的研究结果来看，我国的户籍制度与个人地位实现有高度的相关性。由于我国目前户籍制度本身的缺点，以及户籍制度与其他制度的结合，使户籍制度与个人方方面面的利益相联系，因此目前户籍制度的不合理性使户籍制度成为实现个人地位的最主要制度障碍。可见，改革户籍制度也是促进社会流动合理化与正常化的必然要求。

（二）现行户籍制度制约社会流动的表现

要实现社会流动需要具备一系列必要的前提条件：第一，个人与社会位置的非固定化；第二，有一定的社会位差的存在，即不同社会位置之间存在一定的社会差别，这种社会差别主要是指这种社会位置获得社会资源的能力和机会不同；第三，社会结构的开放性，即每个社会阶层的成员替换都是面向整个社会。但是中国的户籍制度的内容却往往直接或间接地与社会流动的条件相违背，从而制约了社会流动的正常进行。现行户籍制度对社会流动的制约主要表现在以下几个方面。

首先，户籍制度严格限制居民的迁移，从而在空间上限制了人口流动，妨碍需要进行地域空间流动的社会流动。社会流动是指社会成员在社会关系上位移，它会表现为个人社会角色的转换，而人口流动是指人口从地域空间上的移动。当人口流动引起人们社会地位或职业角色变化时，这时候的人口流动就具有社会流动的意义了。因而人口流动往往会引起社会流动，社会流动也常常伴随着人们地域空间的移动。

但是从我国的户籍制度的内容上看，严格控制人口从农村向城市，从中小城市向大城市的迁移，是户籍制度最重要的内容。这就限制了部分社会流动的正常进行。众所周知，城市是文化和文明发展或进步的象征，因而农村与城市之间，大城市与中小城市之间的经济、社会发展的水平存在着很大的差别。城市的发展比农村优越，大城市的发展又比中小城市来得优越，因而一个人在农村与在城市，在大城市与在中小城市，他所拥有的发展机会是不同的。对我国的农民来说，他们要进行社会流动，往往要进入城市寻找更好的发展机会，因此农民进城不是简单的位置移动，而是相当于一次重要垂直流动，但是我国户籍制度严格限制农民进城，这就使他们失去了社会流动的机会。在现行户籍制度下，农民转换户籍身份的渠道是非常狭窄的，农业户口要转换为城市户口只能通过升学、参军或招工等有限的途径来达到。而对于居住在城市里的人们来说，他们要向大城市发展也是非常困难的。这就造成了这样一种情况：农民只能待在农村务农，而城市里的人也只能待在城市从事与城里人相称的职业，农村的流动只能在农村，城市的流动只能在本城市，使社会流动都只向本阶层内部，而不是面向整个社会，因而社会结构还不够开放。不仅如此，由于户籍制度对城乡的分割，使城里人宁愿待在家里也不愿从事脏、累、苦的职业，不少工厂正式工人实际上是靠农民工在养活。也正是由于户籍制度的原因，使城里人不必有被农村户口的优秀者取代的担心。户籍制度可以说是保护了落后，限制了竞争，也养懒了一批人，造成了国民一种惰性心理。

近年来，户籍对农民进城的限制有所放松，因而农民进城的人数大大增加，出现了民工潮。但是这些农民进城后，在户籍身份上他们仍然是农民，因而他们进城后并不能与城里的居民在就业、住房、医疗、教育等社会保障方面享有同样的待遇，因而他们的身份只能是准市民或城市边缘人，他们在城市里所从事的工作也只能是重活、累活与脏活，他们的收入与城里人相比明显要低。而且他们由于农民的身份而受到城市居民的排挤，在体制上仍被排除在合法市民之外，得不到社会的认同。再由于他们自身的素质问题，所以对农民来说，他们要想在城市站稳脚跟，并实现向上流动是何其困难。可见，现行户籍制度在一定程度上构成了进城农民与其他市民之间的认同边界和分配边界，构建了封闭性很强的经济和社会结构，从而给在农村以及在城市的农民的社会流动设置种种障碍，这是户籍制度直接制约社会流动的最明显表现。

其次，以户籍制度为基础，建立起来的劳动就业、人事管理、粮油供应、住房分配、医疗保障、义务教育、城市人口控制、计划生育管理等制度，确定并维护了城乡居民取得社会的权利不平等和机会不均等，导致了城乡居民在获得个人社会流动资源方面的差异，造成了社会流动的权利和机会的不平等。因此，户籍制度又间接地制约了社会流动的正常进行。

1958 年，控制人口迁移的功能被引入了户籍管理。1958 年 1 月 9 日，全国人大常委会公布的《中华人民共和国户口登记条例》就规定：公民由农村迁徙城市，必须持有城市劳动部门的录用证明、学校的录取证明，或者城市户口登记机关的准予迁入的证明，向常住地户口登记机关申请办理迁出手续。但是仅靠这一规定，并不能有效控制人口迁移。因为只要存在开放的劳动力市场，能够满足条例中的人们仍然非常多，如果开放自由的消费品市场同时存在，人口迁移仍然具有相当的自由度。正因为如此，随后政府又陆续制定了与户籍制度相配套的一系列制度与政策。粮食、食油、棉花的统购统销政策、城市居民基本生活消费品按户口定量供应政策和城市企事业单位的计划用工制度，是上述户籍制度得以实现其控制人口迁移功能的关键性配套制度与政策。

这些配套制度与政策的规定从20世纪50年代开始，不仅粮棉油的供应与户口性质直接挂钩，连绝大多数日常生活消费品的供应，直至城市中一切就业机会的分配，都以户口性质为依据。这样从生活和就业两个方面，将农村和城市、农村人口和城市人口彻底割裂开来，将这两者之间的应有的规律性联系和流动几乎完全切断了。改革开放以来，我国户籍制度的部分制度与政策已作出了重大改革，如粮油制度的取消、城市非正规部门的劳动就业制度的改革等，都使得户籍制度的限制性功能部分失效。尽管如此，一些外围制度的改革并不是很彻底，仍然在起着作用。例如，劳动用工制度，目前一些城市用人单位在录用工作人员时往往会优先考虑具有本地户口或城市户口的人，而要进入一些单位就业如国有企业就必须具备城市户口。此外，国家在住房、教育、医疗等社会福利方面对城市居民或明或暗的补贴，使城市居民与农民之间的收入差别不仅表现在货币方面，而且也表现在其他社会经济生活方面，造成了个人社会流动资源上的差异，从而影响了社会流动的正常进行。据调查，农民的受教育程度的高低与其经济收入是呈正相关的关系，而受教育程度又是影响社会流动的重要因素，因此经济收入是社会地位的一项重要指标，也是衡量社会流动与否的一个主要指标。农民与城市居民收入差别，使农民的社会流动相对于城市居民来说就更难了。因而户籍制度通过与它相结合的其他社会制度人为地制造了个人社会流动资源的差别，妨碍了社会流动的正常进行。

总之，对于社会流动的条件来说，一方面，户籍制度造成了巨大的社会位差；另一方面，户籍制度又通过控制人口迁移及与其他制度相结合，把人们的社会位置固定化，起着维系封闭的城乡二元社会结构的作用，从而直接或间接地制约了社会流动的正常化与合理化。

第三章　流动人口管理中的公安执法环境问题研究

第一节　流动人口管理中公安执法的法律环境问题研究

我国当前流动人口管理法律法规，是在实践中逐步建立起来的，法规与政策相结合，有着明显的行政管理烙印。

一、流动人口管理法律法规总体框架

（一）我国参加的国际公约

1948年12月10日，联合国通过了《世界人权宣言》。我国1997年10月在联合国签署了《经济、社会及文化权利国际公约》。1998年10月5日，签署了《公民权利和政治权利国际公约》。这些“国际人权宪章”对公民迁徙权有相应的规定，如《世界人权宣言》第2条规定：“人人有资格享受本宣言所载的一切权利和自由，不分种族、肤色、性别、语言、宗教、政治或其他见解、国籍或社会出身、财产、出生或其他身份等任何区别。并且不得因一人所属的国家和领土的政治的、行政的或者国际的地位之不同而有所区别……”第13条第1款规定：“人人在各国境内有权自由迁徙和居住。”《公民权利和政治权利国际公约》第12条第1项规定：“合法处在一国领土内的每一个人在该领土内有权享受迁徙自由和选择住所的自由。”国际公约的规定表明，公民的迁徙权在国家之

间受一定限制，但在一个国家内部地区迁徙应不受限制。

（二）全国性法律、法规、政策

我国没有统一的流动人口管理法律、法规，但部分法律、法规条款或政策中有相应规定，《中华人民共和国宪法》第33条规定“中华人民共和国公民在法律面前一律平等”；1958年开始实施的《中华人民共和国户口登记条例》第15条规定：“公民在常住地、县范围以外的城市暂住3日以上的，由暂住地的户主或本人在3日以内向户口登记机关申报暂住登记……”第16条规定：“公民因私事离开常住地外出、暂住的时间超过3个月的，应当向户口登记机关申请延长时间或者办理迁移手续；既无理由延长时间又无迁移条件的，应当返回常住地。”1995年，中共中央办公厅、国务院办公厅关于转发《中央社会治安综合治理委员会关于加强流动人口管理工作的意见》的通知，第1条第2项规定：“加强流动人口管理工作的指导思想是：从全党全国工作的大局出发，适应建立社会主义市场经济体制的要求，对流动人口特别是对农村剩余劳动力的转移要因势利导、宏观控制、加强管理、兴利除弊。要通过加强农业综合开发，发展乡镇企业和加强小城镇建设等，就地消化和吸纳绝大部分剩余劳动力。同时，应根据经济发展的需要，组织一部分农村剩余劳动力有秩序地跨地区或进城镇就业，并逐步建立健全相应的管理、教育、服务措施。”《中华人民共和国治安管理处罚法》第57条关于房屋出租的规定，也多是针对流动人口而设。《城市生活无着的流浪乞讨人员救助管理办法》自2003年8月1日起施行，同时废止1982年5月12日国务院发布的《城市流浪乞讨人员收容遣送办法》。《中华人民共和国就业促进法》第31条规定：“农村劳动者进城就业，享有与城镇劳动者平等的劳动权利，不得对农村劳动者进城就业设置歧视性限制。”

（三）部门法规、政策

部门法规、政策以公安部门最多，计划生育、劳动、教育等部门均有涉及。公安部1995年发布的《暂住证申领办法》、1995年3

月6日公安部公布实施的《租赁房屋治安管理规定》，是公安机关管理暂住人口的主要依据，对流动人口中的暂住人口及“落脚点”管理作了详细规定。如“不按规定申报暂住登记……处五十元以下罚款或警告”，“租赁房屋住宿的外来暂住人员，必须按户口管理规定，在三日内到公安派出所申报暂住户口登记。”1991年，为了加强对流动人口的计划生育管理，有效地控制人口增长，国家计划生育委员会制定《流动人口计划生育管理办法》第10条规定：“流动人口在申请暂住证、营业执照、务工许可证等证件之前，应当到现居住地计划生育行政管理部门查验计划生育证明……”1994年劳动部发布《农村劳动力跨省流动就业管理暂行规定》并于2005年废止。1992年教育委员会发布《中华人民共和国义务教育法实施细则》第14条第1款规定：“适龄儿童、少年到非户籍所在地接受义务教育的，经户籍所在地的县级教育主管部门或者乡级人民政府批准，可以按照居住地人民政府的有关规定申请借读。”

（四）地方法规、政策

地方制定的外来人口管理法规是在20世纪80年代中后期流动人口大增的情况下逐步制定的，也有明显的流入地制定的特征。制定较早的是东部沿海，尤其是公安部颁布《暂住证申领办法》后，各城市相继出台了一些外来劳动力管理、私房出租管理、外来人口计划生育管理等方面的法律法规和规章。主要分为两类，一是通过地方人民代表大会以地方立法的形式予以确认。如1996年9月26日，上海市第十届人民代表大会常务委员会第三十次会议通过的《上海市外来流动人员管理条例》，1995年执行的《北京市外地来京务工经商人员管理条例》已于2005年废止，1999年杭州市人大常委会颁布实施的《杭州市外来暂住人员管理条例》等，此类法规较少；另一类是通过地方政府的行政规章形式颁布。如福建省人民政府1994年颁布的第15号令《福建省暂住人口管理办法》，2004年8月30日上海市人民政府令第32号发布的《上海市居住证暂行规定》，西宁市2001年第41号政府令颁布的《西宁市外来劳动力管理办法》等。这些法规、条例主要形成于20世纪90年代早期和中期。当时正处于流动人口大量增加、社会压力巨大、违法犯罪嫌疑人中流动人口所占比例大幅攀升之际，立法带有明显的管理部门痕迹，其核心主要体现了政府部门管理的利益。而引导人口合理流动、为流动人口服务、确立流动人口权利与义务，特别是流动人口权益保障方面的内容不多，真正发挥作用的更少，甚至没有，流动人口参与管理的积极性不高，这与社会法治建设的要求不相适应。

二、流动人口管理法律法规的特点

（一）以管控为主要目的，保障了特定条件下城市的经济发展和社会秩序

除了宪法等基本法律以外，从上面分析可以看出，我国大部分流动人口管理的法律、法规、政策是以当前作为流动人口主体的农村剩余劳动力的流动，在很大程度上仍然是处于盲目、无序的状态下制定的，是为了维护社会的稳定，保障改革开放和社会主义现代化建设的顺利进行，必须在全国范围内大力加强对流动人口的管理工作。所以说在目的上，是以控制人口流动为主的。而这些法律法规确实保障了城市的发展，可以说最大的受益者是城市和城市居民。主要表现在：一是为城市提供了大量“温顺、廉价”劳动力。由于所处的历史条件是农村剩余劳动力过剩，而调控又是以收容遣送为强制手段的，所以进城务工的流动人员没有宽松的找工作的时间，不能“盲目”，所以只能委曲求全，接受脏、累、险的工作，拿微薄的工资，这些人员的辛勤工作造就了城市的经济快速发展。二是为治安平稳发展提供了“粗犷管理”的工具。2003年收容遣送取消前，上海的刑事案件基本保持稳中有降，这是因为每年都有数倍于受到治安、刑事处罚的流动人员因为“三无”被收容遣送。因为“嫌疑”被待遣，这种近乎零成本的执法管理，在经济建设高速发展的同时，使社会秩序保持稳定。

(二)以登记为基础手段，为行政管理提供了平台和抓手

20世纪90年代，流动人口要办理暂住证、务工证、卫生证、计划生育证，要交纳城建费、卫生费、房租税等，同时，这也是以罚款、遣送、不提供工作等为保障的，所以，流动人口的登记率较高，基本在90%左右。翔实的信息登记成为行政管理、宏观调控的最主要参考，流动人口的数量变化、年龄、文化程度等是做好城市规划的前提，而如实的个人信息也大大方便了公安、卫生、劳动等部门的基础管理。同时各种费用的交纳，为管理部门提供了大量的资金，使得公安、劳动、卫生、计生等部门经费充足，为进一步加强流动人口的管理提供了有力的保障和激励。

(三)以常住人口为保护对象，主要维护了原住民的权益

不仅流动人口带来的房屋租赁收益使得常住人口收益大增，不少市郊农民过上了“收收房租、搓搓麻将”的潇洒生活。而且因户籍原因对工种限制、对企业招聘人员中常住人员的最低比例等规定，在地方性法规、规范中比比皆是，这与地方的本位主义是分不开的，而这些也着实保障了原住民的各种权益。

三、流动人口管理法律法规缺陷探析

我国现有的流动人口管理立法，已不适应社会主义市场经济条件下人口大量流动的需要。流动人口管理的基本法律《中华人民共和国户口登记条例》是适应计划经济体制的需要而制定的，带有强烈的限制人口流动的色彩。而我国现有的法律规范，如1985年公安部发布的《暂住人口规定》，在某些方面可操作性差，现行法律规定中涉及的管理对象又比较窄。又如北京市制定的外来流动人口的管理法规只涉及务工经商人员，没有涵盖其他类型的外来人口，特别是对闲散无业人员缺乏约束性的法规和措施，而后者恰恰是大城市治安管理的隐患所在。并且由于管理的法律规定中缺乏监督机制的相应规定，法规之间的衔接性差，没有涵盖各部门的协调问题，对于流动人口中的一些棘手问题，各行政单位之间“能推

就推，可不管就不管”。

据国家卫生与计划生育委员会2014年11月18日发布的《中国流动人口发展报告2014》显示，到2013年末，全国流动人口的总量为2.45亿，超过总人口的1/6。人口跨户籍所在地流动的浪潮已经成为一种必然趋势。虽然各级政府制定了相关的法律法规来管理规范流动人口，但在我国现有的法律法规中缺乏对城市外出流动人口的相关法律规定，缺乏必要的全国统一的流动人口管理的法律法规，致使在现实生活中，各种管理方面的问题越来越突出。如社会治安、户籍管理、计划生育、流动人口子女教育等各方面都存在着大量问题，如果不能对之加以解决，将会给我们的社会发展造成极大的困扰。

（一）社会治安管理法律法规缺陷

当前全国各地实施流动人口治安管理的主要法律规范性文件是：1958年1月9日全国人大常委会公布实施的《中华人民共和国户口登记条例》（以下简称《户口登记条例》）；1985年7月13日公安部印发的《关于城镇暂住人口管理的暂行规定》；1995年3月6日公安部公布实施的《租赁房屋治安管理规定》；1995年6月2日公安部公布实施的《暂住证申领办法》；部分省、市（区）、省辖市、较大市、经济特区的人大及政府制定的暂住（流动）人口治安管理规定（条例）。[①] 由于流动人口治安管理所依据的上述法律规范性文件不够完善，存在的问题比较多，管理思想、管理方法和管理手段相对滞后，加之流动人口法律意识淡薄，致使流动人口治安管理存在以下问题：

1. 流动人口治安管理法律规范性文件中存在的主要问题

在上述流动人口治安管理法律规范性文件中存在的主要问题是：管理对象不明确，行为准则相互矛盾，同一法律后果处罚标准

---

① 黄容：《暂住人口治安管理亟待解决的若干法律问题》，载《福建公安高等专科学校学报》2001年第1期。

不一致等。具体表现如下：

（1）流动人口管理对象。流动人口管理对象是“流动人口”还是“暂住人口”在法律术语的选择使用以及对确切含义的界定上不明确，以至出现两个概念混用以及具体管理对象不明确等问题。其实“流动人口”和“暂住人口”是两个既有区别又有联系的概念。根据户籍管理法规以及各省、市人大及政府的相关规定要求，公安机关依法纳入户口登记管理范围的并非全部流动人口，而是跨越一定行政区域，在流入地暂住一定时间以上的流动人口，即通常所称的“暂住人口”。

（2）暂住目的。《户口登记条例》第15条第1款规定：“公民在常住地市、县范围以外的城市暂住3日以上的，由暂住地的户主或者本人在3日以内向户口登记机关申报暂住登记，离开前申报注销。暂住旅店的，由旅店设置旅客登记簿随时登记。”以上规定说明，公民外出暂住，不论出自何种目的，只要在常住地市、县范围以外的城市暂住3日以上的，均要办理暂住登记。但是，有些省市、人大、政府在制定暂住（流动）人口管理规定（条例）时，普遍增加了公民外出暂住目的的规定：凡是外出从事各种经济活动的，才需办理暂住登记。言下之意，不是从事经济活动的可以不办理暂住登记。这样无形中放松了办理暂住登记的要求，容易给不法分子以可乘之机。

（3）办理暂住登记的时间。根据《户口登记条例》第15条规定，公民外出暂住的时间在3日以上的，必须在3日内到户口登记机关办理暂住登记。多数省、市均按此规定执行。但是也有个别省放宽了时间限制，规定在7日内申报暂住登记。这样，不仅放宽了暂住登记管理要求，而且由于各地规定不一致，使有些公民在流动过程中，因不能及时了解各地的规定延误申报时间而受罚。

（4）办理暂住登记的区域范围。根据《户口登记条例》规定，农村地区不实行暂住登记制度，公民在常住户口所在地市、县内流动暂住也不实行暂住登记。显然20世纪50年代制定的这一法律规定已不适应形势发展的要求。于是，公安部在1985年制定了《关于城镇暂住人口管理的暂行规定》，该规定第2条要求："建立集镇暂住人口登记管理制度。对本乡镇以外的人来集镇拟暂住3日以上的，由留宿暂住人口的户主或者本人向公安派出所或户籍办公室申报暂住登记，离开时申报注销……"据此规定，从1985年开始，各地公安机关对公民在本县范围内流动到集镇暂住的，也建立了暂住登记制度。此外，一些省市在制定地方性法规或规章时，还把流动人口登记管理工作延伸到广大农村地区，这对发现和打击潜逃的犯罪分子起到了一定的作用。应该说，这些规定和做法是合理的，也是符合实际的，但不合法。那么如何认识和处理这一"合理"与"合法"之间的矛盾呢？不按法律办事势必使法律失去尊严和权威，削弱法律在稳定社会秩序中的特殊作用，在强调大力发扬社会主义民主，加强社会主义法制的今天是不可取的。但如果一味强调"合法"、而不顾改革开放形势发展的变化和实际需要，墨守成规，也是不对的。所以最根本的解决办法是重新立法或修订有关法律条文。

（5）流动人口登记对象的年龄规定。《户口登记条例》没有规定流动人口申报登记对象的具体年龄。因此，公民不论男女、年龄大小，只要离开常住户口所在地到城市暂住，均要办理暂住登记。但是有些省、市明文规定申报暂住人口登记对象的年龄为16周岁以上。根据立法原则，各省市可以根据本地需要对国家法律和行政法规未作出规定的事项，制定地方性法规或规章。但国家法律和行政法规已作出明确规定的，就必须保持一致，不得抵触。此外，从实际工作情况来看，确定流动人口申报登记对象的年龄，不利于社会各项管理，尤其不利于计划生育管理以及当前公安部门的"打拐"工作。

（6）违反流动人口管理规定（条例）行为的处罚。①对同一违法行为的处罚标准不一致。如对雇用无暂住证人员或者扣押暂住证行为的处罚，公安部《暂住证申领办法》第14条第3项规定：

“……对法定代表人或者直接责任人处以1000元以下罚款或者警告。”但对此违法行为的处罚，各地的处罚标准并不一致。如1994年颁布的《福建省流动人口治安管理条例》第14条第1项规定：“留住流动人口的单位和个体工商户业主，不按规定申报办理暂住证的，责令限期补办；逾期不补办的，每瞒报一人处五十元罚款；非法扣留一件处200元罚款。”很明显，公安部处罚规定有上限，而地方法规对同一行为的处罚不封顶，可以随实际人数的多少决定处罚的数额。类似这样的问题还有很多，此处不一一列举。由于处罚标准不一致，掌握不好，执法机关随时可能成为被告。②法律后果不恰当。法律规范是由行为模式和法律后果组成的，如果没有相应的法律后果，就不能保证行为模式的实施。但暂住（流动）人口治安管理的相关规定存在着对某些违法行为处罚太轻的问题。如公安部关于《租赁房屋治安管理规定》第9条第2项规定：“出租人将房屋出租给无合法有效证件承租人的，处以警告、月租金三倍以下的罚款。”按理说，将房屋出租给无合法证件的人居住，给治安管理带来较大的隐患，理应重罚。如果违法后果严重，还要承担相应的刑事责任。只有这样，才能使当事人从中吸取教训，不敢继续违法。否则，处罚太轻，实际效果不好，法律规范就失去了应有的作用。

2. 实际操作中存在的问题

（1）查验居民身份证。这方面的问题是：第一，不少基层民警不了解查验居民身份证的法律要求及基本知识，不会识别证件真假，甚至随意收缴公民的居民身份证。第二，没有居民身份证的鉴定机构。在查验流动人口的居民身份证时，遇到假证没收无疑。但是如果遇到当事人反问：凭什么说身份证是假的？执法人员无法作出有力的解释。第三，对使用假居民身份证的行为没有处罚依据，无法处理。当前居民身份证造假活动之所以如此猖獗，与我们相关的法律不完善、打击处理不力有一定的关系。

（2）暂住证明。目前省市制定的有关流动人口管理规定（条例）普遍规定：公民在办理暂住登记时，除了交验居民身份证或临时身份证外，还要提供婚育证明，否则不能办理暂住登记。据了解，有相当一部分暂住人口，由于外出时不了解这一规定，或是无力支付开具证明所需的高额的“服务费”，而一走了之。由于缺乏必要的婚育证明，不能办理暂住证，不仅影响了暂住人口的登记率和发证率，而且影响了流入地的社会治安管理。

（3）办理“暂住证”。1995 年 6 月公安部发布的《暂住证申领办法》第 3 条规定，同时具备以下 3 种情况的，应当办理暂住证：①年满 16 周岁的；②暂住一个月以上的；③从事各种经济活动的。另外，经查阅各省、市制定的规定，与公安部的规定基本一致。也就是说，办理暂住登记的人未必都要办暂住证，非属上述 3 种情况的，不应强迫办理暂住证。可实际情况中，不依法办理的情况时有发生。

（4）对违法行为的处罚。其一，处罚无法律依据。当前在实施流动人口登记管理时，最常见的违法行为有：①持假居民身份证申报暂住登记；②出租户容留无合法有效身份证件的人住宿，或者容留有合法身份证件未及时申报暂住户口登记的人住宿；③民警上门查验暂住人口的身份、来历，当事人借口不开门或者拒绝接受检查的。对上述违法行为，由于没有相应的处罚依据，只好不了了之。这样无形中助长了某些违法行为的蔓延，也增加了基层民警工作的难度。其二，处罚不依法定程序进行。对违反流动人口管理规定行为的处罚，多数属行政处罚的范畴，必须按《行政处罚法》及相关的规定实施。尤其是必须履行《行政处罚法》规定的告知义务，即对违法的流动人口作讯问查证和处罚决定时，办案人员应告知其有陈述权、申辩权以及依法申请听证、行政复议或提起行政诉讼的权利。例如，某公安派出所民警发现在其责任区有一居民出租一套房屋给暂住人口居住，时间长达一年多，未办理“租赁房屋治安管理许可证”，经调查取证，依法对出租人处以没收非法所得，并罚款一万元。由于罚款数额较大，当事人有权要求举行听证。此时，如果没有按照规定的程序进行处罚，其处罚结果是不合法的。这一点应引起注意。

（5）遣送“三无”人员问题。“三无”人员是指：无合法有效身份证件，无固定住所和无正当生活来源的流动人口。在综合治理流动人口工作中，各省市的地方性法规普遍规定对“三无”人员实行收容遣送。但上述收遣对象，均不在1982年5月12日国务院发布的《城市流浪乞讨人员收容遣送管理办法》以及同年国家民政部、公安部制定的《城市流浪乞讨人员收容遣送办法实施细则》（试行）所规定的范围之内，扩大收容遣送的做法实质上在短期内限制了一部分公民的自由。而根据我国《立法法》规定，对限制人身自由的处罚只能由法律设定。2003年的“孙志刚案件”促使国务院废止了《城市流浪乞讨人员收容遣送办法》（简称“旧办法”），代之以《城市生活无着的流浪乞讨人员救助管理办法》（简称“新办法”），我国的救助管理制度开始从强制收容遣送向自愿接受救助转变。

（二）户籍管理及法律法规缺陷

1. 户籍制度概述

户籍制度，在人口学上称为“经常性人口登记制度”，是依法收集、确认、提供本国住户居民的身份、住址、亲属关系等人口基本信息的国家行政制度。户籍制度作为国家重要的行政管理手段是由社会经济基础决定的上层建筑。计划经济体制下形成的城乡二元经济结构是现行的城乡二元户籍制度的基础，它与改革开放和全面向社会主义市场经济转轨的经济基础不相适应，矛盾重重。1958年全国人大常委会通过的《中华人民共和国户口登记条例》以法律的形式严格限制了农民进入城市，限制城市间人口流动。1985年公安部颁布了《关于城镇暂住人口的暂行规定》，确定了与城镇户口相衔接的流动人口管理制度，为农村人口在城乡之间的流动提供了合法的政策依据和具体管理措施，但并未涉及流入城镇的农村人口的户籍身份问题，这就造成了“人进户不进”的“人户分离”

现象。“人户分离”现象的出现给流动人口合法权益的保障、城镇社会的稳定、城乡户口的管理等带来了诸多困难。1992 年公安部决定对在城镇有稳定住所和职业，并要求在城镇定居的农村人口实行有效的城镇户口制度，范围是小城镇、经济技术开发区、高新技术产业区，对象是外商亲属、投资办厂人员，被征地的农民，办法是实行“蓝印户口”。当时有效城镇户口制度是中国户籍改革的一大进步，也是对流动人口可以进行流动的一种肯定。当代中国的户籍制度已经成为经济社会发展的阻碍，迫切需要进行改革，加快形成城乡经济社会发展一体化新格局。随着以市场为导向的经济体制改革的不断深入，现行户籍制度的弊端日益明显，户籍制度的改革已迫在眉睫。

2. 流动人口户籍管理制度弊端

由于我国的户籍制度是在计划经济体制的基础上形成的，难免会存在弊端，加之现在流动人口的增加，其制度的相对稳定性也会造成与现实的不相适应，其弊端主要表现在以下几个方面：

（1）“世袭制”的城乡二元户口制度滞后于社会主义市场经济的发展。市场经济体制的建立和发展，要求城乡劳动者、资金、物资按照市场经济规律有效调配和组合，形成全国统一的大市场。但目前我国的现行户籍管理制度，用行政的手段把城乡人口划分成福利待遇、发展机会、社会地位很不平等的两大社会群体，使其分别固定在各自的出生地，难以自由流动，严重地阻碍城乡一体化市场经济体制的形成和发展。

（2）阻碍农村剩余劳动力的合理流动，延缓了农村城市化进程，妨碍人口城镇化的正常进行。在传统计划经济体制下，除了计划内招生、招工、招干以外，绝对地排斥了劳动力的自由流动。这个屏障是依赖户籍制度（连同口粮的配给制和国家包下来的就业体制等）而建立起来的。一方面，农村劳动力不可能流入城市，因为没有正式城镇户口，就没有在城镇生存的机会。而且，农民一旦流入城市，就会被看作“盲流”，随时都会被遣返原籍。另一方面，由于“户籍崇拜”，人们不愿意放弃已经获得的城镇户口，从而形成了阻止劳动力外流的心理屏障。在农村，则以精耕细作的生产方式、大规模的农田水利建设等运动吸纳农村剩余劳动力，以致用政社合一的人民公社体制来束缚农民，而这种束缚主要也是靠户籍制度（以及工分、口粮分配方法）来维持的。户籍制度不仅限制了农村劳动力向城市第二、第三产业的转移，也限制了不同规模的城市间、不同地区间的劳动力流动。这种“画地为牢”的户籍制度，把农村人口封闭在农村里，束缚于土地上，一方面使城市的工业劳动生产率得不到提高，另一方面也在农村形成一种不思进取、安土重迁的观念，封建社会遗留下来的愚昧、迷信、落后、保守的思想意识得以在乡村社会延续，城市文明很难进入农村社会，人口素质得不到提高。

自 20 世纪 80 年代起，随着改革开放的深化，户籍在限制城乡人口迁移方面的功能日益削弱，它不仅放松了农民从事非农活动的限制，而且，自 1984 年以后出台的允许农民处理口粮进入小城镇的政策①以及以后实行的居民身份证制度，为农民跨区域转移创造了条件，虽然目前仍保持着城乡分制的户籍制度，但由于城市内部副食品供给制度、住房制度、教育制度、劳动用工制度等方面的改革取得了显著进展，农村劳动力区域转移的障碍已在原有基础上得到了显著的弱化。在这种情况下，许多农民纷纷离开乡村至城市打工，形成声势浩大的“民工潮”。然而，这些流徙入城的民工到城市后，却由于受到“名亡实存”的户籍制度等一系列行政壁垒的阻碍，无法融入就业城镇原有的社会经济组织内，不得不在体制外生存，而形成一种漂泊不定的流动人口。这些流动人口，一方面进城后没有正式身份，在婚嫁、幼托、教育、住房、社会保障等方面面临一系列的困难，这既不利于维持流动人口的合法权益，又不利

① 王以超：《城市化滞后已成制约中国当前经济发展的主要问题》，载《新华日报》2000 年 11 月 15 日。

于城市社会秩序的稳定；另一方面，又由于这些流动人口的户口还保留在原来的乡村社会里，与原来的土地还保持着联系，使农村土地闲置、良田抛荒，这又影响了农村经济的发展。从市场经济的角度看，劳动力的流动是促进劳动力与劳动资料有效结合的基本手段，然而现行的户籍制度却在无形之中限制了人口的合理流动。

(3) 影响了劳动力资源的合理配置和人才的使用和开发。人才的使用和开发以及劳动力合理配置是国民经济发展中最重要的因素。我国的户籍制度造成农村不能到城市、内地不能到沿海、乡镇不能到城市、小城市难以到大城市的现象。农村素质再高的劳动力也不能进入正式部门工作，不仅劳动力市场无法形成，而且造成人才难以脱颖而出的客观形势。改革开放以来出现了许多农民企业家和各种巾帼英雄、能人志士，但是由于户籍制度的制约，严重限制了他们才能的发挥。这一点笔者深有感触，面临毕业找工作是必要的，但在一些地方的单位严格限制了只招用本地户口人员，这大大限制了人才流动和人才资源的合理配置，对整个社会的发展必然是不利的。

(4) 户口与利益相粘连造成了人与人之间一些实际上的不平等现象。新中国成立初期，我国人口在城乡之间是自由流动的。但到20世纪50年代，随着大量农村人口涌入城市，一方面给城市居民就业、食品供应带来了困难，另一方面也使农业劳动力过度流失，出现了农业劳动力短缺的现象。为了控制农村人口向城市的迁移，1958年全国人大常委会颁布了《中华人民共和国户口登记条例》，为了保证条例能得到贯彻实施，还先后制定了一系列辅助性的行政措施，如城市人口“定量商品粮供应制度”、“劳动就业制度”、“医疗保健制度”等，从而形成一种以《条例》为核心，其他辅助性措施为补充的户籍管理制度。在计划经济体制下，在社会物质财富还不太充裕的时候，这些制度对于落实各项计划指标、稳定社会秩序起到积极作用。但是，它发展下去毕竟影响公民享有的政治、经济、文化等各方面的平等权利。这种副作用的代价越来越高，不利于人民的团结。按现行的户籍制度的规定，人一出生就被划定社会角色和地位，而且终身难以改变。户籍性质事实上是血缘继承性，使市民的子子孙孙永远是市民，农民的后代只能是农民，而市民则可享受多种生活、工作待遇和各种保障，这无形之中使城市居民和农村居民具有贵贱等级之分。仅国家有关政策规定的就有如下的差别：

首先，在社会保障方面农业户口与非农业户口就存在很大的差别，比如非农业户口公民享受各种补贴和公费医疗，而农业户口则享受不到这些补贴，医药费自理。

其次，农业户口与非农业户口除了在教育方面，如在报考技校、中专方面有差别外，在招工方面也有很大的差别。非农业户口公民招工面宽，特别是国有企业单位的招工，一般都规定录用具有城镇户口（即非农业户口）的居民，被录用的合同制工人合同期未满，中途可办理工作调动，到新单位后，保险金和工龄累计计算，到退休年龄享受退休金待遇。农业户口公民招工面窄，按国家规定只有矿山井下作业、野外勘探、森林采伐和盐业生产等四个行业的有关工种可以从农村招工，合同期未满，中途只能办理辞退，不能办理调动，到退休年龄，保险费一次付清，不享受退休金待遇。

最后，非农业户口男、女适龄青年都可以报名服兵役，服役期满由国家安置工作。农业户口适龄男青年可以服兵役，女青年不能服兵役，而且服役期满后退伍回家仍是农民。

因此，正是户籍制度把人口分为农业户口与非农业户口，并且把这两类不同的户口与不同的利益相挂钩，从而造成人与人之间一些实际上的不平等。

（5）户籍管理本身还存在很多的缺陷。现行户籍制度和法制建设不完善，而且城乡差别较大。城市人户分离大量存在，管理工作滞后，农村户口管理十分薄弱。至今尚有1/3的乡镇未设公安派出所，繁重的户政管理任务由乡镇文书或其他人员兼任，结果造成出生不报、死亡不销、迁移不登记等现象极其普遍。户口登记的准确性、及时性不高，至今全国仍有相当数量的“无户口人员”和“口袋户口”（户口迁出后，不落户，放在口袋里），城乡一大批人不在我们的控制视野。户政管理不健全，手段落后。户政法规不完善，法制建设滞后，新中国成立60多年了，至今还没有出台我国的户籍大法，这不能不说是一大缺憾。

现行户籍制度也造成了人口统计失实。按是否吃商品粮划分农业与非农业两种户口性质并进行人口统计，不能反映我国全部人口构成及就业人员构成的实际情况。目前在农村就业的人口中，已有相当部分并不从事农业生产，而是搞乡镇企业、建筑业、运输业等，他们也被列为农业人口。许多长期不从事农业生产并已在城镇工作的人员，仍被统计为农业人口。可见，再用传统的方法划分农业户口与非农业户口，不仅会在社会上、统计上继续造成假象，错误地反映我国劳动力资源状况，更不利于人口管理的科学化。由于我国地区间经济发展水平、人口差异很大，因而在人口管理上不可能一刀切。但也不能因地方的特殊性，而否认全国的统一性。现实状况是，改革开放以来，在户籍改革过程中，出现了农业户口、非农业户口、自理口粮户口、当地有效城镇户口以及“蓝印户口”、“红本户口”、“绿本户口”“咖啡户口”等不同性质和不同形式并存的混乱现象；出现了以集资为目的，把户口当作稀缺资源公开拍卖的现象；出现了人户分离、空挂户口、双重户口和无户口人员的现象；出现了暂住期长达10年~20年“暂住”人口现象等，给户籍管理和人口统计工作增加了难度，不利于社会治安，不利于科学地制定国民经济和社会发展计划，不利于保护流动人口的合法权益，不利于控制人口生育等。另外，居民使用的身份证也有不少问题，丢失、损坏、冒用、涂改、变造、伪造也很普遍，16岁以下人口无证可用，这些也加大了户籍管理的难度。

（三）计划生育管理及法律法规缺陷

1. 流动人口计划生育现状分析

人口的流动促进了人们婚育观念的转变，也给计划生育管理带来新的问题和挑战。目前，无论是流入地，还是流出地，违法生育主要发生在流动人口中。外来人口流入不仅在总量上大幅增加，而且家庭式流入比例上升。如广州市，目前，对外来人口的计生管理已成为广州市当前人口计生工作的重点和难点。流动人口绝大部分来自农村，与城里人相比，他们的教育水平、劳动技能、生活条件、保健意识、维权意识等各方面都处于弱势地位。从公共卫生的角度看，流动人口也是疾病传播，特别是诸如性病和艾滋病之类的传染性疾病感染和传播的重点人群。近年来的调查结果显示，流动育龄妇女住院分娩、婚前检查、妇女病普查率均低于户籍人口，而流动人口孕产妇死亡率和新生儿死亡率则高于户籍人口。流动人口胎儿性别鉴定和选择性人工终止妊娠，已成为直接影响出生人口性别比升高的重要原因之一。目前，流动人口计划生育工作中存在的主要问题，是流动人口计划生育和生殖健康的需求没有得到很好地满足，权益没有得到切实的保障。

2. 计划生育管理法律法规缺陷

虽然国家根据实际情况制定了相关的法律法规，但从目前的依法管理计划生育的“依法”情况看，计划生育行政管理主要是依靠地方立法进行管理的，带有一定的局限性。在实际工作中，特别是基层从事人口与计划生育的同志还常常感到有些问题处理起来很棘手，很难找到充分的法律法规依据，甚至无法可依，给工作带来很多不便，甚至造成较大损失。因此，我国的计划生育在立法上存在的缺陷主要表现为以下几个方面：

（1）地方立法具有地域性差异。如前文所述，宏观分析流动人口管理的法律规范存在的问题一样，计划生育管理的地方立法也存在地域差异。如有的省条例规定农民可以生两个孩子，有的省则规定农民生第二个孩子有特殊的条件限制，而这些条件限制则是根据各个不同的省的实际情况而有所差别的。流动人口的大量流动，对各地之间的生育政策都有所了解，他们往往对规定较严的生育政策产生抵触情绪，这就容易给依法管理流动人口计划生育带来困难。

（2）各地方对合法与违法行为的认定上有差异。这给依法管理计划生育工作带来困难。例如，A省的一名农村姑娘到B省省会与当地企业的一名工人结婚，怀了一个小孩。由于女方户口仍在A省农村，要到当地领取结婚证。按A省的规定，女方为流动人口，应在结婚后按期回A省参加孕检。才能发给生育证，否则不发给生育证，还要作为计划外怀孕处理，要向夫妻双方怀孕期间每月征收一百元费用。按B省规定，这对夫妻结婚怀孕生小孩是完全合法的。经过协商，后来A省还是坚持对女方怀孕期间每月征收一百元费用，对男方免征。这样做是否合法？是否公平？没有一个权威的法典予以解决，很难操作。

（3）地方立法没有与相关的法律同步，给依法管理计划生育增加了难度。如：《行政处罚法》规定行政处罚主体是县级以上地方人民政府具有行政处罚权的行政机关。而全国绝大多数省、直辖市、自治区计划生育条例都优先于《行政处罚法》，规定处罚的主体为乡镇人民政府或街道办事处。这里存在地方性法规必须与处罚法相一致的问题，要理顺这个问题，绝非一蹴而就的。因此，给依法管理计划生育工作提高了要求，增加了难度。

（4）以地方立法为主的模式，与“基本国策”不相适应。人口多、底子薄，这是中国的基本国情。中国人口规模和人口质量状况，对于建设有中国特色的社会主义，具有重大的战略意义。从基本国情出发，我们国家提出，实行计划生育是我国的一项基本国策，这是非常英明的。为了保障基本国策的实施，仅依靠地方立法是不够的，它不利于最大限度地解决人口问题，使人口发展更好地与经济、社会、环境、资源等协调发展。值得高兴的是在2001年12月29日，全国人大常委会发布的《中华人民共和国人口与计划生育法》，使得计划生育管理工作有法可依。笔者建议相关的实施细则应该尽快出台。

（5）省际生育政策的冲突，规范的适用原则不明确。《人口与计划生育法》第18条规定：“国家稳定现行生育政策，鼓励公民晚婚晚育，提倡一对夫妇生育一个子女；符合法律、法规规定条件的，可以要求安排生育第二个子女。具体办法由省、自治区、直辖市人民代表大会或者其常务委员会规定。少数民族也要实行计划生育，具体办法由省、自治区、直辖市人民代表大会或者其常务委员会规定。”根据《人口与计划生育法》的授权，各省（区、市）都结合本地实际，制定了本行政区域内实施人口与计划生育地方性法规。这些法规对控制本地人口数量、提高人口素质作出贡献的同时，对从其他省流入本地的公民和从本地流出到其他省的公民存在着很大的弊端。例如，夫妻户籍分别在两省（区或市）的，且这两省（区、市）的第二孩生育政策及再生育一个子女的条件又不一致，执行夫妻哪一方户籍所在地的生育政策。未规定统一的适用原则，有时给工作带来许多不便。又如，湖北省与广东省、山东省与福建省关于半边户的生育政策不一致，甚至相互矛盾。[①] 出现这种情况，不仅给当事人带来许多不便，也不利于维护法制统一的原则。

（四）流动人口子女教育及法律法规缺陷

随着城市化进程的不断加快，越来越多的流动人口开始携妻带子进城务工，为城市的发展做出巨大的贡献，而他们的子女在城市中的生存和教育状况是个不容忽略的问题。虽然我国的义务教育工作已取得了很大进步，但与让每一个孩子受益的目标尚有一段距离。为流动人口子女提供教育，成为普及九年义务教育的许多大城市面临的一个新问题，也是我国城市化过程中因人口大量快速地流动而产生的一种新的教育需求。如何解决这个问题，不仅成为困扰外来人员及其子女的个人家庭问题，而且事关和谐社会的构建，将影响到我国的可持续发展，同时也是关系到国家长治久安的大事。

① 李建若：《地方外来人口管理法规初步探讨》，载《人口与经济》2001年第5期。

1. 城市流动儿童的教育现状

（1）流动人口子女不能适龄入学及失学问题严重。据全国第五次人口普查显示，中国有超过1.2亿的流动人口，他们占中国总人口的10%，有近2000多万随父母进城的农民工子女，这些孩子失学率高达9.3%，近半数适龄儿童不能正常入学。这些失学儿童主要分为两种情况，一种是客观上不能上学；一种是主观上不愿上学。客观上不能上学是指无校可上，目前这一问题已引起社会的关注，国家和地方也制定了相应的保障流动少年儿童就学办法的法规，为流动儿童提供公立学校、民工子弟学校等上学方式。但事实上，对于绝大多数流动家庭而言，公立学校高昂的借读费和赞助费是难以承受的，而收费便宜的简易学校没有合法手续，时刻面临取缔和关闭的危险。因此，在流动人口子女中，适龄儿童入学率较低，不能在应受教育的年限及时入学，绝大多数流动儿童被正规学校拒之门外，客观上面临着无学可上的问题。主观上不愿上学的情况，首先，指的是家长因为种种原因不愿意送孩子上学，部分家长有条件却不让孩子上学，部分家长出于短期利益的考虑，让子女辍学在家帮自己干活，甚至于正式就业，在街头卖报、卖花、当保姆等。另外主观上不愿上学还指孩子不愿上学，主要是因为孩子学习困难、跟不上同龄孩子、不喜欢读书、年龄大了怕人笑话等原因不愿意上学，从而辍学在家。无论哪种情况客观结果都是一样的，没有机会或不愿意接受学校教育的流动儿童只能失学在家。孩子失学后，会对社会产生不良影响。

（2）流动人口子女入学、就学过程中的不公平问题明显。首先，流动人口子女与当地户籍人口子女就学存在着很大的差异。尽管在城市各公立学校都被要求接纳外来流动人口子女上学，相关部门也对各级各类公立学校招收流动人口子女入学作出了降低学费的规定与要求，可学校仍把前来就学的流动人口子女视为择校生，向他们收取名目繁多的借读费、赞助费等。由此导致部分学生因为家庭经济承受能力有限或家庭经济情况不好而失学、辍学。

其次，流动人口子女与当地户籍人口子女就学质量存在差异。在城市的各级各类正规学校中，流动人口子女常常被视作特殊学生，不能对其实施与当地户籍人口子女同等待遇和平等的教育。如他们的成绩不纳入学校教学质量评估之中，教师往往也不太注意他们的学习情况等。

另外，有相当比例的流动人口子女进入学费相对比较低廉的私立打工子弟学校学习。而这些学校无论是办学条件还是教学质量都与公立学校有很大差距，因而流动人口子女的学习质量无法得到保障。

（3）流动人口子女的家庭教育、学习环境较差。大多数流动人口家庭难以为子女提供良好的学习环境，更没有能力支付子女在城市公立学校受教育所额外增加的费用。还有一些家长轻视子女教育。他们认为孩子只要能认几个字，能写个信，记个账就行；更有甚者只顾眼前利益，他们或把孩子留在家里做家务，或让孩子帮自己做生意，迫使孩子失学。

（4）流动人口子女在城镇面临融合难题。各大城市都不同程度地存在对流动人口子女的歧视，使他们难以融入城市生活。在学校，他们被编成民工子弟班或进入民工子弟学校。在社区，他们很难与当地的邻里孩子交朋友，社区的服务设施他们没有份，社区组织的文化活动他们不能参加……

（5）留守孩子监护人的角色缺位问题突出。关注“留守”问题业已成为社会的共识。自改革开放以来，农村以男性为主的中青年劳动力的外出使得留守的家庭成员主要由儿童、妇女和老人构成。人口流动使农村家庭承载的教育子女、赡养老人的功能开始弱化，婚姻、情感生活面临挑战。因“留守”而引发的家庭及社会问题大致有以下几种类型：丈夫外出打工进一步强化了丈夫在家庭决策中的主体地位，妇女有限的精力与繁重的农业生产和家庭照料需求之间存在着巨大的矛盾；父母外出打工虽然提高了留守家庭物质生活水平，但留守家庭的父母和孩子长期分居，致使“留守子女”存在情感缺陷或缺乏细致照料。这将给留守孩子的成长带来诸多不利影响。留守孩子教育的质量很难得到保证。对孩子性格的形成以及思想品德的培养也有消极作用。

2. 我国政策法规对流动儿童接受教育管理的缺陷

流动儿童，现主要是指进城务工的农民工的子女，其子女教育问题不单纯是一个法理问题，更是一个亟须解决的现实问题。自20世纪90年代中期开始，社会各界纷纷呼吁政府解决好农村流动人口子女在城市碰到的教育困难问题，各种流动人口管理的政策和法规纷纷出台，管理机构相继成立。但是一些流入地政府采取各种措施抵消了中央政府的效力，并没有真正解决流动人口子女的教育问题。其缺陷主要有以下几点：

（1）户籍制度弊端和教育体制改革的滞后。由于我国长期实行城乡户籍二元制，居住权与户籍相分离，义务教育享受权与户籍又相联系。虽然随着市场经济的发展，我国的二元社会结构趋向弱化，但尚未有根本的变革，相应地义务教育仍带有明显的二元特征，于是就出现了有居住权未必就有在居住地享受教育权的现象。目前各省、市在义务教育的总体规划上，无论在学生经费的划拨、师资的配置，还是学校设置及布点等方面，仍以户籍人口为基础，流动人口子女仍被排除在总体规划之外。因此，流动人口子女进入公立学校就读，还面临重重障碍。

（2）职能缺位与管理失序。保障和实施农民工子女受教育，国家无疑是其中的主导力量。客观地说，近年来国家已经相当关注在社会发展和城市化进程中长时间被忽视的农民工群体，特别是这些城市边缘人群的下一代教育问题。为保障农民工子女受教育，国家教育部出台了一系列的政策规章。但总的来说，目前农民工子女在接受义务教育方面仍旧存在许多问题，政策在具体实施过程中遇到各种难题。

首先，是对民工子弟学校的管理缺失。民工子弟学校是指专为进城务工就业民工的子女开办的学校。目前关于我国民工子弟学校及其就读学生的数量，主要是基于宏观估算和微观调查，缺乏精确的统计。这些无证小学，被人们俗称为“黑小学”。一般而言，其办学者及“教师”，亦多来自一些流动人口输出集中地。从目前来看，民办中小学及民工子弟学校承担了相当数量的进城务工就业农民子女的教育，在很大程度上缓解了公办学校及政府的财政压力，分担了政府的责任。但也应当看到，这些民工子弟学校有相当一批是未通过审批的。这类学校办学条件普遍较差，存在的问题较多。其主要问题，一是师资力量不足，学科不配套，质量不高，不少校长和教师无任职资格证书和教师资格证书；二是多数学校在房屋、消防、饮食、交通、防疫等方面存在着安全隐患，且缺乏必要的体育器材和教学设备，对少年儿童的成长极为不利；三是学校教育管理不规范，教育质量低下。这些现象在全国较为普遍，由此可见，我国在对这些民工子弟学校管理上的缺失。对民工子弟学校存在的这些问题必须引起高度重视，决不能听之任之。政府应对这类学校的办学行为加以规范，以保障进城务工的农民工子女的教育权益。

其次，相关制度不配套。政府在与民工子女教育相关的户籍管理、财政制度、社会保障等政府行为与政策之间缺乏有效配合，甚至相互抵触。在一定时间与范围内，在流入地政府公办教育资源有限、具有较好办学条件的学校不足的情况下，要满足大量涌入城市的农民工子女对教育的需求显然是不大可能的。因此，流入地政府对其辖区内公办学校的许多“额外”收费和变相拒绝农民工子女求学的行为不得不采取默许的态度，也就谈不上有效干预公办学校对农民工子女的歧视和排挤。这就使得一些低收入的农民工子女仍然无法到公办学校就学，只能选择到农民工子弟学校就读。

（五）流动人口管理法律法规缺陷分析

我国现有的流动人口管理立法不适应社会主义市场经济条件下人口大量流动的需要。从流动人口管理的基本法律法规的整体缺陷上看，呈现出如下特点：

1. 流动人口立法理念滞后于社会的发展和变化

为了构建和谐社会，需要解放对农村人口的束缚，再以计划经济时期的户口登记条例为基础，以解决农村剩余劳动力盲目流动为指导思想的法律法规，已经不再适应我国社会民主的发展，虽然2003年取消了收容遣送制度，但整个法律体系基础并没有改变，不适应社会主义市场经济体制下劳动力流动和保护公民合法权益、维护社会公正的需要。同时中国各级地方政府职能部门的设置，一般都是按照常住户口人数规划定编定职和财政拨款制度进行，对流动人口的管理并未列入规划范围。由于外来人口剧增，原先按常住户口人数设置的职能部门不得不承受超常规的工作压力，经费、管理人员不到位，维护流动人口合法权益根本无法保证。①

2. 缺乏全国统一的流动人口管理法律法规

从上文对我国流动人员管理法律法规的分析可以看出，目前，我国在流动人口的管理法律中地方性法规、地方政府规章居多，缺乏全国统一的管理标准。我国现行的涉及流动人口管理主要的法律法规，除对流动人口必须携带居民身份证或其他合法有效能够证明其身份的证件的规定，有全国性法律《中华人民共和国居民身份证法》予以规范外，流动人口的其他管理规定或者是由公安、劳动与计划生育等部门以部门规章的形式发布，如公安部的《暂住证申领办法》、《租赁房屋治安管理规定》等，各部门条线工作以此为依据开展；或者由省市地方人民代表大会及其常务委员会和地方人民政府以地方性法规和地方政府规章的形式来发布，各地政府据此分别就流动人员户籍管理、住房租赁、务工经商管理、计划生育管理等各方面均制定了相关管理规定等。这样直接导致的结果就是地方与地方之间对流动人口管理规定存在地方性差异，各地有各自的管理标准，无法统一起来。以流动人口概念为例，前文分析了

① 丁以山：《流动人口立法的问题》，载《公安理论与实践》2000年第2期。

三类表述办法，还不包括各部门条线的专业性定义，这些都给法律、法规的执行带来了困难。

3. 缺乏流动人口管理主体及各主体的责任分工和相互配合的办法

流动人口涉及社会、经济、生活的方方面面，对其管理也不是哪一个部门能管理好的，需要各部门齐抓共管，流入地、流出地密切协作、配合，而这方面的规定在《暂住证申领办法》中没有体现，公安机关也不适合有此方面的规定。我们在实际工作中，由于流动人口法律意识淡薄，大多数流动人口不能主动按规定登记办理暂住户口，甚至想方设法躲避有关部门的检查。有关部门因自身利益或人为因素，形成多部门管理各自为政，各管一片，流动人口登记率、办证率难以提高，也就无从谈及管好流动人口。

4. 现有法规存在不完善甚至相互矛盾的管理规定

如《暂住证申领办法》第17条规定："公安派出所负责办理、申领、换领和补领暂住证的日常工作。"第9条规定：居（村）民委员会根据需要设立暂住人口管理站，聘用户口协管人员；暂住人口管理站和户口协管人员接受公安机关的委托，协助做好暂住人口的登记、发证和日常管理工作。从以上两条不难看出，公安机关作为管理流动人口的主要部门，却不直接管理暂住人口，而是委托其他部门登记、发证和日常管理，这样不明确的规定，容易造成地方基层组织与公安派出所职责不明，甚至导致相互扯皮现象。而且，受委托部门或协管人员工资费用如何开支，可否收取暂住户口管理费，没有说明。再如，《暂住证申领办法》第3条规定：居住1月以上暂住人口在申领暂住户口登记的同时，应当申领暂住证。由于《暂住证申领办法》只规定拟暂住1月以上人员在申报暂住户口登记的同时，申领暂住证，没有对暂住人申报暂住户口时间的具体限制，暂住人依据该条，完全可以在暂住1月后申领暂住证。而《租赁房屋治安管理规定》第8条第2项规定：租赁房屋住宿的外来暂住人员，必须按户口管理规定，在3日内到公安派出所申报暂住户口登记。同对暂住人口，有两种不同规定日期，两种不同管理要求。设想一下：出租房东要租房的外来人员，必须在租住 3 日内申报暂住户口登记，而租房的外来人员，在居住 3 日以上 1 月内申报暂住户口登记，谁的做法对呢？总之，法律应当是神圣威严的，是严谨的，不完善甚至矛盾的法律，不仅不能顺利执行，也会丧失法律本身的权威。而且在收容遣送取消后，《暂住证申领办法》已经名存实亡，如上海在 2004 年起已经试点居住证制度，2007 年已经全面推广，不再办理暂住证。

5. 缺乏流动人口权益保护规定

根据我国现行《宪法》第 37 条、第 38 条、第 39 条、第 40 条、第 43 条、第 46 条、第 48 条的规定："中华人民共和国公民的人身自由不受侵犯、人格尊严不受侵犯、住宅不受侵犯，有劳动权、休息权、受教育权、平等权。"同时，第 45 条规定："中华人民共和国公民在年老、疾病或者丧失劳动能力的情况下，有从国家和社会获得物质帮助的权利。"国家发展为公民享受这些权利所需要的社会保险、社会救济和医疗卫生事业。然而，由于流动人口的特殊性，即数量大、变动大、整体文化程度不高的特点，特别是流动人口的异质性、分散性，到外地谋生，极易受到伤害，人身自由、人格尊严、按劳取酬、受教育权利、社会保障权利等不易得到保护。如有的人，离乡背井到外地打工，首先交一定数目定金或工资给工头或老板，工头或老板以种种理由克扣定金或工资，甚至将定金或工资领走后逃之夭夭，流动人员受欺骗或伤害，亦不易申诉。我们知道流动人口违法犯罪，危害社会稳定的较多，实际上很多流动人口生活较为困难，他们的衣食住行及社会生活经常遇到困难，甚至受到不公正的待遇，而且，对流动人口缺乏具体的法律保护。

6. 缺乏对流动人口特点变化而作出的法条修改

作为《暂住证申领办法》根据的《中华人民共和国户口登记条例》，实施于 1958 年 1 月 9 日，对流动人口管理仅作了一般性规定。由于现阶段及今后人口流动量大、变动无序，流动人员本身亦有了对付管理人员的一套手段，而我们在管理流动人口的工作中，缺乏法律应有的支持，如无流动户口调查权的规定。对流动人口的调查，是了解和掌握流动人口、办理暂住户口登记和管理的前提和基础，是户政管理基础工作中“天经地义”的权力。但现行法律、法规中却无授权性规定。若流动人口拒绝接受户籍调查，甚至以“私闯民宅”、“干涉他人正常生活”等为由，提出权利诉讼，“天经地义”的权力，那么没有法律依据，如何保护公安民警最基础又必须完成的分内工作呢？再比如，流动人口网络管理，众所周知，1999 年全国追逃专项斗争中，“上网”抓逃犯，取得的成果有目共睹，流动人员网络管理法制化也是对流动人口管理的必然要求。而网络管理必须有流动人口基本情况数据，如姓名、住址、年龄、身份证号码、暂住地址、服务处所、何时暂住、何时离开等项目，这要求相应的法律加以规定。总之，在现阶段的法制社会，任何管理都应有相应严密的法律规范加以约束。

7. 缺乏城市外出流动人口的法律规定

就目前的情况来看，绝大多数城市只制定外地流入本地的人口管理的法律规定，对本地城市人口外流到其他地方工作和居住则没有相应的管理的法律规定。在笔者所收集到的法律规定中，只有 2000 年的《天津市流动人口管理规定》中明确界定了流动人口包括流入地和流出地两种人口，不过整个规定基本上是针对流入人口的。其实，今天的流动人口中虽然大部分来自农村，但是来自城市的人口的绝对量也不少，而城市流动人口的管理在法律上缺乏相应的规定，导致这部分人的管理处于真空。

8. 法律法规的执行力度不够

如《暂住证申领办法》第 5 条规定：申领暂住证须持暂住人居民身份证。若该人申领暂住证，却以种种借口不出示身份证，该如何处罚，对此没有规定，其他法规亦没有相应规定。第 15 条第 2 款规定：对有违法犯罪行为的暂住人，公安机关可以根据情节吊销其暂住证。吊销暂住证，即意味着不准他在该地区暂住。若吊销暂住证后，该人不走，该如何处罚？如按不申领暂住证罚款处理，而暂住人不是不申领暂住证，能否以该条处罚？罚款后该人仍不走，又如何处罚呢？亦无规定，如此，吊销暂住证意义何在呢？第11条第5项规定：暂住人离开暂住地时，应当到暂住地公安派出所办理注销暂住手续，交回暂住证。若不办理注销手续，没有处罚手段，亦无制约手段，此规定无任何约束力。同样，第11条第3项规定：暂住人员遇有查验暂住证时，应当主动出示，不得拒绝。若暂住人拒绝出示暂住证，又该如何处理呢？

第二节　流动人口管理中公安执法的治安环境问题研究

随着流动人口的大量增加，因其显著的特点已成为左右治安形势的主要因素。近年来，流动人口犯罪呈现出以下特征：

一、流动人口被侵害情况严重

随着流动人口数量的不断增加，且社会给予他们的保护不够全面，侵害其合法权益的事件呈上升趋势。流动人口权益受侵犯的现象主要体现为以下方面：

（一）流动人口防范意识薄弱，居住条件差，成为被害人重要组成部分

从前面对流动人口的特点分析可以看出，流动人口文化水平平均较低，自我防范意识较差，而且对防范宣传的接受时间较长。同时由于其多数居住于农村出租房屋，基本上没有防范设施，往往成为侵财犯罪的理想目标。另外，由于流动人口可支配财产少，主观上放松了防范，所以，不少“顺手牵羊”案件的受害人也是流动人口。个别案件如强奸案件中，受害外来人员的比例高达90%以上。但是从总的已立案的刑事案件分析，流动人口并非主要被侵害对象，这是因为流动人口被盗财产一般价值较少，未达到立案标准

造成的。但是由于数量的庞大，影响了群众的满意率，给治安防范带来了挑战。

（二）流动人口聚居区域法制基础薄弱，成为治安复杂地区

流动人口聚居区域内人口密度很高，由于警力不足、执法成本高等原因，这些地区成为公安执法的盲点，也就是所谓的治安复杂地区。虽然年年整治，但是收效不大。流动人口因为居住成本的原因住在其中，安全得不到必要的保障。

（三）因为劳动、劳务关系而导致的权利缺失

流动人口的合法权益经常受到侵犯，如某些企业、雇主经营者故意拖欠、克扣职工的工资；故意不与职工签订合同以逃避支付劳动报酬、经济补偿金；以极低的工资强迫工人超时加班，迫使工人不堪忍受自行离厂，从而达到占有他们进厂押金的目的。这些行为使流动人口的劳动报酬得不到有效的保证。再如，有的职业介绍机构介绍未满16周岁的未成年人就业；有的用工单位及个人不进行必要的劳动就业培训，让工人仓促上岗，造成流动人口人身安全无法受到保障，生命健康受到侵害。

二、流动人口违法犯罪问题突出

城市流动人口犯罪问题，从本质上讲是我国从计划经济向市场经济、农业社会向工业社会转变的社会转轨变型时期社会矛盾的集中体现。“由于社会日益城市化，曾经一度是城市居民生活的局部问题，变成影响现代生存性质和阻碍许多国家未来发展进程的问题。犯罪已成为现代化方面最明显和最重要的代价之一。”① 流动人口犯罪非常复杂，但也有其规律性特征。找到其规律性特征具有重要意义，既可进一步分析其原因，又可采取有针对性的措施，以便更好地预防惩治这类犯罪。流动人口本身的特点决定了流动人口

① ［美］路易丝·谢利著：《犯罪与现代化》，何秉松译，群众出版社1986年版，第158页。

犯罪的规律性。大体说来，流动人口犯罪与流动人口数量成正比例关系，即流动人口增长，流动人口犯罪相应增多。在流动人口犯罪主体中，从职业上看，农民工占很大比例；从年龄上看，犯罪主体低龄化；从知识结构上看，犯罪主体的文化水平偏低。

（一）犯罪主体的特征

1. 犯罪主体以新生代农民工居多

新生代农民工是指1980年以后出生的、进城打工的农民。有资料显示，在我国庞大的农民工群体中，新生代农民工已占到六成以上。新生代农民工虽然在农村长大，但很多人几乎没干过农活；家庭虽然并不算富裕，却一样在呵护和衣食无忧中长大；虽然文化程度不高、技术能力不强，但会使用电视及网络。可以说，他们是看着电视长大的，思想意识上已经与父辈有很大差异。电视里展示的繁华城市让他们向往，他们不愿像父辈那样当农民，日夜辛劳，但却收入微薄。他们要进城，过上城里人一样的生活。因此，当他们不再上学后，便怀着美好的愿望，用稚嫩的肩膀，背起行囊进了城，梦想寻一个远大前程。可进城后，他们很快发现并不美好。因其文化水平和技能所限，到城市后大多只能当合同工、临时工，担负起城市职工不愿干的累活、重活、脏活和险活。与常住人口相比，他们的衣、食、住、行都处于较低水平，吃得比原来在家里还差，住的是简陋工棚或城乡结合部的狭小房间。每天的绝大多数时间，除了干活，就是吃饭、睡觉，城市的繁华似乎和他们无关，自身权益也往往容易受到侵犯。故当他们看到当地居民工作轻松、挣钱又多、家境富裕、家人团聚时，不禁会产生一种自卑感、失落感、压抑感，导致严重的心理失衡。促使他们走上犯罪道路的，是看不到前程的绝望。既然觉得打工没有出路，就另外找出路，他们最后找的出路就是犯罪。故而有的人不惜以身试法，铤而走险、触犯刑律。

2. 犯罪主体低龄化

由于流动人口中青年人占大部分比例，他们大都是来寻找就业机会的青年。14 岁到 30 岁的青少年占了多数，这与目前流动人口以中青年为主的情况一致。青年人大多社会交往多、与他人的利益纠葛较多，往往一时冲动用不合法的手段来解决利益纠纷。这些青年人体格强健，实施犯罪能力强。部分人胆大妄为，对自己的行为缺乏控制能力，并且不考虑行为后果。他们当中还有许多未成年人，有的甚至是失学、失管的未成年人。社会化过程的中断使他们缺少应有的文化知识和谋生手段，在强烈的经济收入落差刺激下，容易走上犯罪的道路。再者，青少年大多自我控制能力差，易感情用事，特别容易受到社会丑恶现象的影响毒害，容易被犯罪分子教唆利用，或自身丧失理智、不计后果，从事某些犯罪活动。如近年街头盛行的小扒手，多是一群从新疆等地流入又被不法分子操纵的失学少年。

3. 犯罪主体文化水平低

流动人口犯罪主体文化水平总体偏低，大部分仅仅具有小学文化和初中文化程度。文化水平低、劳动技能差，在日益饱和的城市劳动力市场上缺乏竞争力，找不到工作，没有适当的经济收入，沦为无业游民，再加上不良的社会环境因素的影响，极易走上犯罪的道路。他们即使找到了工作，因本身无多大能力和技术，收入也较低，面对纷繁复杂的城市生活和现实条件等方面的反差刺激，一些农民工往往很难用道德准则来严格规范约束自己的行为，难免从事违法犯罪活动。

（二）犯罪形式呈现团伙性与季节性

流动人口出来打工，大多都与同一地域的亲戚、朋友、老乡一起，很少单个行动，故流动人口在作案过程中往往形成一种以地缘、亲缘为纽带结成的团伙共同实施犯罪。以亲缘和地缘作为纽带建立的犯罪团伙，在流动人口犯罪案件中非常明显。从而形成了诸多如盗窃团伙、抢劫团伙、制假贩假团伙等各种犯罪团伙。团伙成员多，相互壮胆、互相鼓励和影响。调查表明，流动人口犯罪人员共同作案的比例均超出常住人口犯罪比例。2008 年抽样调查显示，常住人口案犯共同作案占34%，流动人口案犯共同作案占40%。流动人口团伙犯罪的能量和危害越来越突出，其中有不少朝着暴力性和有组织犯罪的方向发展，恶性程度和对抗性明显增强。这类犯罪主体由于多是从同一地区来到另一个陌生的地区，很容易产生“老乡见老乡，两眼泪汪汪”的共同情感，也有共同的语言，容易形成共同的利益，因而形成了区域性的帮派，如“湖南帮”、“四川帮”、“广西帮”、“江西帮”等。这些帮派有的是盗窃团伙，有的是拐卖妇女儿童团伙，也有的是制假售假团伙。

同时，流动人口犯罪具有明显的季节性，犯罪多发于春节前后，而且多属财产型犯罪。因为春节是农民工大规模返乡的节日，而他们辛苦一年所挣的钱并不多，无论是为了路费，还是为了养家糊口，抑或孝敬老人，都容易萌发犯罪意图。

（三）犯罪类型多样化

流动人口犯罪大体有以下三类：一是以盗窃、抢劫、抢夺等侵财类为主。这类案件占流动人口犯罪案件的70%以上，作案手段多有暴力化倾向，且重大刑事案件绝对数有所增长。据统计，2009年全国公安机关共抓获流动人口盗窃、抢劫、抢夺案件的作案成员，分别占流动人口犯罪总数的46.1%、42.1%、59.2%。在一些大中城市和经济发达地区，这类侵财案件尤为突出，而且随意性很大，能偷则偷，偷不成就抢，抢不到就杀。二是伤害案件在流动人口当中也是数量很大的一类犯罪。统计结果显示，北京流动人口重大刑事犯罪主要集中于故意伤害、故意杀人、抢劫等几类犯罪，在2009年、2010年、2011年的受案数量分别达到了总受案量的74%、75%、79%，呈现逐年增长的趋势。[①] 此外，流动人口多聚居在出租屋。有些人员利用出租屋从事卖淫、制假贩假、印刷非法

① 郝家英、陈磊：《政策歧视的代价：流动人口犯罪的另一种解读》，载法制网，httpa/www. legaldaily. coma. cn/zmbm/lcontent/2012-05/23/content_3589983. htm? node=7568。

出版物等犯罪活动。据统计，在 2009 年抓获的流动人口犯罪行为人中，有 75%以上居住在出租屋或以出租屋作为主要住所。

（四）犯罪动机的低级性

由于流动人口来自农村，生活贫困、教育条件极差、文化水平普遍偏低、法律意识淡薄，绝大多数是法盲，其中也不乏文盲，他们盲目的求富欲望与狭隘的思想意识，决定了这部分人犯罪动机只是贪图一点小利。比如，他们偷割通讯电线，只是为了变卖其中的铜丝，却不知这种行为给社会的整体运行所造成的巨大损失是远远不能以铜丝本身的价值计算的，不知这是破坏通讯设施的严重犯罪行为；他们盗窃下水道井盖，仅仅是当废铁变卖以获取微小利益，却不知损害的是社会公共安全利益。这种损人利己，损公肥私，不惜以破坏国家和社会公共设施的方式以换取自己的蝇头小利的犯罪行为，在流动人口犯罪的案件中所占比例并不小。

（五）犯罪地点的独特性

流入城市的农民工由于择业手段的缺乏，往往从事一些繁重的体力劳动，工资较低。他们大多居住在城郊结合部简易的住宅内，或建筑工地的工棚，或出租屋，这些地方的住房特点是密集、杂乱、无序，属于治安管理的空隙和夹缝地带，不便于管理，易于犯罪和销赃。因此农民工聚居的地方往往是犯罪案件的多发区。

此外，由于农民工家在农村，人在城市，工作、居住都不稳定，可谓来也匆匆，去也匆匆，来去皆方便，这就导致大范围的流窜作案呈递增之势。犯罪人员总是在一个地方活动一个时期，又转到另一个地方活动，犹如捉迷藏、打游击，大大增加了破获案件的难度和成本。从作案的场所看，旅馆、商业场所、建筑工地作案较多。旅馆、商业场所有钱有物，是流动人口要到访的地方，建筑工地则是流动人口的劳动场所，因此也就成为流动人口作案的多发地。

（六）社会危害的严重性

以上五个方面无论是从总体上看，还是从其中的任何一个方面看，都足以说明流动人口犯罪具有极大的社会危害性，必须严肃对待，万不可等闲视之。流动人口中的犯罪人员胆大妄为、不择手段，多有暴力性。特别是与物质生活的困苦相伴而产生的贪婪的犯罪动机，导致犯罪手段的恶劣、残暴，而且大部分犯罪人员不计后果，犯下了累累罪行。[①]

三、流动人口犯罪的原因

对于流动人口犯罪的相关范畴及其规律性特征已经做了如上探讨，那么，为什么会出现如此严重的犯罪？有必要做进一步思考。

流动人口犯罪的原因是多方面的，极其复杂，它涉及社会、经济、文化、传统、民族习惯等各个方面的理论知识，但综合运用各种理论来解释，笔者又是力不从心的，同时也难免脱离实际，未必有利于实际问题的解决。因此，只能从实际出发，兼顾理论探讨，选取在笔者看来与流动人口犯罪关系较为紧密的主要原因进行分析，以便能清醒地认识流动人口犯罪的根源，进而有针对性地提出流动人口犯罪的防治与管控方法，以建立切实有效的流动人口犯罪的治安防控体系。

（一）经济利益是犯罪的基本原因

在计划经济时代，城乡的鸿沟是不可逾越的，农民以集体的方式在集体的土地上劳动，没有流动的任何可能性。然而到了经济改革年代，农民虽然依旧没有土地所有权，但能够以个体的方式承包集体的土地。农民获得了一定程度的解放，生产积极性提高了，有了一定的人身自由，可以流动了。而随后的城市的经济改革也打破了国有经济的单一模式，民营经济不断发展，急需劳动力。与此同时，城乡的差别依然存在，甚至在扩大：农业很苦，农民很穷，而相对于农村，城市的优越性更加凸显。俗话说：人往高处走，水往

① 肖金军：《流动人口犯罪研究综述》，载《江苏公安专科学校学报》2001年第4期。

低处流。“天下熙熙皆为利来，天下攘攘皆为利往。”[①] 正是由于这些原因，一批又一批的农民离开了农村，离开了农业，络绎不绝地涌向城市。浩浩荡荡的流动人口出现了，流动人口犯罪也就不可避免了。因此，流动人口犯罪不仅仅是流动人口本身的问题，更是时代问题、社会问题、社会转型的问题、城乡差别问题、利益不平等的问题。

可以说，对经济利益的追求是城市流动人口形成和数量不断增长的首要原因，也是流动人口犯罪的主要原因。由于社会的和流动人口自身的原因，流动人口在城市一般只能从事城市居民不愿从事的脏活、苦活、累活、危险活，而且是廉价的活。他们的工作劳动条件差，收入又低，还缺乏社会保障。外来人员当初来到城市，并非是以犯罪为目的，他们的初衷还是要靠自己的辛勤劳动来实现良好致富之梦，但现实并没有他们想象中的那样美好。有一部分流动人口找到了工作，但并没有得到很好的待遇，他们感觉自己的劳动成果得不到应有回报，感觉自己的劳动受到了剥削，甚至受到了歧视、压迫。还有相当一部分流动人口找不到稳定的工作，经常处于失业或半失业状态，有的连起码的吃、住等基本生活需求都不能满足。时间一长，现实与理想的差距使得他们产生了犯罪念头。追求金钱的强烈欲望、对美好生活的向往与现实生活之间的反差，或者是迫于生活的无奈，使流动人口中的一部分人滋生了不劳而获的念头，进而铤而走险，走上了犯罪的道路。

我国犯罪学界一般认为，城乡之间、城市居民与农村村民之间的贫富差距使流动人口产生了相对被剥夺感，这是城市流动人口犯罪的原因之一。农民原本处于社会的底层，但在他们流入城市之前，由于处于封闭状态的农村，还没有太大的落差感，然而当他们流入城市、置身于城市后，城乡之间、城市居民与农村村民之间的贫富差距就必然使其心理失衡，产生强烈的被剥夺感。这种被剥夺

① （汉）班固：《汉书》，中华书局 1975 年版，货殖传，第 3682 页。

感极易成为一些流动人口犯罪的“合理性”理由和实施犯罪行为的心理动因。流动人口自身的缺陷和不足难免产生自卑心理，这种心理与相对被剥夺感相结合，就会进一步产生强烈的不满情绪，直至实施犯罪行为。社会阶层的日益分化，社会贫富差距的拉大，对流动人口的心理起到了强烈的刺激作用，极易诱发犯罪。

（二）社会对流动人口的控制力弱化

流动人口的出现是社会的产物，流动人口犯罪也是社会的产物，然而社会却没有尽到应尽的责任。可以肯定，社会对流动人口的控制具有防范和抑制犯罪的功能，强有力的社会控制是社会稳定的必要条件。从社会学的意义上说，所谓社会控制既指整个社会或社会中的群体、组织对其成员的指导、约束和制裁，也指社会成员间的相互影响、相互监督、相互批评。社会控制的手段是多种多样的，也是与时俱进、不断创新的。综合运用多种社会控制手段，并使这些手段的功能互补，才能产生良好的社会管理效力。现代社会应当是法治社会，制定法律、依法治国、严格执法，是实行社会控制的主要手段。但法律不是万能的，它不能解决所有的社会问题，还须辅以其他社会控制手段才能有效。这在社会各个领域都应如此，在对待流动人口犯罪的问题上也是如此。社会控制的手段除去法律之外，还有家庭、道德、舆论、习俗、行政和组织纪律以及宗教等。不同的手段各有其功能，只有相互为用，才能相得益彰，既不可缺失，也不可弱化。这些手段一旦被弱化，就必然加大流动人口犯罪的可能性，而且还会降低防范流动人口犯罪的可能性。经济改革是完全必要的，不改革只有死路一条。伴随着改革而出现的流动人口，也是一项重大的积极成果，但如果不同时强化各种社会控制手段则无疑是重大的失误，势必使流动人口犯罪愈演愈烈，给经济改革带来巨大的副作用。实际上，有些社会控制手段是明显地弱化了。这主要体现为以下两个方面：

1. 家庭控制手段弱化

有学者指出：“在过去时代的小城镇和乡村，人们依赖熟悉和亲近的感情组织群体生活，而在现代都市，这样的生活明显不合时宜。”① 在现代化的进程中，在由计划经济向市场经济转制的过程中，在近些年来的城市化过程中，人们由传统的熟人社会加速步入“陌生人”的社会。即使住在一个居民区的人们也是互不相识，人们用各种各样的防御机制诸如防盗门、“猫眼”等将自己封闭起来，与外面的世界隔离开来。传统社会中邻里间的亲热关系逐渐消失。特别是随着科学技术，尤其是通讯、网络技术的发达与普及，极大地改变了人们相互间的沟通联系方式，也以惊人的速度传递着无穷无尽的信息。即便是同住一个屋檐下的夫妻，由于八小时工作制和附加的工作准备，也使得每天真正意义上的交流时间越来越少，然而却可以通过手机、网络与家庭之外的人交流，并维护这一“自由的空间”。于是出现了这样一个悖论：一方面，人们用坚固耐用的防护设备把一个个家庭封闭起来，与外界隔离开来，各个家庭门窗紧闭、界限分明、壁垒森严，不越雷池一步，老死不相往来；而另一方面则是无所不能、无所不通的通讯网络，用各种坚固材料打造出来的家庭边界正在被手机、电视、网络等高科技产品销蚀。家庭边界反倒被模糊化了，家庭如同碉堡一般的封闭性和防御性设施在电子媒介的作用下顿然瓦解，失去作用。外界良莠不齐的信息畅通无阻源源不断地进入每一个家庭，而青少年又充满激情和好奇，他们通过网络可以获取很多原本对他们是屏蔽掉的信息，家长则由于工作和生计而忙忙碌碌、压力重重，不可能每时每刻都监督自己的孩子，而各种各样的信息是再坚固的门窗都抵挡不住的。②

① 高德胜：《超越陌生人伦理——论道德教育的城市遭遇》，载《南京师范大学学报》2007 年第 2 期。

② 参见李著：《现代家庭功能弱化的道德后果及学校教育应对》，全国教育科学“十一五”规划 2006 年度教育部重点课题“道德教育改革的社会学研究，项目批准号：DEA060106。

亲密而牢固的家庭关系、对青少年家庭成员的监护教育，以及外界的监督，是保持低犯罪率的重要条件。农民工进入城市以前，其独立性是很有限的，他们要学习、要劳动、要受到父母的严密监护和约束。然而进入城市后就大不相同了，他们远离了家庭和亲人，与父母等亲人间的关系被时空隔绝，亲人间牢固而亲密的关系大大削弱。一方面，他们来到一个崭新的世界，脱离了农村的约束，缺少人与人之间的了解和制约，很难掌握他们的行踪和内心世界；而另一方面，他们又难以融入陌生的城市，难以适应城市生活，几乎不存在对城市社区的认同感和责任心。由于从一定意义上隔断了家庭关系、邻里关系和友群关系等能够起到有效地克制犯罪功能的社会群体关系，也因之失去了一道遏制犯罪的有效屏障。周围环境的非人情关系，以及社交活动的限制，使他们对自己行为的控制减弱。并且离开家以后，由于与家庭成员的亲密关系减弱，人的价值观和行为准则也会发生变化，同时由于缺少法律知识、法律观念淡薄，也会产生一系列问题，很容易自觉或不自觉地实施犯罪行为。当他们的权益受到侵犯时，他们往往是感情用事、意气用事，简单粗暴，不计后果，大都是通过以牙还牙甚至更激烈的方式来维权，从而使合法的维权转化为违法犯罪。

2. 道德控制手段弱化

在道德建设过程中，道德控制手段的强弱是道德建设成败的关键。所谓道德控制，主要是指通过社会道德规范来调节人与人、人与社会之间的关系。道德控制是以激起人们的道德良知或羞耻感、荣誉感、责任感来规范其行为的，其力量来源于周围环境的道德氛围及公众舆论形成的压力。但从目前的道德教育系统来看，规范、监督、保障手段没有形成合理、科学的体系，道德控制手段弱化，道德教育效果不容乐观。① 在社会变革时期，随着改革开放的发

① 刚威：《十一届三中全会前后道德教育模式之比较》，载《道德与文明》2008 年第 3 期。

展，在文化观念和行为方式上新与旧、传统与现代、国内与国外的冲突难以避免，公众对某些重大问题缺少认同感，甚至出现了对立，对人们的价值观、道德观产生了重大的影响，道德控制正面临新的挑战。一些不符合市场经济要求的传统道德规范越来越失去对社会的控制作用。即便有些仍被公众认可、有积极意义的道德规范，也由于社会道德氛围的恶劣，没有形成一致的、强劲的道德力量，从而丧失了以道德手段控制人们行为的基础，以致出现了正不压邪、道德行为反倒受到抑制的局面。因而，道德控制在某些方面失灵的现象越来越多。当个体做出某一行为时，他的行为首先受到他所在的人际圈里每个人的道德评价，也会受到见知其行为的其他人的道德评价，实际上他就是处于一个道德价值的评判体系之中。这对一个人的行为有重要的约束作用，这种作用既不能缺失，也不能被其他控制方式所取代。社会的道德评价关系到一个社会的整体道德风气，风气好坏又影响到每一个人，是衡量一个社会文明与否的重要指标，也关系到一个社会的治乱兴衰。

然而，流动人口在进入城市之后，从原有的熟人社会脱离出来，社会规范约束力减弱，甚至完全丧失。由于流动人口脱离了熟人社会的道德评价体系，因而也就丧失了对原群体的依恋和感情，也失去了对新的群体的责任感。一个在经济文化等各个方面都较为落后的、封闭的农村长大的青年，来到一个偌大的全新的城市，又没有形成新的道德价值观，没有养成新的道德行为习惯，同时又没有一个良好的社会道德评价氛围，因而走上犯罪的道路，也就不足为奇了。可以说，社会的道德控制力越弱，个体犯罪的可能性就越大。这是客观定律，不以人的善良愿望为转移。

（三）社会造成的不健康心理

流动人口思想观念的变化和心理的失衡最终导致违法犯罪的发生。就我国目前的社会现实看，不但人与人之间的贫富差距很大，城乡之间的差距也绝对不小。大部分农民工仍处于社会的底层，当他们从相对落后的农村进入相对发达的城市后，当他们目睹并体验了收入差距、贫富差距后，就必然在心理上产生严重的不平衡感。同时，因为流动人口经常受到城里人的歧视，所以他们对城里人难免产生嫉恨的心理。在上述两个心理因素的驱使下，加之社会缺乏有效的管理、应对措施，流动人口犯罪问题的产生也就不难理解了。

1. 心理失衡

期望与现实的差距，是导致部分进城的农民工心态失衡的原因之一。进城务工、经商、搞服务的农民，大多是抱着到城市淘金的目的而来，以为城市挣钱容易、致富快。流动人口处于社会底层，从事着最苦、最累、最脏而经济收入又低的工作，居住环境也较差，多是住在市民的出租屋、施工工地等。社会管制的放宽、市场经济的繁荣、思想观念的变化，使得经济成分、利益主体和社会生活方式日趋多样化，人们的价值观念、价值取向也在发生变化。[①]面对这些变化，如果不能保持一种冷静的心态去抵制各种不良的诱惑，去解决现状和欲望的关系，心理就会严重失衡。[②] 由于流动人口自身条件的限制，在其心理上无法处理来自新环境下客观生活压力所带来的紧张感、焦虑感和压迫感。心理失衡进一步发展为心理扭曲，因心理扭曲而动辄迁怒于他人，转化为反社会倾向。其中一部分人就会用非法手段去寻求他们向往的物质财富，从顺手牵羊，逐步发展为偷、抢、夺、骗等严重犯罪行为。违法犯罪中侵财型案件所占比例居高不下，也说明了这一点。加之地方的“自我”保护主义和排外思想的存在，也会使流动人口产生相应的挫折心理和相对被剥夺感，极易成为某些流动人口犯罪的“合理性”理由和引起犯罪动机的心理动因。另外，在社会转型期，少数不法分子投机钻营、一夜暴富，给因急于摆脱贫困而来到城市的农民以强烈的

---

① 张利萍:《流动人口犯罪问题初探》，载正义网，2011—04—11。

② 罗大华主编:《犯罪心理学》，中国政法大学出版社 2007 年版，第 9 页。

刺激和示范，致使他们采取反常行为的可能性更大。为了迅速发财致富、摆脱贫困，很容易走上犯罪道路。

2. 报复心理

由于社会资源有限，流动人口进入城市后，势必减少城市本地人所享有的资源，影响了城里人的利益，因而城里人口对流动人口不满、有偏见，甚至歧视。加上各种媒体对流动人口违法犯罪、影响城市治安状况等情况过分渲染地报道，又强化了城里人的心态，导致城市本地居民对外来流动人口的排斥。

然而，由于外来人口长期被歧视，也不可避免地产生各种不健康心理，这主要有以下几个方面：一是防卫心理过强。流动人口从农村流入城市后，对人生地不熟的环境，自然容易产生不信任心理和防卫心理，加上自己或其他人在城市的一些遭遇，更加剧了他们的这种心理。一些人由于防卫心理过强，而精神高度紧张，一旦与人发生纠纷或摩擦，往往使用暴力进行抗拒或报复。二是过度求安招致不幸。也有一些流动人口不懂得通过正常途径和法律手段保护自己的合法权益，他们的处世准则是“忍”字当头。他（她）们即使遭到抢劫、强奸也不报案。打工后拿不到工钱，陷入生活无着落、走投无路的境地，却无可奈何，在绝望中忍气吞声。然而，“忍”是有限度的，一旦超过忍受的限度，就会转化为仇恨、愤怒，进而采取极端行动。三是受“江湖义气”的影响。当有的流动人口遇到不平，其同乡、同族或朋友为了出气，找回公平，则联合起来，拉帮结伙，不惜采取违法犯罪的方式。① 一些团伙还逐渐演变成为带有黑社会性质的犯罪组织，对社会产生极大的危害。四是有些雇佣单位利用法律、管理方面的漏洞，对流动人口进行欺压勒索，这必然引起流动人口的强烈不满。由于流动人口的教育欠缺，原有生活视野狭窄，他们对欺凌和压榨自己的雇主只是一味地

① 任福田：《流动人口犯罪的法律控制问题研究》，辽宁师范大学2004年硕士学位论文。

憎恨，却不知道用理性、法律和政策维护自己的正当权利，因而在他们的权利受到侵害后只会以过激的行为进行报复。这也是流动人口紧密抱团形成团伙犯罪的重要原因，于是大量的报复性犯罪乃至团伙性报复犯罪就发生了。

（四）歧视性的公共管理政策

司法实务界和理论界达成了一个共识，都认为流动人口犯罪，不仅是因为多数流动人员文化水平低、心理素质较差、心态容易失衡，更因为就业、就医、住房、社会保障等歧视性政策致使他们受到不公平对待的现实。[①] 也就是说，主要原因不在流动人口犯罪人员本身，而在于公共管理政策。是不公平的、歧视性的公共管理政策逼迫流动人口犯罪，流动人口中的犯罪人员同时也是这种政策的受害者。

事实上，绝大多数流动人口不能享受本地城市居民在就业、就医、住房、子女上学、社会保障等方面的待遇。长此以往，必然产生强烈的不满情绪，而一旦碰到导火索，其压抑已久的负面情绪就会像火山一样喷发出来，实施犯罪，甚至组成团伙实施犯罪。更有甚者会酿成群体性事件，造成大面积社会动乱，后果非常严重。

中国政法大学教授马皑指出，人们受到社会排斥后，会诱发不同程度的认同危机和心理危机，当这种危机达到一定程度时就会导致极端的反社会行为。[②] 由于城市居民拥有户口，相对于流动人口来说享有很多优厚待遇，因而对待流动人口会不由自主地流露出轻视的态度，当进城农民面对城市事物的无知时，会遭到讥笑和嘲

① 郝家英、陈磊：《政策歧视的代价：流动人口犯罪的另一种解读》，载法制网，httpa/www.legaldaily.com.cn/zmbm/content/2012－05/23/content_3589983.htm？node＝7568。

② 郝家英、陈磊：《政策歧视的代价：流动人口犯罪的另一种解读》，载法制网，httpa/www.legaldaily.com.cn/zmbm/content/2012－05/23/content_3589983.htm？node＝7568。

讽，好像市民与农民的不平等是合情合理的。这一现象在城市中是比较普遍的，即便没有表现在言行上，也在内心深处有不同程度的存在。市民的态度必然会引起流动人口的极大不满，进而导致行为的失范。这样一来，就加大了外来农民与城市社会的隔阂。这种隔阂造成的后果，一方面，使流动人口在城市的生活工作中备受歧视，缺少尊严感，加剧认同危机和心理危机；另一方面，使他们难以与市民平等相处，也难以形成良好的行为习惯和法制观念。两个方面都是流动人口违法犯罪的潜在动因，一旦遇到适当的条件就必然违法犯罪。

(五) 法治问题

法治有两项最基本的要求：一是要有制定得良好的法律，二是这种法律得到普遍的服从。所谓“良好的法律”，就是体现社会公平和正义的法律。所谓“普遍的服从”，就是法律的实体正义和程序正义都得到全面的实现。而在经济社会转型的今天，我们离这两个基本要求还有差距。

1. 流动人口法治观念淡薄

流动人口多为贫困地区的农民，文化水平低、法律知识欠缺，对法律知之甚少，甚至一无所知。他们总是把人之常情与法律相混淆，糊里糊涂就犯了罪。当流动人口的权利受到侵害时，通常情况下，他们首先选择的就是忍气吞声，自认倒霉。虽然也有个别人想拿起法律武器维护自己的权益，却举步维艰、患得患失、顾虑重重。如包工头拖欠工资，最多也就拖欠一两万元。如果农民工起诉到法院，他要考虑到聘请律师的费用和诉讼成本，以及拖延时间过长等问题，也就是利益问题，是划算不划算的问题，而不是自己神圣不可侵犯的权利问题，因此他们往往会觉得打不起官司，从而放弃维权，自认倒霉。还有一些农民工采取一些过激手段维权，或者强拿单位财物，或者绑架，或者殴打债主。笔者在工作中就见过这样一个案例：犯罪嫌疑人是一名外来农民工，因其老板拖欠其工资，又恰逢家里孩子生病急需用钱，多次向老板讨要工资，老板却推三阻四，最终为了泄愤将工地上一辆挖土机开进了河里，造成了重大财产损失。这位农民工不是以合法对付非法，而是以非法对付非法，采取犯罪的方式讨回公道，自己也因此由受害者变成了违法者。还有人即便签订了合同，却不知道合同要双方各执一份，而是把合同都放在老板手里，或者只签一份合同放在老板手里，等到打官司的时候就处于非常被动的地位。这些都是农民工缺乏法律知识和自我保护意识淡薄的表现。流动人口中的绝大多数法治观念淡薄，甚至根本不懂法，他们判断是非曲直、美丑善恶，往往以在家乡形成的道德观念和生活习惯作为准则，致使他们不知道自己行为的社会危害性和严重性后果，不清楚自己应负的法律责任，以至陷入犯罪的泥潭。

2. 法律上的缺漏

目前，我国在法律政策方面针对农民工利益诉求机制是空白的，这是造成农民工利益诉求渠道不畅通的重要原因。由于农民工群体的社会地位、有效资源以及诉求能力的限制，他们很多的意见和建议未能及时有效地反映到法律和政策中去，法律或政策对他们的权利保护存在重大缺陷。也正因如此，越级上访、罢工、冲击党政机关、甚至以自杀威胁等非制度化手段的诉求方式，才屡见不鲜、接连不断、层出不穷。这正是农民工利益诉求渠道不畅的突出表现。利益诉求渠道不畅，农民工群体基本被排除在城市管理过程之外，社会政治权利未能得到切实的保障，工会还没有成为农民工表达和实现自己利益要求以维护农民工权益的有效机制。

农民工权益容易遭受侵害，事实上也遭受了较为普遍的侵害。其中一个非常重要的原因就在于，农民工是单个分散的，是一个个孤立的碎片，是一盘散沙，没有自己的组织作为载体和后盾，无法通过组织化的方式来维护自身权益，同时又缺乏其他诉求渠道和手段。因而，在与企业或雇主的交涉较量中，无论农民工是一个人还是一群人，都势必处于一种显而易见的弱势境地。单个劳动者或一群没有组织的劳动者，是无论如何都无法与企业或雇主建立力量平衡的劳动关系的，也不可能凭借个人的力量来实现和保障自己的权利。劳动者只有组织起来才能形成与雇主相抗衡的社会力量。我国虽然相继发布了《违反〈中华人民共和国劳动法〉行政处罚法》、《违反〈劳动法〉有关劳动合同规定的赔偿方法》等法律，但这些法律的可操作性很差，执行程序复杂，维权成本过高，很难对流动人口的权益保障起到应有的作用。体制内利益诉求渠道被堵塞，流动人口权益受损，愿望不能表达，不满情绪不断加剧，这无异于为火山爆发储存能量，为加剧社会矛盾创造条件，其后果是可想而知的。

3. 执法的困难

由于流动人口作案的随意性大，且居无定所，因而公安机关抓现行犯罪难、案件侦破难、调查取证难、排查布控难、追捕缉逃难。[①] 这又进一步导致以下后果：一是破案率低；二是案犯难归案，特别是重特大案件的在逃犯；三是侦察、起诉、审判三个环节配合不够密切，造成流动人口犯罪案件经常久拖不决。另外，由于警力严重不足，一些地方交通、通讯工具落后，大大削弱了快速反应能力，从而更增加了破案、追捕和取证的难度。正由于在执法司法上打击不力，又势必降低法律的震慑力，影响法律的权威，势必削弱法律的预防功能，客观上助长了流动人口的犯罪势头。

4. 用工方疏于防范

流动人口中的犯罪人员经常光顾的建筑工地，白天热火朝天，晚上只留几个值班人员看守偌大的场地。一些不很昂贵的工具、材料通常就散放在原来的工作地点，好像是专门为盗窃者准备的，防范意识极差，防范措施存在严重缺陷。于是，工地的三轮车、架子管、铁卡子等物便成了盗窃者极易到手的猎取之物。有些规模不太大的公司、单位往往只雇几个年老体弱的退休人员看门。这些值勤

---

① 罗大华主编：《犯罪心理学》，中国政法大学出版社 2007 年版，第 9 页。

人员反应慢、体力弱，在很大程度上是用来吓唬人的摆设，很难发挥防范作用，因而极易为犯罪人员所关注和利用，很多犯罪人员就专门物色瞄准这种地方，对这些地方下手。即便他们在盗窃财物时被发现，也容易逃脱。有的则当场实施暴力，甚至干脆把值班员绑了，想拿什么拿什么。如此“防范”不但达不到防范的目的，反而引狼入室，且危及值班人员的人身安全。

第三节　流动人口管理中公安执法的社会环境问题研究

在流动人口管理中，公安机关不仅直接面对流动人口被侵害或违法犯罪的问题，而且还面对因其他职能部门行政管理缺位造成的社会问题而引发的治安问题。

一、公共资源配置短缺

城市的公共资源配置是按照常住人口的数量及发展配备的，当数倍于常住人口数量的流动人口成为居住其中的实有人口后，就造成了“一份资源多人分，僧多粥少”的局面。虽然各级政府部门也增加了公共服务的支出，但相对于实有人口的增长无异于杯水车薪。保安力量配备不足，治安防范漏洞加大；保洁供应能力严重缺乏，卫生环境恶化，发生各类传染疾病危险系数增加；教育培训类资源严重缺乏，流动人口子女就学或职业培训困难，被排斥在主流社会以外；适应流动人口低水平需求的日常医、食、住等设施匮乏，各类无证无照经营充斥于流动人口聚居区域的每个角落，使得流动人口生活在管理和服务的真空中。“人们再也不知道什么是公平的，什么是不公平的，什么是合理的需要和希望，什么是超过了限度的要求和希望。”整个社会处于一种失范状态下，“放纵或反常的状态进一步强化，各种情欲在需要更加有力的约束时，反而得不到约束”。[①] 大量的犯罪行为由此产生。

二、公共安全隐患严重

流动人口的大量涌入导致城市内出租房需求的空前膨胀，聚居区域尤其是城乡结合部村民的合法建筑已无法满足流动人员的租房需求。甚至部分地区出现家家都出租房屋给外来人员居住的情形。出于对利益的追求，违章搭建的简易房屋如雨后春笋般涌出。由于违章搭建房屋大多材质低劣，遇到台风、暴雨等恶劣天气很有可能出现房塌人伤的事故，另外违章搭建的出租房空间狭小，而流动人口的衣食住又全在其中，承租房内乱拉管线、随意摆放劣质液化气瓶等易燃物品的现象非常普遍，火灾隐患严重。再者，违章搭建大量挤占了村宅中的公共通道，一旦有险情发生，救援车辆无法进入实施有效抢险，这都将对村民的生命财产安全带来隐忧，对公共安全造成了严重的隐患。

三、“边缘”产业引发诸多治安问题

城乡结合部和镇、村两级经济开发区的周边农村，是外来人员相对集中的地方，一个村往往就居住了成千上万甚至数万名外来人员。出于生活的需要，这些地方便冒出许多以外来人员为主要服务对象的产业，自发形成一定规模的“集市”或“商业一条街”。在这些“集市”或“一条街”上，有菜场、饭店、点心店、水果店、超市、话吧、网吧、影吧、水吧（老虎灶）、发廊、浴室、车行、手机店、落弹房、游戏机房、溜冰场，甚至还有医疗门诊、职介所、车票代办处、出租汽车等，而且生意红火，比大一些的乡镇还要热闹。这些店铺有一个共同点就是“无证”，未经任何审批、没有任何证件，而且这些店铺大多是外来人员开办，相关部门无法掌

---

① ［法］埃米尔·迪尔凯姆：《自杀论》，冯韵文译，商务印书馆 1996 年版，第 233~234 页。

握其确切信息，更谈不上对其监督管理。这种情况势必造成以下问题：一方面，社会“潜规则”滋生了黑恶势力，造成争夺灰色市场或场所内纠纷不受保护而引发的治安问题；另一方面，这也在客观上助长了一些有违法犯罪苗头人员的侥幸心理，多数无正当职业的流动人口会经常游荡于这些场所，其中不乏违法犯罪人员或以此作为藏身或伺机作案的目标场所。

第四章　流动人口管理中的公安执法若干实践问题研究

第一节　流动人口登记与处罚

一、流动人口主要的登记制度

（一）现行流动人口登记制度

根据《中华人民共和国户口登记条例》第15条和第16条的规定，确定了我国流动人口的户口登记制度。随着行政管理的发展，流动人口登记从登记表、登记簿，发展到寄住证、暂住证，期间又实施了蓝印户口制度，2002年逐步实施居住证制度至今。当前居住证制度有以下特点：

1. 沿袭了暂住证的登记规定

始于20世纪80年代中后期的暂住证制度，作为中国计划经济的产物，它一出生就带有歧视性色彩，限制了农民工等流动人口在诸如就业、教育、医疗等方面的权利，暂住证管理的不良后果日益显现。长期以来，取消、废止暂住证的呼声一直不断。中国一些地方开始先行先试，把居住证取代暂住证作为新一轮户籍制度改革的过渡性手段，暂住证开始在中国一些城市退出历史舞台，开始步入“居住证时代”。居住证制度仍然只是过渡阶段的权宜之举，因为它所标志的，仍然是城市户籍人口以及外来人口这两大“阵营”，解决外来人口问题的根本出路则在于彻底的户籍制度改革。

2. 确立了以块为主的指导思想，建立了专职队伍

现有的居住证制度改变原有公安部门一家登记办证的情况，改为社区受理和发放、职能部门审核的模式。公安部门虽然是“居住证件的主管部门，负责居住证件的日常管理和监督”，但实际上，只是投靠、就读人员办证的审核部门。其他如临时居住证办理与暂住证办理不同，不需要公安机关审核直接由受理中心发放，可以说在登记上基本由地方政府主导，公安从全面走向了局部。而与居住证制度相配套建立的综合协管员队伍成为流动人口管理的主力军。

3. 采取信息化证件，分类别分层次享受社会保障

居住证采取 IC 卡为介质的信息化证件管理，这是提高证件效率的一个有效改进。且居住证一般根据流动原因、人员层次不同分为三类：境内人才办理的居住证在社保、教育等方面享有与常住户口同等的待遇；外来从业人员因需要交纳综合保险费，相应获得相关有限社保；而临时居住证人员等同于原暂住证，只起到暂住证明的作用，而且有效时间变为暂住证的 1/4。国内的大趋势，是以具有合法固定住所作为落户的基本条件，逐步放宽城市户口的迁移限制。不过在这个过程中，类似北京、上海这样的特大城市近乎必然地陷入政策悖论难以自拔：一方面，实现经济与社会协调发展，需要对二元结构进行改革；另一方面，一旦户籍制度有所松动，户口“含金量”越高的地区，越可能面临外来人口蜂拥而入。摆脱这一两难困境绝非易事，因为除了考虑外来人口的强烈需求，还需要考虑城市居民的变革意愿。从实际情况来看，阻碍户籍统一管理的障碍，主要来自地方政府对本地居民大量失业以及公共财政入不敷出的顾虑。

（二）我国流动人口登记制度与国外登记制度的比较

1. 登记部门的不同

我国人口登记的主管部门是公安机关，而人口普查主管部门属于统计局，育龄妇女属于计生部门，其他职能部门需要数据均找公

安机关。这使得公安部门既要行使基础登记的职能，还要配合其他职能部门开展其业务工作，权责不一，也不利于信息的共享。而国外登记工作以内政部门、司法部门或统计部门为主。

2. 流动登记约束不同

我国1975年《宪法》取消了1954年宪法“公民有居住和迁徙自由”的规定，这与英、法、日等国宪法明文规定迁徙自由不同。实际上，由于流动人口的大量存在以及收容遣送制度的取消，使我国进入实际迁徙自由期。但是对流动登记的约束不同，我国采取的是强制性登记制度，对于不登记的人员予以处罚。而国外一些国家则是与经济挂钩，如日本在流动登记的同时需要更新国民健康保险证和驾照，否则一旦看病或出交通事故，就无法办理，这样使得一个人会主动办理流动登记。① 如今在居住证制度下，子女能够享受义务教育，也是促使一部分流动人口主动办理居住证的原因。但是，由于我国大量农村地区处于无社会保障的条件下，其流出的人员也根本没有社保意识。而且对公安来讲，大部分有违法犯罪意图的人员是不会主动登记的，这也是一部分人提出“公安只要管理不登记人员”的原因。

3. 流动登记待遇不同

美国采取社会保障号制度，社会保障号唯一，与社会福利、个人信用、身份证明等息息相关。一个人的社会保障号终身使用，不管到哪一个州只要使用信用卡、驾照均可以留下个人的痕迹，这是与美国发达的个人信息系统相关联的。而且人员只要符合生存条件，就可以自由迁徙，享受当地福利待遇，这也是与社会保障高度覆盖有关系的。而我国虽然有全国联网常住人口系统，但是流动人口登记是以城市为单位完全割裂的，也就是说一个人的流动登记只有在他所在的城市才能够查到。如果他到另外一个城市，只要个人

① 朱冬梅：《发达国家人口管理的办法及对我国的启示》，载《西南民族大学学报》2005年第7期。

不说就查不到他的经历，这对信息的综合利用是非常不利的。而且多数城市暂住证是与社会保障分离的，流动人口无社会保障，没有任何好处，也是一些人根本不愿意登记的原因。

二、流动人口信息登记管理中存在的问题

（一）信息登记管理制度不完善

1. 信息使用地区化，造成信息闭锁

当前不少大城市，如上海、北京、广州等纷纷建立了自己的流动人口管理库，对地区流动人口基础信息进行采集，而且一些地方还取消了暂住证制度，自行设计了与地区利益息息相关的证件制度，但这些系统没有地区间的信息共享，多数成为地方行政管理的工具。如上海的居住证成为流动人口交纳社会保险金的平台，如有意外事故可以受到保障。这些举措局部保护了流动人口权益，促进了地区流动人口管理，但是由于城市间系统均未联网，信息不通，造成管理、维权的多元化。如 1 名浙江的流动人口，如果从上海到江苏，其在上海交纳的三金则无法保留。

2. 信息采集部门化，造成信息封闭

目前人口信息登记的权限和责任均在公安部门。但其登记的流动人口信息无法与政府其他职能部门共享，最多定期通报一下流动人口构成分析。如上海劳动部门另外开发了外来劳动力登记系统用以收缴登记企业职工综合保险费用。一方面登记信息仅仅用于治安，另一方面登记信息仅仅用于劳动，而计划生育部门又无法取得基础信息，这使得职能部门重复工作，造成了资源的极大浪费。

3. 证件审批制度，造成信息抵制

现在我国多数城市使用的暂住证、居住证均采取审批制度，其实这是一种变相的抬高门槛。这样的做法增加了流动人口的融入成本，程序烦琐，使得一些人不愿或逃避办证，看似控制了人口的盲目流动，但实际上人没减少，只是办证人员减少，对城市的影响丝毫没有改变。所以建议改为信息登记制度，对登记不设条件，对违

反义务的行为由职能部门事后解决。

（二）居住证制度对治安管理造成冲击

1. 公安在管理中地位的改变

2004年3月，上海市人民政府下发《关于完善本市外来人口管理体制的若干意见》，实现外来人口管理由“条块结合、以条为主”向“条块结合、以块为主”转变。人口办由原来公安机关下属改为发改委下属，后单独列编。这使得“公安为主”的地位发生了改变，成为人口管理的一个职能部门。

2. 信息系统衔接的混乱

居住证制度实施后，发改委和信息委重新设计了居住证信息系统。这是基于社保网络的信息系统，但是由于推进过于急促，使得与公安流动人口信息系统衔接出现断层，两个系统信息无法互通，公安系统开发的一些实战系统无信息可用。另外，由于综合协管员的管理权限模糊不清，使得居住证办证率很低，平均每个协管员每个工作日办证不超过1张，公安登记准确率急速下降。由此公安局要求各派出所加强居住证的办理力度，再次接手协管员管理，采用一次采集两次录入的方式，同时录入居住证系统和公安流动人口信息系统，造成了行政力量的浪费。

3. 行政处罚缺乏依据

居住证制度实施以后，原有的“居住登记”与“暂住登记”的法律概念没得到明确，使得原先以暂住登记为主的罚则无法实施，这将在下文中进行论述。

（三）管理体制有待调整和完善

1. 人口综合管理体系机制建设尚不成熟

经过一段时间的探索和实践，“市级综合协调，区级综合管理，社区具体实施”的流动人口管理体制框架已经基本形成，部门间职责分工基本明确，各项工作措施也在有序推进落实。但是人口办、信息委、劳动、房地、公安等职能部门之间在外来人员管理工作上缺乏日常沟通，在相互协调解决问题等方面尚未建立相应的工作机制。不同部门都追求自身的利益问题，缺乏相互配合，在具体工作的操作上避重就轻，导致责任无法落实。

2. 社区综合协管队伍建设滞后于工作需求

一些城市组建了社区综合协管队伍，成为人口综合管理体系中直接从事各项具体工作的基本力量。从目前现状看，这支力量在各方面都还存在缺陷，滞后于工作的需求：（1）总数仍然存在缺口。现有的社区综合协管队伍中，与流动人口人数相比，协管队员数量缺口较大。（2）队伍日常管理主体尚未统一。首先，公安派出所对社区综合协管队伍的日常管理缺乏主导性。社区综合协管队伍管理涉及人口办、综治办和公安派出所等多家部门，管理标准、工作要求和工作内容都各不一样，一些街道甚至把租赁房屋征税作为队伍的主要工作。同时，由于公安派出所对社区综合协管队伍的管理仅限于业务指导，考核权在街道、镇手上，公安机关对协管队员的安排和选择只有建议权，管理难度大。其次，由于大多数居住证受理点都设在社区事务受理服务中心，街道民政科为主负责窗口日常管理，业务工作多由区信息委（区社保卡办公室）联系。公安派出所在日常管理中难以发挥主导作用。（3）队伍整体素质还难以适应流动人口管理需要，亟待加强业务培训。由于社区综合协管队伍比照“万人就业”项目，待遇较低，以致队伍整体年龄偏高，文化素质偏低，一些队员甚至难以完成《流动人口居住登记表》信息的采集与填写。在社区工作时，对居住证制度的政策、办理程序熟悉度不高，难以发挥宣传作用。

三、流动人口登记行政处罚的变化

流动人口登记管理与法律保障无法分割，从对流动人口的处罚不同可大致分为三个阶段：

（一）收容遣送阶段

国务院发布的《城市生活无着的流浪乞讨人员救助管理办法》（以下简称《救助办法》）自2003年8月1日起施行，1982年5

月 12 日发布的《城市流浪乞讨人员收容遣送办法》（以下简称《收遣办法》）同时废止。尽管收容遣送制度的废止，是国家适应社会发展需要所进行的一次正常的政策调整，但由于此次调整的内容重大，且发生在以孙志刚案件为导火索而引发的对收容遣送制度被广泛批评的背景下，所以，客观认识收容遣送制度的历史，充分预测收容遣送制度废止可能带来的社会问题，从而加强流动人口管理研究，就成为公安机关做好维护社会稳定工作的当务之急。

1. 收容遣送制度的历史沿革与分析

我国的收容遣送制度始于 1951 年，明文确立于 1982 年，历经了不成文政策的实际执行、行政法规正式确立和国务院及地方分别扩展收容遣送对象等几个特定的历史阶段。

20 世纪 50 年代初期，收容遣送制度主要针对国民党散兵游勇、妓女、社会无业游民等人群，政府通过组织劳动改造，将他们转化为从业人员予以安置。到了 60 年代初，大量灾民在三年困难时期涌入城市，收容救济灾民遂成为收容遣送制度的一项主要任务。在这一阶段，收容遣送制度一直以不成文政策的形式存在并发挥着社会救助的福利性质。[①] 80 年代，我国的社会结构有所松动，同时失业问题十分严重，在剧增的流动人口当中，逃避计划生育、以乞讨作为生财之道、逃婚、逃学、逃债的人员数量不断增多，为了对这些人员进行教育和安置，1982 年 5 月 12 日，国务院发布《收遣办法》，将乞讨者和“其他露宿街头生活无着的人”列为收容遣送对象。收容遣送制度在有了公开的法律依据的同时，其救济性不再成为唯一目的，着重点实际在于“维护城市社会秩序和安定团结”。90 年代，改革开放继续深入，人口流动的频率不断加快，幅度不断增大，社会治安压力随之增加。1991 年，国务院发出《关于收容遣送工作改革问题的意见》，将收容对象扩大到“无

① 孟波：《当福利变成了制裁，收容制度究竟应向何处去》，载《南方都市报》2003 年 5 月 17 日。

合法证件，无固定住所，无稳定经济来源”的“三无”人员。随后，人口流入大省（市），如广东、上海、北京等地各自制定了收容遣送管理规定，这些规定进一步突出了收容遣送制度维护社会秩序的功能。1997年，以党的十五大召开为标志，我国面临的国内外社会环境发生了显著变化，收容遣送制度在执行中暴露出来的诸多问题逐渐显示出它与社会发展的不适应，从而引起政府重视。1997年、1998年，国务院开始启动对《收遣办法》的修改工作。[①] 2003年，孙志刚案的发生和其后的学者上书行动，最终催生了《救助办法》的出台。至此，收容遣送制度被划上历史的句号。

客观地说，最早以福利救助面目出现的收容遣送制度，在保护流浪乞讨人员基本生活权益和保持社会稳定方面发挥过积极作用。但随着社会的发展和制度的变异，社会状况发生了巨大变化，城市流动人口大量增加，治安管理压力随之增大，一些地方在未找到更好的管理办法前，将收容遣送转化为一种行政管理手段。[②] 尤其是自1991年始，收容遣送制度的性质已明显从福利救济转移到了强化政府行政管理职能。这种转变导致了一些地方和部门对收容遣送制度的滥用，其结果与我国政策环境的发展状况相悖。因为，一方面，我国已经开始了从计划经济向市场经济体制的转变，市场经济体制要求政府鼓励生产要素的流动和资源的市场配置；另一方面，党的十五大在提出“人权”观念后，党的十六大更明确强调要“尊重和保障人权”，要使“社会主义民主更加完善，社会主义法制更加完备，依法治国基本方略得到全面落实，人民的政治、经济和文化权益得到切实尊重和保障”。这意味着我国的政治经济环境发生了显著变化，《收遣办法》已经不适应新形势的需要。可见，

① 周贺：《专家点评城市救助办法，剖析其中五项重大变化》，载人民网，2003年6月23日。

② 刘有才：《废止收容遣送体现政治文明》，载《南方都市报》2003年6月20日。

废止《收遣办法》，是在新的历史条件下，我国适应社会文明进步和社会主义法制建设要求的一种具体体现。

2. 收容遣送制度废止可能带来的社会问题分析

《礼记·中庸》中说道："凡事预则立，不预则废。"回顾收容遣送制度的历史，我们可以清晰地看到，收容遣送制度后来被更多地作为一种预防性治安管理手段的原因，是出于流动人口对城市社会治安造成的压力。收容遣送制度虽然废止了，但流动人口对城市管理造成的压力并没有因此而减轻，反而具有了加重的可能性。因此，公安机关必须牢固树立"忧患意识"。在充分认识废止收容遣送制度进步意义的基础上，全面和深入地分析该制度废止可能带来的社会问题，以便因势利导、因情施策，确保社会稳定。

（1）人员的急剧流动凸显城市容纳能力的局限性，可能造成流动人口与常住人口"争利"的紧张局面，在一定程度上影响社会稳定。

收容遣送制度的废止，切实保障了公民流动自由的权利。市场经济的基本规则之一就是生产要素一定会朝着利益最大化的方向流动，而我国城乡差别明显、农民占绝大多数的基本国情，决定了人员的流动主要是农村向城市的单向流动。这种单向流动的直接结果是凸显流入城市容纳能力的不足。显然，任何一个城市的公共设施、住房、交通、水资源、教育资源和就业资源等的容纳能力都是有一定限度的。如果一个城市在短时间内流入人口过多而政府又不能提供足够的公共资源，则必然造成城市现有资源的紧张和短缺。这样，不仅会产生巨大的城市管理压力，而且对有限资源的争夺势必引发城市常住居民与外来人口之间的社会矛盾，这种矛盾在一定程度上构成危害社会稳定的巨大隐患。

外来人口的大量增加，造成流入地人口总规模快速膨胀，加剧了对城市资源环境的压力，同时给城市就业、交通及基础设施等各方面带来压力，城乡结合部外来人口聚集区的住房、教育、环境、治安等问题突出①。这些问题如处置不当，将对社会治安产生较深层次的负面影响。法国在2002年总统竞选中，具有法西斯色彩的极右分子勒庞以鼓吹“外来人口是造成法国失业率高、社会犯罪活动频繁的根源，应该把外国人都赶走”② 而获得了17%的选票，这从另一个侧面说明，流动人口对流入地城市资源的争夺可能引起城市常住居民的反感，引发社会矛盾。

（2）流浪乞讨人员向富裕城市大规模流动和以特殊方式行乞的可能性等极端问题不能排除，是威胁社会稳定的因素之一。

《救助办法》作为一种新型的、对城市生活无着落的流浪乞讨人员进行救助管理的社会制度，明确了“救助”是其核心内容，而且制度所涉及的“管理”也并不具备强制性，这比收容遣送制度有了巨大的政治进步。但如果不充分估计废止收容遣送制度对社会形势的深刻影响，也就不能完全实现救助管理和保障人权的立法目的。

收容遣送制度的废止，对健全和完善市场经济体制进程、优化流入地的经济资源配置和促进流入地经济的快速发展有着不可忽视的作用。但《救助办法》的确立和实施，强调的只是对流浪乞讨人员的救助，未涉及对流浪乞讨人员可能引起的危害公共秩序和社会稳定的治安问题的处置，而这些问题完全可能在不同地方以不同的形式和程度出现。对这些可能性问题，公安机关必须高度重视。第一，可能引发流浪乞讨人员向富裕城市集中流动，从而产生新的严重的社会问题。在拉美、南亚等发展中国家的大城市中就出现了庞大的流浪乞讨人员，并产生了严重的社会问题。比如印度新德

---

① 2002年10月8日，北京市政协九届常委会通过《北京市城市总体规划实施十年调研报告》。

② 《法国总统大选尘埃落定，国会选举再起硝烟》，载《北京青年报》2002年5月7日。

里，1600 万人口的城市里有 100 万流浪行乞人员。[①] 第二，流浪乞讨人员在特殊地点、以特殊方式行乞的可能性完全存在，必定会对政府形象和社会公共秩序造成负面影响。如强行行乞、团伙行乞，或执着于流浪乞讨的生活方式而不愿意接受政府救助等。

（3）城市流动人口数量的增加和流动频率的加快势必增加城市治安管理压力，使各种违法犯罪案件的发案率上升，导致治安状况出现反弹。

在外来人口大量涌入的情况下，城市容量相对有限的矛盾势必凸显，对治安形势不利的直接影响将着重表现在如人口管理困难、交通秩序混乱、流窜犯罪增加等诸多方面，使社会治安管理形势更加复杂。毫无疑问，流动人口是我国经济建设的重要组成部分，他们绝大多数是遵纪守法的劳动者、建设者，但目前流动人口违法犯罪案件占城市总体案件的大多数也是不争的事实。造成公共秩序混乱的原因，多与人口流动的盲目性和流动人口聚居点的无序状态相关。一般认为，流动人口犯罪以侵财型和以侵财为目的而引发的其他类型犯罪为主，这类犯罪的暴力表现和暴力倾向极具明显，对社会治安秩序的危害极大，因此有效控制这类犯罪的发生很重要。而现实情况是，地方警力的配置通常以常住人口数量为基础，这与流动人口违法犯罪占城市总体违法犯罪大多数的现状相矛盾。而且，伴随着外来人口流入数量的进一步增加，违法犯罪数量也随之大量增加，警力不足的矛盾将更加突出，无形中加重了治安管理压力。如果对收容遣送制度废止可能带来的人口流动造成的社会问题估计不足，采取的相应措施不到位或不当，则会严重影响群众的安全感。

（二）治安处罚阶段

这一阶段，在收容遣送取消后至 2006 年 3 月 1 日《中华人民

① 刘蔓：《评论：对付收容“修正主义”能不能解决问题》，载《南方周末》2003 年 6 月 19 日。

共和国治安管理处罚法》实施前。对流动人口的治安处罚其实在收容遣送阶段就存在，因其多数是收容遣送的缓冲，而在其取消后虽然处罚量减少但确实发挥了主导作用。即根据《中华人民共和国治安管理处罚条例》第29条："不按规定申报户口或者申领居民身份证，经公安机关通知拒不改正的，处五十元以下罚款或者警告"。《暂住证申领办法》第14条第1项规定："不按规定申报暂住户口登记、申领暂住证，经公安机关通知拒不改正的，对直接责任人或者暂住人处以50元以下罚款或者警告"。在收容遣送被取消以后，公安机关感觉没有了抓手，流动人口登记率明显下降。为了应对此情形，不少单位拿起了治安处罚的武器。因可以当场处罚，所以成本也相对较低，民警在执行中较多应用。但是，因为没有强制手段，相对收容遣送时期处罚量也明显下降，但其后在逐年上升。而这一期间，市公安局一度不再对分县局登记率考核，即使考核，其登记率的考核标准也在下降。

这一阶段各项收费、其他行政许可多数被取消，但是一些地方仍旧将登记看作约束外来人员的手段，登记工作在与之纠缠中缓慢开展。另外，此阶段租赁房屋管理制度也在变革，对用工单位的管理成为有单位人员登记的一种有效手段。

（三）模糊处罚阶段

此阶段在《治安管理处罚法》实施后至今，也是当前争议最多的阶段。在这一阶段中，《中华人民共和国治安管理处罚法》取代《中华人民共和国治安管理处罚条例》后，对流动人口自行进行登记没做规定。虽然《暂住证申领办法》没有废止，部分单位仍在使用，但是其依据的户口登记条例规定"不按规定申报户口的依法给予治安管理处罚"，这在法律适用上也产生了歧义，部分法制部门主张不再使用。在此阶段，公安机关履行人口登记职责对流动人口本人的约束全部取消，面对不肯登记的流动人员公安民警束手无策，更不要说综合协管员。但是这一阶段，登记工作已经基本与其他行政管理分离，在逐步走上规范而基础的模式，流动人口与之的配合也在增加。但登记率较前两个阶段仍有下降，尤其是违法犯罪人员这种主动逃避登记的人员的登记率下降明显。在对流动人口处罚取消的同时，《治安管理处罚法》规定了租赁房屋出租人的罚则，使得公安机关开始将处罚重心从“外地人”向“本地人”倾斜。

四、流动人口登记管理行政处罚的执行

（一）对流动人员的处罚

如前文所述，当前对流动人口登记处于模糊处罚阶段，在实践操作中对流动人口不再进行违反登记规定的处罚，但能否使用仍处于争论中。

1. 暂住证罚则的执行

首先，我们讨论在办理暂住证条件下是否适用。《中华人民共和国治安管理处罚法》取代《中华人民共和国治安管理处罚条例》，取消了对户口登记管理的规定。一种观点认为，对于违反户口管理条款的治安管理处罚已经不再适用，那么《暂住证申领办法》第14条第1项依据《户口登记条例规定》“不按规定申报户口的依法给予治安管理处罚”的规定应该自然取消。另外一种观点认为，应该区别对待《中华人民共和国治安管理处罚条例》和《暂住证申领办法》，两者没有必然的从属关系。虽然《中华人民共和国治安管理处罚法》没有户口登记条文，但是《户口登记条例》和《暂住证申领办法》没有废止，仍然生效。而且根据《中华人民共和国行政处罚法》第12条规定：“国务院部、委员会制定的规章可以在法律、行政法规规定的给予行政处罚的行为、种类和幅度的范围内作出具体规定。尚未制定法律、行政法规的，前款规定的国务院部、委员会制定的规章对违反行政管理秩序的行为，可以设定警告或者一定数量的罚款的行政处罚。罚款的限额由国务院规定。国务院可以授权具有行政处罚权的直属机构依照本条第一款、第二款的规定，规定行政处罚。”公安部规定的行政处罚应该

生效。笔者赞同第二种观点，在办理暂住证条件下，“不按规定办理申报暂住登记、申领暂住证，经公安机关通知拒不改正的，对直接责任人或者暂住人处以50元以下罚款或者警告。”

2. 居住证罚则的执行

这里我们为了实践工作，不再对居住证代替暂住证是否合法的问题进行研究，而是直接讨论居住证实施后公安机关的执行处罚问题，根据2004年8月30日上海市人民政府令第32号发布《上海市居住证暂行规定》以及2004年9月29日发布的《〈上海市居住证暂行规定〉实施细则》〔沪发改人口（2004）018号〕在上海实施居住证制度，于2004年试点与暂住证并行，2007年2月全面推进，同时公安部门发文停止办理暂住证。根据《上海市居住证暂行规定》第2条第2款规定：“境内来沪人员应当根据国家有关规定办理居住登记，符合本规定要求的可以申领《居住证》。”第29条规定：“单位或者个人违反就业和社会保险、房屋租赁、人口和计划生育、卫生防疫、治安管理等规定的，按照有关法律、法规和规章的规定予以处罚；构成犯罪的，依法追究其刑事责任。”而政府部门在答记者问上明确表示，居住证是自愿办理。根据《〈上海市居住证暂行规定〉实施细则》第2条规定，非本市户籍的境内人员在本市居住的，应当按照国家有关规定办理居住登记，领取《上海市临时居住证》。第21条规定：“有违反《上海市居住证暂行规定》行为的，依照《上海市居住证暂行规定》予以处罚；构成犯罪的，由司法机关依法追究其刑事责任。”第22条规定：“从本实施细则实施之日起，凡已办理暂住登记、暂住证的来沪人员，其暂住登记、暂住证有效期满后，拟继续在本市居住的，应按本实施细则的规定办理居住登记，符合条件的可以申领《上海市居住证》”。从以上条文不难看出，居住证制度的法则是依据“国家有关规定”，而国家有关规定只有规定“暂住登记”而没有“居住登记”，更不要谈依法处罚。所以上海一家媒体报道：“10月1日起，到沪居住3天以上的非上海户籍的境内人员都要办理居住登记，申领上海市临时居住证或上海市居住证。”① 这一报道引起了轩然大波。而此解释不论在暂行规定还是在实施细则中均无规定，故“上海市有关部门的工作人员也多次接受媒体的采访，多次含糊其辞，甚至有工作人员“坦承”3天办证“确实是一个操作上的漏洞”。② 实际上，上海执法部门一直想将居住登记与暂住登记等同起来，所以才出现3日需办理居住登记的说法，否则以居住证的自愿原则，根本没办法依此进行强制性登记管理。所以不管居住证能否合法替代暂住证，居住证相关规定根本就没有登记处罚的操作性。所以执法机关曾作出一种不成文解释：“国家相关规定”就是《户口登记条例》以及《暂住证申领办法》的规定，但这仅在暂住证、居住证并行的时期得到了有限执行，在居住证全面推进后的实际执法中并没有实践。

当前由于不少省市如浙江杭州、广东广州等相继实行居住证等制度，在实践中迫切需要全国对户口登记的规定进行规范：一是对暂住证申领办法进行解释，承认各地办理居住登记的法律效力；二是对户口登记条例进行解释，明确规定不按规定办理户口登记的行政处罚细则。

（二）对租赁房屋出租人的处罚

1. 房屋租赁管理处罚的变革

从房屋租赁管理处罚在实践中发挥的作用来分，可以分为两个阶段：

（1）在2006年3月1日《中华人民共和国治安管理处罚法》实施以前，属于从属阶段。根据1995年3月6日，公安部颁布

① 《上海将实施居住证制到沪3天以上须办理居住证》，载《新闻晨报》2004年9月29日。

② 长平：《南方都市报：上海居住证新规何以引发误会》，载新浪新闻，http：//news. sina. com. cn/c/2004 - 10 - 03/13024487236. shtml，访问时间：2007年10月11日。

《租赁房屋治安管理规定》第3条规定："公安机关对租赁房屋实行治安管理，建立登记、安全检查等管理制度。"第9条第2项规定："出租人将房屋出租给无合法有效证件承租人的，处以警告、月租金三倍以下的罚款；"随后又规定房屋租赁实行到房管部门登记备案制度，公安机关再次失去抓手，这直接导致了违章搭建的大量增加。在这个阶段，前期因为收容遣送制度的存在，使得公安机关权衡执法成本上忽略了房屋租赁管理对房东的处罚。而在收容遣送取消后、处罚法生效前由于许可证制度的取消及其他原因，使得多数单位不轻言处罚。

（2）2006年3月1日《中华人民共和国治安管理处罚法》实施后，房屋租赁处罚进入了第二个阶段，即主体阶段。原因之一是第57条规定："房屋出租人将房屋出租给无身份证件的人居住的，或者不按规定登记承租人姓名、身份证件种类和号码的，处二百元以上五百元以下罚款。房屋出租人明知承租人利用出租房屋进行犯罪活动，不向公安机关报告的，处二百元以上五百元以下罚款；情节严重的，处五日以下拘留，可以并处五百元以下罚款。"另一个原因，是由于对流动人口管理抓手的取消，使得对房屋租赁的管理不得不走上前台。

2. 当前房屋租赁管理处罚中的难点

（1）关于处罚与稳定的衡量：对于城市化的高档小区我们可以依法处罚，而治安问题严重的城乡结合部面临的情况是，家家有出租、家家有未登记人员。这里有部分房东只图租金不管登记的，也有房东畏惧"外地人"不敢登记的。而房东的主体是常住人员，人民警察也由其间产生，由于文化积淀等原因不可避免地对"本地人"有一种亲近感，把他们作为工作的依靠力量。如果按照规定严格进行处罚的话，"法不责众"的现象必然出现。同时由于房屋的租金是"本地人"的重要收入来源（一些房东每月租金收入上万元），按照当前基层组织的"惠民"政策，一旦触及了这个利益，造成了不稳定因素就难以收拾，这与违章建筑大量存在是同一个原因。

（2）关于违法主体的认定：一是房屋主体的确认。对于合法产权房屋尚好，对于违章搭建这种本身主体非法的存在，能否以未登记房客原因对其“房东”进行处罚。二是对“房东”的确认。是按照产权所有者处罚，还是按照实际出租人处罚。如果按照产权所有者对于农村房屋一些高龄老人、或者登记使用人已去世的情况怎样处罚；如果对实际出租人处罚，那么依靠何种证据对此进行认定。

（3）关于执行的考虑：按照《治安管理处罚法》第 57 条第 1 款规定：“房屋出租人将房屋出租给无身份证件的人居住的，或者不按规定登记承租人姓名、身份证件种类和号码的，处二百元以上五百元以下罚款。”如果房东拒不交纳罚款怎么办，如果遇到高龄的房东更无法解决。通过司法诉讼执行的成本太高，可以说没有操作可能。这样又回到稳定的问题。

3. 处罚执行实践中的思考

不难看到对房东的教育工作确实需要放在首位，处罚只是为了教育说服而作出的个例，原因前面已经作了分析。笔者认为，在实际操作中以教育服务为主的指导方针要坚持，可以把对《治安管理处罚法》第 57 条第 2 款的执行放在第 1 款的应用上，对公安机关查获的违法犯罪人员没有登记的，按照未登记对房东进行处罚。这样有一个缓冲，既查处了违法，又便于被房东所接受，也为社区民警的教育说服工作打下基础，使执行有了可操作性。

（三）对用工单位的处罚

根据《暂住证申领办法》第 14 条第 3 项规定：“雇佣无暂住证人员或者扣押暂住证和其他身份证件的，对法定代表人或者直接责任人处以 1000 元以下罚款或者警告”。这一条同时受到了居住证制度的影响，在操作上已经无法进行。但是与流动人口的处罚不同，由于保护投资环境、维护稳定等原因，对于单位的处罚较房东的处罚更少，可以说是被作为“典型”来操作的。

对于暂住旅馆的流动人口因不需要进行暂住登记，由旅馆业管理办法对旅馆登记进行管理，这里就不再讨论。

第二节　流动人口违法犯罪与公安执法

前文我们分析了公安执法管理中的治安环境，流动人口犯罪问题十分突出，接下来就如何防范与控制进行探讨。

一、流动人口犯罪侦查破案的难点

（一）分析判断难

公安机关对流动人口作案特点、规律了解不够，分析研判工作滞后。此项工作往往需要有一个发现—搜索—分析—认识的过程，这使得执法人员有时对现场吃不透拿不准，分析上只能大范围粗线条，找不准症结所在。

（二）调查取证难

这是因为流动人口中老乡、地域观念强，“老乡”这一纽带把他们紧紧地联系在一起。对内老乡之间联系密切、亲密无间，甚至无话不讲；对外壁垒森严，排外、防范和自我保护意识相当强。一旦发案，要向他们调查了解老乡的情况非常困难，或是一问三不知，或是编造谎言作伪证。同时，流动人口作案居无定所、行无定踪，打一枪换一个地方，侦查人员无法查清犯罪嫌疑人的全面情况。即使费了九牛二虎之力查到嫌疑人，也因时过境迁，有关情况难以核定，既认定不了，又排除不了，就像烫手的山芋，抓了烫手、扔了可惜，只好不了了之。

（三）追捕缉查难

公安机关经费紧张众所周知，出门追捕费力又费钱，对到处流窜、行踪飘忽不定、亡命潜逃的案犯有时只能望洋兴叹。而且，在追捕中，有些异地公安机关缺乏协作配合，有的画地为牢，地方保护主义严重；有的“明码标价”，配合程度与“钱”俱增；有的虽可以帮你传唤当事人到当地派出所录口供，但是不允许带走人。更为恶劣的是个别内部人员向犯罪人员通风报信，使追捕难上加难。

（四）追赃处理难

流动案犯往往视财如命，抓获后，可以交代作案情节，但就是不交代赃物去向。由于其作案后大肆挥霍，或是携赃款外逃、边走边销，销赃分布广，流动性大，极难核实追赃。因此，往往好不容易查明案情，抓获案犯，结果却是“要钱要物没有，要命有一条”。这种情况在新刑法取消了对盗窃罪判处死刑后尤为突出。

二、流动人口违法犯罪的治安防控

（一）严厉打击，执行现有法律

法律面前人人平等，在《刑法》、《刑事诉讼法》中没有打击流动人员犯罪的特殊规定，但是在执法操作中对流动人口打击的特殊性却应该体现出来。

第一，强制手段上：根据《中华人民共和国刑事诉讼法》第89条：“公安机关对被拘留的人，认为需要逮捕的，应当在拘留后的三日以内，提请人民检察院审查批准。在特殊情况下，提请审查批准的时间可以延长一日至四日。对于流窜作案、多次作案、结伙作案的重大嫌疑分子，提请审查批准的时间可以延长至三十日。”在两个市、县以上连续作案称为流窜作案犯，其所以可以延长拘留时间，是基于案件事实难以查清，犯罪得不到及时有效的打击。同埋，以犯罪为目的，多次到其住所地以外的一市或县作案，由于犯罪嫌疑人难以纳入当地公安机关的侦查视线，案件事实也是难以查清，犯罪也无法得到及时有效的打击，其严重的社会危害性与在两个市、县以上连续作案的流窜犯并无区别，故以犯罪为目的多次到外地同一市县作案的，亦应认定为“流窜作案”。而对发现作案一次但有多次作案嫌疑的，也可以比照适用。而实际操作中，流动人口违法犯罪刑事拘留期限也是被用足的。

第二，量刑上：针对当前流动人口犯罪高发的阶段，盗窃数额达到“数额较大”或者“数额巨大”的起点，并具有“流窜作案危害严重”等情形的，可以分别认定为“其他严重情节”或者

“其他特别严重情节”。这里的“流窜作案”也可以比照上述解释。

第三，执行上：对于依据刑法被判处的监外执行罪犯，其离开户籍地或监管地必须予以限制。即被判处缓刑、宣告假释、保外就医、监外执行的犯罪分子，其离开居住的市县必须经监管机关批准。派出所要充分利用这一规定加强对监外罪犯的管理。

（二）全面监控，完善的信息管理

1. 完善信息系统建设

一是建立流动人员信息计算机管理系统。公安局统一部署开展了流动人员暂住信息计算机管理系统的建设。通过信息采集、录入和维护，建成流动人员基本信息和照片信息的计算机管理系统。大部分派出所的流动人员信息计算机管理系统实现了与分局、市局联网，形成了派出所、分局和市局三级信息管理网络。二是建立宾（旅）馆旅客信息计算机管理系统。宾（旅）馆是流动人口的主要落脚点，也是外来人员治安管理的重点。宾（旅）馆统一安装了旅客入住登记信息计算机管理系统，并与公安联网。各级公安机关通过这一系统，进一步强化了对宾（旅）馆入住人员的治安管理。三是建立网吧上网人员信息计算机管理系统。网吧是流动人员，尤其是青年务工人员的主要活动场所，也是违法犯罪人员容易涉足的地方。建立网吧上网人员实名登记制度及上网人员信息计算机管理系统，将上网人员信息纳入了公安机关实时监控的范围。

2. 大力建设公安应用系统

一是开展网上追逃。通过将外来人员信息系统和全国逃犯信息系统比对，发现并抓获逃犯。各公安检查站还结合道口车辆检查，在外省市入境车辆上查获逃犯，开创了流动人员治安管理的新路子。二是开展网上作战。近年来，外来人员信息系统、宾（旅）馆旅客信息系统、网吧上网信息系统、高危人员信息系统等，在侦查破案中发挥了重要作用，网上作战正在成为侦察破案的重要手段。三是开展精确打击。高危人员信息系统的建立，进一步提高了发现和打击违法犯罪人员的能力。外来人员信息的开发和利用，在现实斗争中发挥了越来越大的作用。四是完善社会监控网络，加大公共场所监控探头的安装，使得违法犯罪无处躲藏。

（三）消除盲区，加强综合执法

1. 整治疏导“边缘”产业

流动人员经营的“边缘”产业，虽然引发了大量的治安问题，但也是流动人员生活之必需。因此，必须寓管理于服务之中，会同有关部门，加强整治疏导，逐步将这些“边缘”产业纳入合理经营的轨道。对“边缘”产业相对集中的“集市”和“一条街”，落实力量、加强巡查、保护合法、取缔非法，查处违法，维护好治安秩序。

2. 整治规范“落脚点”

大力加强出租房屋的治安管理工作，尤其是农村出租房屋。一是联合房管、市容等部门加大违章强拆力度，严厉打击非法搭建。二是抓紧制定农村出租房屋基础防范设施标准，开展出租房屋防范基础设施建设达标活动。通过达标活动，整改一批、淘汰一批，使出租房屋的硬件建设更上一个台阶。三是制定相关法规，将出租房屋超过5间、房客超过15人及“群租”的出租户，按宾（旅）馆的要求进行管理。通过筑高门槛，限制违规出租，取缔违法出租。如可以建立统一清查、划片清查、联合清查、重点清查和带案清查等制度，对流动人员聚居点、落脚点、活动点进行定期或不定期的治安检查。通过检查验证，发现和处理违法犯罪分子，缴获赃款赃物和凶器。

（四）减少犯罪，关键在于预防

1. 加强教育宣传，提高流动人口综合素质

要遏制流动人口犯罪，提高流动人口综合素质是关键。这一点需要在各级党委、政府的重视和推动下才能够达到最佳效果。采取灵活多样的方式，以政府资助与市场运作相结合，大力扶持就业培训机构，为失业流动人口提供免费或低价的就业培训与服务，提高他们的就业素质。尤其是要加强外来人员中违法青少年的帮教工

作。要紧紧依靠地方党政组织和违法青少年的家长，从法制教育、解决就业、上学入手，做好帮教工作。要结合办案，深挖操纵、教唆青少年违法犯罪的幕后黑手，给予严厉打击。要树立预防和帮教违法青少年的典型，推动违法犯罪青少年的帮教工作。通过教育宣传，使得流动人口整体素质得到提高，自觉遵纪守法。

2. 普及社保体系，消除流动人口后顾之忧

经济利益带动了人口流动，而社会保障的差别是城乡、居民与农民的最大问题所在。如果全国有了统一的社保体系，那么人口的流动则纯粹依靠经济调解，带来的社会治安问题会迎刃而解。如当前上海收取流动人员综合保险费用就是一个有益的探索。当前流入地政府要从保护流动人员劳动权、子女受教育权等出发，逐步打破劳动、教育等设置的常住与暂住的壁垒，逐步达到权利的真正平等。

3. 大力推行社区警务

当前各级公安机关将社区警务作为一种警务理念在所有的公安民警中推行，超越以辖区为边界、以社区民警为责任主体的做法，高度重视警民合作关系的建立，通过犯罪预防和解决社会问题来减少犯罪和混乱现象，广泛发动群众，特别是将流动人口作为群防群治工作的发动对象。在公安机关的引导和管理下，组织成立流动人口治安积极分子协会等流动人口民间组织，发动他们协助公安机关掌握流动人口治安信息，提出治安工作建议，参与公安机关工作措施的制定，以伙伴身份深入流动人口开展宣传教育，组织问题人员参加各种有益身心的公共活动或公益活动等。而且在当前警力不足的前提下，要大力发展经济催动的保安服务业，使其成为城市治安防范的主力军。如美国有 4 万多保安公司，职员 210 万多人，比联邦、州、地方三级执法人员多 50 万人，保安公司开支较警察机关开支多 58%。①

---

① 黄菊良：《国外境外城市治安管理》，中国人民公安大学出版社 2003 年版，第 443~444 页。

第五章　流动人口管理中的公安执法体系建设问题研究

第一节　建立完善、统一的法律体系

法律是调整约束社会生活的有力保障，是市场经济的最高权威。流动人口管理工作将是一项长期、复杂的任务，必须要纳入规范化轨道，依法管理、科学管理、文明管理，加强法制化建设，形成一整套适用、完善的法律、法规保障体系，使流动人口管理工作有章可循、有法可依，将以行政手段为主的管理方式逐渐向行政、法律、经济三结合的管理方式转变。

一、限缩行政权力，以城镇化发展推动公民迁徙自由权的逐步实现

（一）迁徙自由的法理基础

1. 迁徙自由的概念

迁徙是动物的本性。不论是西伯利亚秋季南渡，春季北归，寻找温暖的大雁；还是非洲大草原雨旱季交替，寻找水源的斑马；或是楚地 5 月入洞庭湖 10 月返回长江，寻找良好栖息地的江豚，都有着迁徙的行为和习惯。虽然迁徙的目的各不相同，但都有一个共同的目的——生存和繁衍，即寻找更加适合自己的土地和环境，更好地实现自我的发展，将物种和基因繁衍下去。

迁徙也是人的本性之一。人作为万物灵长，脱离不了自身的动

物性，脱离不了生存与繁衍的生物使命，基于更好地生存与繁衍，寻找更好的栖息地和繁衍地。人天生拥有趋利避害的本能，故而有欲望和冲动朝着更适合自己、更有利于自己发展的地方迁徙，延续自身的生命。根据马斯洛需求层次理论，人类迁徙除了获得更好的生存环境、延续生命等较低层次需要外，还有另一更高层次的需求，即通过迁徙去实现自身的价值，在迁徙中发现更适合自己价值发挥的地方并得以施展。西方有言："哪里有面包，哪里就是祖国。"中国古谚："树挪死，人挪活。"充分说明了迁徙对于人生命的延续以及价值的拓展的重要作用。

人有迁徙的本性，亦有迁徙的权利，人类有权利在他所属或不属的国土自由迁徙。这种权利来源于人性，来源于自然，来源于自然法。《诗经·硕鼠》："逝将去汝，适彼乐土，乐土乐土，爰得我所。"反映了奴隶在面临奴隶主的剥削下，希望寻找良好的、适于自己的生存环境，生活并定居在那里的渴望。乐土观就是迁徙观，是人性趋利避害的自然反应。西塞罗认为："事实上有一种真正的法律——即正确的理性——与自然相适应，它适用于所有的人并且是永恒不变的。"[①] 迁徙合乎自然，率乎人性，符合自然法的要求，应当适用于所有人并且永恒不变。同时，与西方自然法类似的《道德经》有言："人法天，天法地，地法道，道法自然。"即率性无为，不加以控制和约束，以无为为有为，顺其自然，也说明了对人性和自然的遵从，道的内涵也要求实现自然迁徙。

迁徙自由是一项基本权利。基本权利有六方面的含义：（1）不可缺乏；（2）不可取代；（3）不可转让；（4）具有稳定性；（5）母体性；（6）共似性。[②] 人不能缺乏迁徙自由，缺乏迁

① 占茂华：《西方自然法观念与理性精神》，载《求索》2010年第10期。

② 徐显明：《人权法原理》，中国政法大学出版社2008年版，第80~81页。

徙自由则被束缚于某一固定的地方，与被拘役无异；迁徙自由更不可取代，不能用其他自由替换或者取代迁徙自由，缺乏迁徙自由权则人身自由、平等权无从谈起，缺乏迁徙自由整个权利大厦即告坍塌，所以迁徙自由不可替代；迁徙自由权也不可转让，作为从属于个人的权利，与个人人身相始终，迁徙自由权受让者并不因为转让行为获得双倍迁徙自由权，转让者也不因为转让行为丧失自身拥有的迁徙自由权，相反选择不迁徙也是迁徙自由权的体现；迁徙自由权相对稳定，不因年龄增长、时间递变、政权变异、政策方针调整而被取消，人始终拥有迁徙的权利；迁徙自由也可以衍生其他的自由权利，比如居住权、不迁徙权等；同样迁徙自由权在当代世界各国都有共似性，各国宪法均有规定本国公民拥有迁徙自由权，不论是发达国家美国、日本等，还是发展中国家泰国等，或者户籍制度母国的承继国俄罗斯等独联体国家，均在本国宪法中规定本国居民拥有迁徙和定居的权利。综上，迁徙自由权是人所享有的一项基本人权。

从法律经济学角度而言，生存和繁衍是人类的最终使命，任何人类语言、规则、制度、法律、文化的设立都应当服务于这个最终使命，同时语言、规则、制度、法律等都是围绕这一最终使命和目的而创设，并为人类发挥功用的工具。[①] 功利主义的观点认为，“人的目的就是追求幸福”，而幸福即是生存与繁衍的正向体现，而迁徙自由正是实现幸福的一种途径和方式。迁徙自由符合人类趋利避害的本性，是能够促进人类更好实现生存和繁衍的法律理论工具。将迁徙自由列为一项基本权利，也是更好地发挥迁徙自由促进人类更好的生存和发展这一目标。通过法律的保护增加自由迁徙的合法性，让人类能够自由迁徙、更好地发展和进步。《美国独立宣言》认为，“我们认为下面这些真理是不言而喻的：人生而平等，

① 熊秉元：《熊秉元漫步法律》，台湾商周文化事业股份有限公司 2013 年版，第 12~28 页。

造物者赋予他们若干不可剥夺的权利，其中包括生命权、自由权和追求幸福的权利。”

除了自然性，人也具有社会属性的内容。“我们生活在一种错综复杂的社会关系中，因此，人的利益和愿望、思想和道德、主张和行为等，都不能不受到其所处的各种社会关系的性质与特点的影响和制约，因此形成的人权，同样是社会关系的体现。”[①] 人们相互依靠、合理分工，各自从事自己擅长或者适宜的事情，从而促进社会整体效益的提高。不同的职位要求不同的人才，人才的自由流动有利于人力资源配置到对其评价最高的地方；同时个体的总和就是社会的总体情况，人才的自由流动有利于提高社会的整体效益，有利于社会绝大多数人获得更好地发展。迁徙自由正是保证这种个体效益最大化基础上整体效益提高的有力工具。同时，就社会属性的另一方面而言，人类迁徙自由受到该国具体国情的影响。人权情况各国有所不同，同一国家不同时期的迁徙情况也必然有着迥然的差异。迁徙自由也反映在社会关系之中，开放的社会必然要求人类的良好迁徙，开放均衡的社会也为迁徙自由提供了良好的社会环境；而相对封闭的社会则一定程度上不利于迁徙自由的实现，相对固化的迁徙也更加造成了社会的封闭。在实现社会从相对封闭到开放的历史过程中，迁徙自由也必将要求得以实现，一方面迁徙自由有利于社会的更加开放；另一方面，社会的更加开放也呼唤更加顺畅的迁徙自由。

在政治领域，用手投票是指选举权，而用脚投票是一种无声的政治放弃。用脚投票最早由美国经济学家蒂伯特提出：在人口流动不受限制、存在大量辖区政府、各辖区政府税收体制相同、辖区间无利益外溢、信息完备等假设条件下，由于各辖区政府提供的公共产品和税负组合不尽相同，所以各地居民可以根据各地方政府提供

① 方立新、夏立安：《人权法导论》，浙江大学出版社 2007 年版，第 10~11 页。

的公共产品和税负的组合，来自由选择那些最能满足自己偏好的地方定居。[①] 这就是说，居民们除了可以选择用手投票选择管理者，也拥有用脚投票放弃自己选择的管理者，选择最符合自身公共产品和税负组合的其他管理者居住地。用手投票是一种参与权，而用脚投票其实是一种退出权。迁徙的人口因为用脚投票放弃原来用手投票选择的结果，从而选择新的居住地区，实质是用手投票的延伸。但是用脚投票的前提是人口流动的自由性以及各地无利益外溢等，在蒂伯特看来用脚投票是迁徙自由的结果；而在人口流动有着各种限制、各地之间经济发展不平衡以及信息流动不够完备的国度实现迁徙自由或者用脚投票，则有着一定的现实困难。在人口流动受到限制的国家实现用脚投票，必须先实现迁徙自由权，为公民的用脚投票的权利提供基础。

迁徙自由是人的一项基本人权，为世界各国所公认，其主要内涵包括国内迁徙自由和国际迁徙自由，有力地保护了公民的生存繁衍权利，能够为用脚投票提供前提和基础。本文主要论述国内的迁徙自由权利问题。

2. 迁徙自由的保护

迁徙自由应当是人的权利，而且是基本的权利。在公民和国家关系中，公民履行纳税和服兵役的义务，同时享有国家法律保障的各项权利，迁徙自由也是其中一种。国家宪法在国家的层面、最高法律的层面给予迁徙自由权利充分的保障，国家尊重和保障人权。

除了宪法保障，迁徙自由的保护还应当有一系列法律的保障，即法律保障，通过法律的规定将迁徙自由的宪法保障落到实处。这时候宪法的违宪审查权也非常重要。违宪审查的重要性在于保证宪法的规定得到切实地遵循，废除与宪法文件精神相违背的条款，保证宪法的尊严。

---

① 踪家峰、李蕾：《Tiebout 模型的研究：50 年来的进展》，载《税务研究》2007 年第 3 期。

迁徙自由的具体落实，除了法律规定还更需要行政权力的充分保障。权利的保护除了依靠法律，更要依靠行政的保障。行政力量应当为公民迁徙自由权的行使和实现提供便利和条件。现实社会中，行政力量很容易成为限制或者影响迁徙自由实现的力量。作为迁徙自由保护的行政权力很可能反过来侵蚀迁徙自由的空间，这与行政权力本身的扩张性和行政权力缺乏约束有关。

3. 迁徙自由的限制

自由并非毫无边际，迁徙自由应当限制在一定的范围内。具体而言，迁徙自由的限制可以为国家安全、公共秩序、公共卫生或道德，或他人的权利和自由。为维护国家安全，可以对公民迁徙自由权进行合法、合理的限制。国家安全是整个公民群体的福祉和利益的体现。首先，如果公民的自由迁徙威胁国家安全时，政府可以在限定的时间内限制公民的自由迁徙，这是对全部公民的安全负责，即全部公民的生存相对于部分公民的迁徙自由的价值优位。其次，出于公共秩序的需要也可以限制公民自由迁徙。如果公民自由迁徙危害公共秩序，让公共秩序受到破坏，出于对社会秩序的维护，公民的迁徙自由权可以受到一定程度的限制。这是对社会整体价值和秩序的维护，有利于保证社会整体的利益。再次，出于公共卫生需要也可以限制公民迁徙自由权。当发生大规模传染性疾病时，人口的自由流动会加速疾病的传播和扩延。为了维护整体的利益，同时也有利于公民个体身心健康，政府有权力也有责任对迁徙流动的行为加以规束，实现在保障迁徙自由的基础上对全体公民的卫生和健康负责，从而保证公共卫生的良好。这并非否认迁徙自由，而是出于更高价值的政治考虑而对迁徙自由所做的临时性限制。最后，公民的迁徙自由应当不威胁和破坏其他公民的正当权利和自由，这是自由得以实现的前提。公民的迁徙自由不得威胁或者破坏其他公民的正当权利和自由，应当以合法合理的方式实现迁徙自由。

4. 迁徙自由限制的限制

对迁徙自由的限制也应当进行限制，即限制的限制。总而言之，迁徙自由的限制应当从国家社会的整体利益出发，是实现更高价值的做法。

具体而言，限制的限制，首先，应当符合法律的规定，即严格的法律保留。法无授权不可为，政府应当以法律规定作为限制公民迁徙自由权的理由。其次，限制应当为必需，除了限制应当有其合法性，限制也应当有合理性，对迁徙自由进行限制应当为实现行政权能所必需。换言之，为了实现限制的正当目的必须实现限制，再有其他替代方案的情况下不得采取限制自由迁徙的行为。再次，限制应当不抵触其他权利，除了合法性和合理性的限制外，不得与其他权利相抵触，限制行为不应当区分公民的身份，及以身份为依据为公民提供不平等的待遇。就目的而言，迁徙自由的限制应当为更高的价值和利益，应当是为全体公民的福祉和利益，而不是一定的政治目标或者政治利益。最后，限制的时间应当为临时性或者权益性，不能够为了实现某政治目的而长久地限制部分人或者大部分人的迁徙自由，这种限制应当在合法性目的不存在或者得以解除之后加以解除，进而实现迁徙自由的弹性回归，不能以另外的新的政治目的对迁徙自由的实现加以限制。简言之，即是以迁徙自由为一般，而以对迁徙自由的限制为例外，同时这种限制也应该是严格限制的，具体而言限制应当具备合法性、合理性、权益性等特点。

5. 行政权力与公民权利

行政权力，应当为公民的权利特别是迁徙自由权利提供良好的保障，应该为迁徙自由的实现提供便利和条件。但是事实上，权力的无限性和扩张性往往让权力成为侵犯公民权利的罪魁祸首，而无法履行权利保障的功能。行政权力很有可能反向阻碍迁徙自由权利的实现，这与传统权力观缺乏权利意识和服务意识，权利的至上性、集中性有关。但是社会经济基础的转变更需要新的权力观、权力的保障作用、权力的限缩、权力履行为公民权利服务的本职。

从统治者的角度来说，行政权力是统治阶级统治的工具，而从社会契约论的角度来说，行政权力则是公民让渡自身权利所做的公共安排。现代社会的社会契约论，很难颠覆传统中国“普天之下莫非王土，率土之滨莫非王臣”的君臣观念。也就是说，中国社会政府与公民秩序更多的是一系列军事政治斗争结束后的政治安排，胜利者获得了全部资源并获得对所有民众的统辖和支配权，而并非政府与公民契约式的平等安排。这与农耕社会需要强有力的中央集权以保证农业社会的秩序维系和发展，以及人民天然缺乏与政府对抗或者签署契约的资格和能力息息相关。政府的天然优势地位，以及权力的无限扩张性，必然导致对公民权利的限制。同时由于礼教以及刑法的约束和限制，传统中国缺乏权利观念，公民一方面缺乏对自身权利的认识，另一方面个体的单一性很难与具有政治、道德、经济绝对优势的政府相对抗。

随着社会步入商业社会，社会的经济基础发生了极大的变化，中国社会处于上半身在商业社会、下半身在农业社会的过渡社会之中，处于传统与现代、中国与西方、农业与商业的激烈冲突之中，社会经济情况和社会思潮发生了翻天覆地的变化。商业社会的到来，统治观念的弊端更加明显，权力的低效率以及寻租的出现，让社会对于公平平等公共服务的需求增加，政府急切要从统治向服务转换。政府的权力不再是统治的工具，而是为所有公民提供均等社会公共服务和待遇的制度安排。

政府权力的扩张即意味着公民权利的退步，公民权利的进步即意味着政府权力的限缩。改革开放的过程就是政府权力不断限缩，公民权利不断恢复的过程。从实现农村土地承包经营改革到城市国有企业改革，“放权”是一直的话题，政府权力的过度膨胀导致的不仅仅是社会的低效率，还有公民权利的被践踏和忽视。自由竞争和托拉斯寡头经济并存的中国社会，需要借鉴西方自由经济时代政府“守夜人”的角色，有所为有所不为，实现权力限缩。一方面，防止权力妨害公民的迁徙自由等权利，另一方面，更好地为公民权利服务，为公民创造平等关切、充分尊重、起点平等、规则公平的社会秩序。这对于习惯掌握所有资源、习惯掌握所有权力、习惯在所有领域占据主导地位的政府治理模式来说是个巨大的挑战。

总而言之，政府权力迫切需要从统治向服务转化、从管理到服务转变、从权力观到权利观转化，积极应对国家安全等的问题，努力保护公民的权利，努力保护公民的迁徙自由权，为公民的迁徙自由提供良好的条件和便利，促进公民更好地生存和发展。

（二）阻碍公民迁徙自由实现的主要问题

我国公民迁徙自由有着一段曲折的发展历史，新中国成立后，在政协的努力下我国公民拥有了迁徙自由权。但是，后来的一系列政治安排，特别是户籍制度的建立和发展让公民的迁徙自由权实质被废除。原因在于计划经济的开展以及城市就业等城市病的出现，政府以“堵”的方式处理遇到的农民入城的问题，并用行政强制加以保证执行。这的确收到了一定的效果，但是长期以来却积累了严重的社会问题和社会矛盾冲突，并且造成了行政权力对公民权利的破坏。当今，户籍制度是实现迁徙自由的最重要阻碍，但是户籍制度所造成的各种问题的关键并不在户籍，而首先在于户籍制度所衍生的身份区别对待、利益分配等制度上。户籍制度违背“法律面前人人平等”的宪法精神，在法律面前创造了农民和城镇居民两个社会阶层，并以此身份为依据提供不同的待遇。改革户籍制度、实现迁徙自由，首先应当改变以户籍作为身份划分、资源分配工具的旧模式，更深层次是改变迁徙自由与行政权力的关系，实现行政权力的功能界定和权力限缩，防止行政权力成为侵犯公民自由的工具。下文将论述阻碍迁徙自由的各种衍生户籍制度以及由户籍制度所衍生的各种深层次问题，并分析阻碍迁徙自由实现的关键所在。

1. 行政权力与迁徙自由

权力的无限扩张性，极大地影响了公民基本权利的实现，压缩了公民权利的空间和范围。同时权力至上性，“以国家强制力为后盾，以国家利益、社会利益优先为依据的行政权力，相对公民权利具有明显的强势性特征，使公民权利即使有法律的保障也难以抑制日益扩张的行政权力并与之相抗衡”。① 结合中国公民如何失去迁徙自由权，以及迁徙自由权在立法者艰难内心决斗中最终继续被排除于宪法文本之外的历史事实，可以得出最关键的问题在于行政权力过大并且缺乏约束，同时宪法没有充分的权威、无法保障它的条文得以实现。户籍制度的建立就是典型。权力的集中性和独大性让迁徙自由的实现也有着一定的障碍。权力的集中和独大，要求一切的行政活动服务于一个权力中心的意志。如果这个权力中心缺乏对公民自由权利的认识，那么必然导致所服务的另外的政治目标会影响公民的权利。

首先，权力的功用需要做界定，统治优先还是服务优先；其次，权力的行使方式也要做界定，到底是管理优先还是服务优先，即公民主体优先还是行政主体优先，民本还是官本；最后是权力的合法合理限缩。一以贯之的权力集中观念，让其他权力诸如司法和立法与行政有着密切的关系，并且产生泛行政化的特点。行政权力首先要界定自身功用。基于马克思政治经济学观点，政府是统治的工具，政治是私人用品，但是基于民本主义政治，政治乃众人之治，政府乃公器。政治与政权具备双重属性，即私有统治的属性和公器的属性，或者政府治理与公共服务双重的属性，② 故而政府应当有统治和服务的双重任务。中国权力至上的文化传统很容易形成官本位的思想，侧重于管理，而非服务，为了某一具体的政治目标要求公民的权利作出牺牲；对于权力而言，权力扩张而没有边界，很容易侵犯公民的自由和权利。权力应当合理限缩，严格限制政府权力的行使，具体而言，防止政府权力过度干预公民私人空间，充分保障公民的自由。社会对公共服务的要求与政府对统治稳固的考

---

① 张世福、李正春:《行政权力与公民权利的博弈与平衡——以〈行政强制法〉为视角的探讨》，载《天津行政学院学报》2010 年第 1 期。

② 熊秉元:《我是体育老师》，载《经济新观察》，社会科学文献出版社 2002 年版，第 15~40 页。

虑都会影响迁徙自由的发展。管理优先和服务优先本质是政治主体地位谁优先的问题，官员优先，行政成本低廉、行使便捷，还是民众优先、增加行政的投入成本？在现代公民社会，服务政府是主流，官员也是公民，也拥有迁徙自由的需要，官员服务公民也就是服务自己。

传统行政权力与国家司法和立法权力的模糊混同，所有权力都呈现行政化的特点，立法和司法也有着行政化的架构和特点。从立法上而言，迁徙自由被摘除于我国宪法，原因在于现实的考虑。“立法者基于不可能实现迁徙自由的现实将迁徙自由权继续排除于宪法，但是只有将迁徙自由权的规定写入宪法才能够树立标杆作用，作为我国公民权利的前进方向，否则很难以加以保护和实现；司法上而言，由于我国缺乏违宪审查制度，无违宪审查制度就没有真正的、活的宪法，就不可能有宪政，不可能有法治。”① 同时，一味地强调权力的集中，让政府权力主要为上级意思的协调与贯彻，而缺乏平级公权力机构的相互制衡。政府的行政权力可以无限扩张没有边界，甚至立法司法都要协调行政权力的行使。

权利的地位也需要重新厘定。公民的权利具有基础性特点，迁徙自由是公民的基本人权，政府对待权利不应当马虎和随便，应该尽一切条件保障公民权利的实现。对于那些宪法没有作出明示规定的但却非常重要的人权，同样必须给予尊重和保障。② 应该让权力向“自由人组成的社会”回归，真正实现人的自由，同时法律的作用通常是限制政府的绝对权力，而政府的目的和任务就是保护宪

---

① 周永坤：《宪政与权力》，山东人民出版社 2007 年版，第 102～103 页、第 226～227 页。

② 林来梵、季彦敏：《人权保障：作为原则的意义》，载《法商研究》2005 年第 7 期。

法。[1] 另外，公民的权利具有平等性，除非法律限制，部分公民的权利与其他公民的权利在法律上不因身份、经济、宗教、所处位置、历史背景而有差别，不能通过限制无过错的一部分人或者绝大多数人的权利为某一政治目标或者一部分人的利益服务；同时这种限制也应当受到限制，这些限制的限制应当是合法性、合理性和权益性等。

法治的建立需要权威，需要执行力，需要被遵从。亚里士多德关于法治的经典论述有两个核心点：一是法律得到了良好的遵从和执行，二是被遵从和执行的法律本身是制定的良好的法律。[2] 对中国的意义而言，第一点就是建立起宪法和法律的权威，第二点就是制定良法，赋予公民迁徙自由权，并确保各部门法律与宪法对应，建立系统、严密、有效的保障机制。历史告诉我们，迁徙自由权的实现首先需要宪法建立起权威和普遍遵从，而宪法的普遍遵从首先则需要建立起违宪审查权，否则包括迁徙自由权在内的公民权利很容易被政府公权力随意漠视和践踏。

2. 土地产权与迁徙自由

除了户籍制度，土地产权也是对迁徙自由实现的重要束缚之一。新中国成立初期对城乡的居民身份的划分主要依据也是土地所有权制度，以其生活的地点所在位置处于国有土地还是集体土地为依据和标准划分城乡身份。国有土地实质是政府所有的土地，集体土地也是受政府控制的土地，所有土地均集中于政府手中，生存在土地之上的人并没有对土地的所有权，只拥有使用权和收益权。在计划经济时代要保证国家计划的良好进行，首先必须保证生产的稳定性，这需要居民职业的稳定以及土地工农用途的稳定。农业土地

---

① 周永坤：《宪政与权力》，山东人民出版社 2007 年版，第 102~103 页、第 134~135 页。

② ［古希腊］亚里士多德：《政治学》，吴寿彭译，商务印书馆 1965 年版，第 181~191 页。

非经过计划不得转为其他用途土地，必须耕作，保证粮食供给，同时土地要减少流转，保证能够按时、按质、按量地生产粮食，流转的减少甚至冻结让居民较难实现自由迁徙。居民的迁徙基本也是计划性的，是政府为了实现军事、国防、经济的国家利益或者解决城市就业问题的计划迁徙，比如知青下乡、新疆建设兵团屯垦、移民北大荒、移民戍边，等等。正是因为政府掌控土地所有权并加以法律确认，政府可以对城市发展顺利地规划和执行，同时把拥有的土地可以分配给移民使用，这从根本上保证了人口计划迁徙的实现。但是土地公有不得流转的制度却严重压抑和束缚了社会的活力，强化了乡土意识和本地意识，强化了地区保护和同一民族内部的乡土意识，其实质依旧是政府行政权力过大影响公民的自由和权利。

现如今，随着政府权力的不断限缩，政府对于城市居民生活的控制已经相当弱化，城市土地所有权形式上已经非常类似西方。随着国家将保护合法私有财产写入宪法，公民私有财产制度也得到确认和保障，城市的活力得到释放，本城市的迁徙已经相当的便利，只要有经济条件迁徙就可以实现。但是，农村到城市的迁徙则非常的困难，因为户籍制度的限制，进入城市并不代表享受城市公民待遇，必须先行获得户籍才能够得到与户籍捆绑的各种市民待遇。随着城市扩容到达极限，城市所能够容纳的人口数量降低，进入大城市的几率也急速下降，改革开放的红利只能主要由户籍居民享有。

就农村土地制度而言，由于受到集体土地所有制的束缚，土地不得转让、土地不得抛荒。这让农民无法通过转让土地获得离开乡土的原始资本，也无法对应市场机制选择多种、少种甚至不种粮食。同时，土地在流转的时候本集体内部人员优先受让，让土地无法由外部人员获得，该地区的土地成为留在该地人员的世袭资产。不得抛荒要求农民必须每年都耕种所承包的土地，否则集体有权收回承包的土地。其初衷在于提高粮食产量和土地利用效率，但是限制了农民多种选择的可能性。因为农民如果不愿意从事农业生产想进入城市，则土地无法耕种，无法耕种则土地被收回，这样间接地将农民束缚于土地之上，剥夺了农民选择其他职业的可能性。另一层面而言，随着政府对“三农问题”的更加重视，农业也将迎来新的发展机遇，这种迟到的正义带来农业利益的提高。但是受限于本来就严重的乡土情结和本地区土地承包经营流转内部成员的优先受让，使得外地人和城市人获得农村的土地也变得更加困难，土地无法自由买卖，无法用于非农用途，且内部优先受让。这意味着城市居民或者其他地区的居民，很难通过合理途径获得他想要地区的农村土地承包经营权，同时耕地红线的严格把控，土地的流转势必将更加严格。

想卖的人卖不了，想买的人买不了，乡下人就永远耕地，城市人就永远在城市，这就是土地制度所造成的对身份的确认和职业选择的固化，无疑从源头上限制了人口的流动。土地制度从源头上限制了人口自由流动，户籍制度让自由流动的人口无法获得应该享有的当地社会待遇，通过不给予流动人口以市民待遇的方式限制人口的迁徙，达到控制城市规模的目的。取消了土地的转让，作为最根本的财富——土地无法提供人口的城乡流动的动力，也根本断绝了古代“早年入朝为官，晚年回乡农耕”城乡有序流动的场景，造成了城乡流动的单向性和不可逆性。

3. 社会保障与迁徙自由

社会保障的不均衡是盲目迁徙的重要原因。人口迁徙的特点是朝着富裕的地方迁徙、安全的地方迁徙、更好发展的地方迁徙。社会保障的不均衡加大了人口的迁徙，人口迁徙是与经济的发展状况相对应的。盲目迁徙有三个特点：第一，迁徙的愿望和动力十分大；第二，迁徙的目的地过于集中；第三，迁徙结果的社会评价不高。盲目迁徙的原因有：第一，社会发展极度不平衡，这是盲目迁徙的根本原因。迁出地不能提供迁徙居民所希望的经济条件，人们都希望朝着经济更加发达的地方生活，社会发展极度不均衡让人们的迁徙目的地过于集中。第二，社会保障不均衡加剧了盲目迁徙的可能。如果不因迁徙的行为获得更高的社会保障，那么迁徙会更加理性。第三，受打压的总会引起反弹。盲目迁徙受到政府的限制，反过来可能刺激人口盲目迁徙。政府为了应对盲目迁徙，通过捆绑户籍制度与社会保障，使得迁徙的人口无法获得当地的待遇、无法生存，从而让其返回原地。随着粮油的充足供应，政府无法控制公民获得生存资料而返回原地，政府则强化户籍的身份识别意义，通过给予外来人口以次国民待遇的方式，最终达到使人口离开的结果。社会保障的不平衡和区别化对待，让户籍制度成为一种不合理的、不公正的、不正义的制度。权力无法实现公民权利和尊严的保证，相反，权力成为公民迁徙自由的障碍和限制。通过设置前置性的迁徙准许，捆绑户籍与社会保障实现对迁徙进行控制，政府并没有尽全力为公民提供平等的国民待遇，却挖空心思赶公民离开。这与地方意识和地方保护有关，更与行政权力缺乏权利和服务意识有关。

纵向而言，改革开放前期政府重视工业、重视城市，优先发展军工为代表的重工业，却严重缺乏资金，但是国家建设又操之过急，这就要求农业为工业的进步做出牺牲。要实现重工业的有序发展，首先必须保证城市工人的社会保障和社会待遇，所以新中国成立初期就建立起城市的社会保障体制。而农民的社会保障主要还是依靠土地和传统的家族代际反哺——即养儿防老模式。公社运动强迫农民进行集体劳动，则是实现国家对农民的控制，掌握农民的财产和粮食，保证对重工业建设的输血。改革开放以来，国家对“三农问题”长期忽视，农村社会保障举步维艰，“七五”期间国家投资为城市医院增加了40万张床位，而乡镇卫生院却为0。[①] 改革开放的成果最主要集中在城市，也主要由城市居民享有，限制迁徙自由权的结果是农民无法享受改革开放带来的与城市居民平等的社会福利。总之，农村社会保障制度的长期缓慢和低级，其发展与

① 郑秉文：《新中国60年社会保障制度回顾》，载《当代中国史研究》2010年第3期。

城市社会保障制度差异巨大。

横向而言，各地的待遇也很不均衡。当前并无全国统一的社会保障，各省市制定自己的社会保障系统，并使用地方财政加以保障；同时税收制度——分税制也造成了各地财政收入的不均衡。这意味着不同地区的社会福利待遇完全不同，长久的不均衡发展所造成的先发优势，让各地的发展呈现完全不同的情景。中国东部某些地区已经非常发达，但是西部地区仍停留在农业社会中，社会保障制度的不均衡造成人口盲目迁徙，人们用脚投票选择自己的居所，所以人口会过度集中于城市地区和发达地区，这是人口盲目迁徙的根本经济原因。

基于悬殊的社会经济差距而导致的人口大规模流动，政府过去没有采用平衡地区发展，建设统一平等的社会保障制度的方式予以处理，却采用“堵”的方式希望将人口流动堵住。发现无效之后，通过高筑户籍制度的堡垒，让人口的流动彻底被冻结。但是随着社会的发展，当今中国城市却面临着更大的压力，这是因为户籍制度的存在进一步加剧了本来就极不均衡的城乡和地区间的发展。人们往更富裕、更发达的地区迁徙和流动的愿望就更大，人口的越来越多让政府对自由迁徙的恐惧与日俱增，就必须采取行动限制迁徙，甚至强化一直以来限制人口流动的户籍制度的作用，这样形成了越堵越高、越高越堵的恶性循环。

保障迁徙自由，首先要充分实现全国资源配置的平衡，各地社会保障均等，全国都有同样的社会保障水平，人们并不因为到发达地区就获得更好的发展机遇，相反会根据自身的经济实力选择适合自己发展的城市，这样人口盲目迁徙的可能就会降低。如果这一根本制度不改变，仍然将资源全部集中于城市或者东部地区，过于强调有所倚重的发展，则无法实现自由迁徙和合理迁徙。政府的管理思路应当转变为从限制盲目迁徙到引导合理迁徙，转变为从赶走外地人、乡下人、农民工到服务全部公民，首先就是配置全国统一、可以略有差别的社会保障。

4. 经济成本与迁徙自由

迁徙自由权的实现在现阶段不可能立刻彻底实现，因为必须考虑经济成本。根据法律经济学观点，权利的实现需要付出代价，任何制度设计都不能够不考虑实现权利、设立和维护制度的成本。由于户籍制度历经相当长的时间，惯性极大且积重难返，同时土地制度的改革也暂时不可能开展，故而现阶段全面彻底实现迁徙自由权代价极大。要实现迁徙自由，整个社会都会付出相当大的代价来处理新中国成立60多年遗留的政治经济问题。

首先，从历史的角度来看，计划经济的惯性让历史对现代中国有着诸多的牵绊。计划经济三十年以及改革开放三十年形成的利益格局积重难返。其次，迁徙自由权的实现依赖于一系列体制的全方位改革，最需要的是实现宪法作为根本大法的权威地位，以及实现良法得到普遍良好地遵守和执行的局面，即建立法治社会，实现社会治理的观念、方式、工具和机制创新。在一系列社会体制的改变后，迁徙自由才能够彻底实现。再次，迁徙自由权的根本实现不仅依赖迁徙主体的主观意志，还依赖于迁徙行为的客观评价，特别是对社会秩序和国家安全的影响。自由迁徙可能引发的盲目迁徙，会冲击现有社会秩序和威胁国家安全，会造成主政者对自由迁徙的恐惧。最后，迁徙自由权的根本实现的最大障碍在于资源绝对的分配不均。城乡、民族、区域都存在着较大的差距，这为迁徙者提供了巨大的经济诱因，也为迁入地提供了巨大的人口涌入压力。迁徙自由权的实现有赖于在经济社会政治全面进步并实现渐进式发展，逐步到权利的全部实现，故而其实现的时间很可能是一个相当长的历史阶段。

2001年，郑州市为了加快建设大都市，与西安等大城市平起平坐，早日实现2020年人口达到500万的目标，“开闸放水”，允许人口以投亲的方式迁入郑州市区获得城镇身份。但两年间通过投亲方式迁入人口每年才10万，这与郑州市要求达到的每年15万不匹配。于是2003年郑州实行更加优惠的户籍政策，在全国率先取消城乡二元结构，规定只要与该市企事业单位签订劳动合同，并交纳社会统筹金的人员就可以办理迁徙手续。瞬间郑州市人口暴增，以至于学校每班90多人，公交极度拥堵，市民怨声载道，社会问题非常尖锐，2004年施行不足一年的郑州户籍新政被叫停。

郑州的改革可谓彻底和根本，值得肯定的是其改革措施是我国迁徙自由权利充分实现的基本方向，即公民可以自由地迁徙，自由地选择适合自己居住的地点并享受该地的社会保障待遇，在总方向和结果上来看郑州的改革是正确的。但是，该反思的是郑州市推行户籍新政的不足之处。户籍新政的目的并非实现公民的基本人权，而是为了现实功利目的，即实现大城市的升级——与西安等城市平起平坐的政治目标。为了实现功利的目的剥夺公民迁徙自由权，为了实现功利的目的又给予迁徙的权利，发生问题后为了实现解决现实矛盾的功利目标又取消了迁徙的权利，这充分说明政府缺乏对权利的认真和慎重对待；另一方面也说明了户籍制度骤然放开虽然能够实现迁徙自由，但是政府配套设施无法跟上，最终还是损害社会的利益，其经济的成本值得考虑。

迁徙自由的实现依赖于政府加大对公共产品的投入。城市每增加一个人口就必须考虑其公共产品使用，就必须增加公共产品的供给和投入，这需要很大的物质成本和人力成本。实现迁徙自由必然需要放开户籍制度，改变户籍制度稽查犯罪、人口控制、分配资源的社会功能，还原户籍制度服务户政、服务自由迁徙的功能。但是，放开户籍制度则会面临社会秩序遭受严重的冲击，将会进一步增加社会治理的难度，造成严重的"城市病"。限制迁徙自由的户籍制度骤然放开会导致一系列的问题，这需要政府在决策的时候慎重考虑。但是这并不意味着迁徙自由权不应实现或不能够实现，只是说迁徙自由权的实现需要渐进式改革，从根本上实现经济的平衡后逐步实现，并且考虑实现的成本。

5. 利益冲突与迁徙自由

户籍制度滋生本土意识和地方保护主义。在长期的二元分化历史过程中，将城里人和乡下人、本地人和外地人身份认同固化。现今社会而言，如果将土地分配给城市居民或者外地居民，会对农村乡土社会、熟人社会造成冲击，因为除了婚姻关系导致的迁徙外，乡土浓厚的乡村社会很难接纳外地人口；另外，基于土地所有权的问题，对农业土地的拥有也成为一种身份的象征。随着国家一号文件对“三农问题”的更加重视，农民的社会福利将会越来越多。但是非农居民无法通过流动获得农业的土地。只有当地农村居民及其后代才有资格获得土地（不包括四荒地）的承包经营权，这样农村社会也形成了比较封闭的社会环境，难以容纳非农业职业者的农业职业选择。

在城市社会中，本地户籍人口与流动人口之间形成了相互依靠和相互对立的关系。城市需要外地人来建设，外地人也需要获得更多的机会。市场经济驱动劳动力市场的自由流动，让人们在适合的地方实现自我价值，户籍人口和流动人口是相互扶持和相互依赖的关系。但相互冲突和矛盾也随着城市人口的自然增值过快以及流动人口涌入过多造成一系列“城市病”，诸如人口拥挤、社会公共福利下降、社会治安恶化等。外来人口会埋怨地方政府缺乏平等关爱，将自己视为二等公民，没有给予自己平等的机会和尊重，埋怨本地居民的歧视；而本地居民则会埋怨外地人口争夺当地资源，影响交通、教育、医疗、治安等，造成了城市生活水平的下降。在当前社会不涉及公权力机关的情况下，户籍居民和非户籍居民在生活上已经没有多大差别，但是在教育、社保等方面有着完全不同的待遇。

从对立双方的诉求来看，城市管理者都是户籍人口，政策法规代表户籍人口的利益，一方面需要外地人口建设城市，为城市的发展做贡献；另一方面基于户籍制度的制度惯性和分税制度，为保护户籍人口的利益，城市管理者必须将本来稀少的社会资源主要分配给本地的户籍人口。同时，外地人口的大量涌入为城市带来福利的同时也带来了一系列的问题，治安恶化、本地居民就业受到冲击、社会资源配套不足、资源紧缺、交通拥堵、教育资源紧张，等等，城市已经过度拥挤，不能再涌入更多的人口。对于城市管理者来说，为了减少人口涌入的盲目性，必须减少其他可能因为到达城市所能获得收益，而这些收益或利益则是与户籍制度相挂钩和绑定的，所以户籍制度所捆绑的各种利益不能让其享有，必须通过户籍制度让其处于“飘动”的状态，让其在合适的时候放弃大城市回到本来的地方。同时城市按照自己的计划和安排从大量的流动人口中挑选忠实者、杰出贡献者、高技能高技术的人才留下为城市做贡献。

但对流动人口而言，流动人口自由迁徙到流入地是对流入地社会发展的充分肯定，对自己的发展有着很好的期待，希望在流入地有更好的发展机会和发展前景，希望城市管理者给予充分的利益保护，给予平等的对待和充分尊重。但是城市管理者没有流动人口的代表，无法代表流动人口的利益和表达流动人口的诉求。

户籍人口享受了较之于非户籍人口极其优厚的社会待遇，形成了经济差别之外的身份不平等，并且在分税制度以及地方意识的影响下进一步强化，造成了相当的不公平正义，严重破坏平等的宪法共识。但为了实现公平而必须全部平等则犯了绝对平均主义的弊病，不符合亚里士多德关于分配正义的要求。在当前社会贫富极端悬殊、社会差距极端巨大的情况下全盘放开户籍制度，对于生于斯而长于斯的本地户籍人口而言是相对不公平的；但是完全不放开户籍制度，不给予外来人口基本待遇，则对于新迁徙人口，对于勤勤恳恳建设城市的人来说是绝对不公平的。不改革对于户籍居民也并不是件好事，优越的制度条件形成的相对优势会造成竞争力的下降，最后导致整体素质的下降，就长远而言影响城市的发展和进步。

总之，户籍人口和外来人口的利益冲突是一对必须兼顾的矛盾，放开与关闭都是重新调整或巩固既有利益格局。在进行社会改革的时候绝对不能忽视这一点，必须协调双方利益，逐步实现公平和正义。公平的实现需要考虑成本的代价，但是即使成本高昂也必须促使公平的实现！

（三）迁徙自由的实现对策与路径

1. 各国家及地区保障迁徙自由的经验

（1）迁徙自由权在美国。美国作为移民国家，信仰“哪里有面包，哪里就是祖国”的理念。美国建国初期，《邦联条例》第4条规定：“除乞丐、流浪者和逃犯之外，任何合众国自由民都享有自由进出其他州的权利，并享有所在州居民同等的权利。”这一规定赋予了自由民自由迁徙的权利。成立合众国之后，《美国宪法》第4条第2款规定：“每州公民应享受各州公民所有之一切特权及豁免……”① 但其关于公民以及特权及豁免的名词解释，则在宪法修正案第14条之后才确定，其含义就有迁徙自由。② 美国目前实行纳税人制度，迁移者以纳税地为居住地点，无须申请准入许可。但是在屠宰场案之后，对优惠与豁免权的狭隘解释和各州设立的居住年限、市场准入等条款实际上对于跨州迁徙进行了一些经济和政治限制。在1969年的福利居住期限案中，最高法院判决地方政府不得通过限制福利救济而限制迁徙自由。在1970年的俄勒冈州诉米切尔案中，最高法院禁止在总统和副总统选举中应用居住期限规定限制迁徙者的政治权利。③

从微观角度上看，美国人没有户籍制度，同样也没有户口。美国人迁徙到一个地方，就自动成为当地的公民，享受当地的各项政治权利，并自动享受当地的各种福利待遇，并不需要专门的批准。

① 或译做“优惠及豁免权”。其原文是“Sectian2. The citizens of each state shall be entitled to all privileges and immunities of citizens in the several states”。

② 张千帆：《从管制到自由——论美国贫困人口迁徙权的宪法演变》，载《北大法律评论》2005年第6期。

③ 接栋正：《发达国家人口管理办法对我国的启发与思考》，载《人口与经济》2008年第4期。

美国人也经常换工作经常搬家，政府通常是通过 DMV[①] 获得公民信息，通过 DMV 了解到拥有驾照的居民的移动情况，以及本地居民移入移出情况，并以此为依据向居民提供服务。按照纽约州法律规定，美国公民移动到另一个地方超过 10 天[②]就需要向 DMV 更新自己的地址。另外居民更重要的证件是社会保障卡。在美国的所有合法居民，都有自己的社会保障卡，其号码也是唯一，伴随一个人的一生。它的重要意义是就业、薪金、保险、纳税以及一系列均依靠该社会保障号为基础，美国人每到一个新地方，都需要向社保机构办理住所变更手续，保证自己的福利待遇的及时享有。

没有严格的户籍制度，美国社会也秩序井然。其所形成的是动态的平衡，让公民在自由迁徙中实现自我的价值，政府对待迁徙自由的态度也是开放的，行政权力为公民的权利实现提供充分的便利，并给予平等对待和重视。这一点上，实现动态的平衡和开放的治理，对我国的治理模式有一定的启发意义。

（2）迁徙自由权在泰国。泰国作为发展中国家，与同处于发展中国家的中国一样也具有户籍制度，但是泰国户籍制度的功能作用却只局限于统计人口、服务户政，并不附带利益分配、犯罪稽查等功能。与中国事前迁徙准许制度相比，泰国迁徙是事后迁徙制度，即符合迁徙条件且在迁徙地居住 6 个月以上的承认其居住地户籍。根据《泰王国宪法》第 43 条规定：“公民在泰王国的国土上有行动和选择居住地点的自由。除了为维护国家的安全及人民的安宁、为了保护人民群众及儿童的安全和福利、为了城市建设规划的需要可以依法采取的措施外，不得对公民的上述自由加以限制。将具有泰王国国籍的人驱逐出泰王国国境或禁止具有泰王国国籍的人进入泰王国国境的行为都是不允许的。”泰国户籍管理采用市场与

① Department of Motor Wehicles 指美国车辆管理局。

② 纽约州要求公民移动到另一个地方超过 10 天就需要向 DMV 更新自己的新地点，可以通过电话、邮件、亲到、网络等方式。

法律双重手段，让不能在大城市生存，包括有经济收入、住房等的公民，依市场法则去选择与自己经济水平相适应的城市区居住。而且所有城市的待遇均不会有较大的差别，所享受的待遇是基本一致，并不会因为在大城市就获得更多的社会福利，也不会因为出于小城市其待遇就降低。

同为发展中国家，且都以农业社会为根基的泰国的户籍管理经验可以作为我国的借鉴。特别是摆正户籍制度的功用，将户籍制度的功能定义为统计人口数据、更好为公民服务的工具，而非限制公民迁徙自由权利、为政府公权力扩张提供便利的工具。同时，泰国政府用市场和法律的手段让公民选择自己适宜的城市，这一点非常有启发意义。通过法律手段提供全国基本一致的社会保障，这从根本上降低了盲目迁徙的可能。提供平等的社会待遇让迁徙者考虑迁徙的成本，利用市场机制合理分配人口，实现政府善治。

（3）迁徙自由权在台湾地区。我国台湾地区也有户籍制度，其“宪法”明确规定了居民的迁徙自由权，并且规定了迁徙自由权的限制，即以他人之自由、紧急危难、社会秩序或公共利益，同时也规定了限制的限制，一方面要求限制是必要的，如果并不必要就不得加以限制；另一方面规定了限制必须来源于法律，即法律保留，无法律授权的行政不得限制公民迁徙自由权。[①] 根据“司法官大法官”释字第443号理由书：“宪法第十条规定人民有居住及迁徙之自由，系指人民有选择其居住处所、私人生活不受干预之自由，且有得依个人意愿自由迁徙或旅居各地之权利。”根据“户籍法”第16到第18条规定，迁出迁入或住址变更3月以上需要进行迁出登记、迁入登记或者住址变更登记，并未对迁出或者迁入进行特定的法律规定限制。

从微观上而言，台湾地区居民迁往其他地区并不需要经过特殊

① 姚秀兰：《论台湾地区户籍法律制度及其借鉴》，载《法律文化研究》2006年第9期。

的批准，同样也是一种事后登记制度，而并非事先准许。在权利与政府权力面前，迁徙是公民的权利，而并非政府的权力，政府的权力应当被约束在宪法法律的范围内，不能随意侵犯公民的私人空间。因为各地社会保障福利待遇差别并不大，社会发展均衡，所以并未造成严重的城市人口涌入的问题。

台湾地区的迁徙自由因为有法律的充分保障得到了非常好的实现，对于我国大陆地区的启发是制定完备有序的法律并严格执行，现阶段我国需要制定良好的户籍法为我国的户籍制度改革做保障。同时，台湾地区的民意代表和议员制度等也有一定的借鉴作用，让政府中有多元的利益代表，实现迁徙自由应当让迁徙人口也拥有在政府中的代表者和话语权。让政府中也有迁徙者的政治参与，这样迁徙自由权的实现才有民众基础和群众基础。

（4）迁徙自由权在国际社会。在国际社会，随着人权思想的发展，迁徙自由成为公认的权利。各国均通过立法或者实践保障公民的迁徙自由。

户籍制度的母国——苏联解体之后，其后继者俄罗斯、乌克兰、哈萨克斯坦等独联体国家在各自的宪法中均规定迁徙自由权，并且规定国家对该权利进行保护。《俄罗斯联邦宪法》第 27 条规定：“合法地处于俄罗斯联邦境内的每个人都有自由迁徙、选择逗留和居住地点的权利。每个人都可以自由地离开俄罗斯联邦国境。俄罗斯联邦公民有不受阻碍地返回俄罗斯联邦的权利。”

亚洲东亚文化体中，日本、韩国、蒙古均规定公民拥有迁徙自由权并由确定措施给予执行，仅中国、朝鲜未规定迁徙自由权；与中国相邻的东南亚各国中，泰国、越南、印尼、马来西亚等主要国家均规定国民拥有迁徙自由权；同时南亚国家中印度、巴基斯坦均规定迁徙自由权。欧洲地区的《欧洲人权公约》第四条议定书第 2 条第 3 条规定了迁徙自由权。

就国际社会共识而言，《联合国人权公约》第 12 条也明文规定了迁徙自由权，特别是公民在本国的自由迁徙权利，“一、合法处在一国领土内的每一个人在该领土内有权享受迁徙自由和选择住所的自由。二、人人有自由离开任何国家，包括其本国在内。三、上述权利，除法律所规定并为保护国家安全、公共秩序、公共卫生或道德、或他人的权利和自由所必需且与本公约所承认的其他权利不抵触的限制外，应不受任何其他限制。四、任何人进入其本国权利，不得任意加以剥夺。”这说明在国际共识上将迁徙自由分为两个部分，一是国内迁徙自由，二是国际迁徙自由，并且迁徙自由的边界是国家安全、公共秩序、公共卫生或道德或他人权利所必须且不与其他权利相抵触。

总之，就整个世界共识而言，均普遍认同迁徙自由是人的一项不可缺少、不可分割的基本权利，并且在宪法文本和国家的司法实践中加以保障。不论是户籍制度的源头苏联后继者国家，还是东亚文化体、东南亚、南亚国家，几乎所有国家都规定迁徙自由权；发达的欧美国家的迁徙自由权更是有着法律和经济的充分保障。而我国的迁徙自由权还在艰难地跋涉之中，其发展脉络有着深刻的历史文化背景和政治经济因素。

2. 破解迁徙自由困境的现实路径

中国公民的迁徙自由，与中国社会政治经济文化两次深刻转型有着深刻的关系。为了建立起计划经济不得已在城乡建立起户籍的高墙，通过户籍制度与社会福利的挂钩进一步强化了户籍制度的身份识别和资源分配功能。这种身份识别工具有一种自然地代际传承，并依身份之不同有着迥异的社会保障和社会福利。随着“文化大革命”的结束，计划经济体系的重新恢复，严格限制人口流动的户籍制度被强化。但是随着改革开放的深入，中国社会经济深刻转型，建立市场经济，市场对自由劳动力市场的需求更加强烈，这种身份识别工具已经不能够满足社会发展的需要，成为阻碍公民权利成长、阻碍经济合理健康发展的拦路石。随着贫富差距和地区发展水平差距不断拉大，人口流动成为不可阻挡的社会潮流，限制人口流动成为既不可能又不可行的措施。继续限制则会造成越堵越高，最后成为地上悬河的局面，但是急剧开放又会造成严重的社会问题。故而近些年户籍制度的改革呼声极高，但是具体改革措施却举步维艰、步履蹒跚，这其中有深刻的历史原因和利益纠葛。

回顾中国迁徙自由发展脉络，可以看出户籍制度以及户籍衍生的一系列社会资源分配体系对当前迁徙自由造成了极大的影响，依靠限制人口流动的方式进行社会治理是极不可行、也绝对不可能的。流动是人口的特性，一个健康的公民必然有着自由流动的想法，一个开放的社会必然要求人口的自然流动。人口的自然流动有利于国家，也有利于公民个人。我国可以学习美国社会开放治理的经验，为人口的自然流动创造条件和提供高效便捷的服务，实现开放的平衡。

迁徙自由的实现要求户籍制度作出改革，但是迁徙自由的实现不得不考虑与户籍制度相关的更深刻的社会问题，必须考虑土地制度、社会保障、经济成本和利益冲突等诸多事项。在迁徙自由有着曲折发展脉络的新中国完全实现迁徙自由是一个艰巨的历史进程，并非一蹴而就即可实现的。

笔者认为，在当代中国实现迁徙自由应当考虑以下重点和难点，并进行重点改革：

(1) 限缩行政权力，保障公民权利。实现迁徙自由必须充分限缩政府行政权力，将政府权力限定在保障公民权利、服务公民权利上面来，具体而言应当有下列三个要点：

首先，实现迁徙自由权观念的革新。政府要树立起权利意识和服务意识，即认真对待公民的权利以及合理行使自身的权力。政府权力来源于人民的授予，来源于公民的让渡，权力行使的目的在于保证公民权利的实现，在于为公民的权利实现提供起点公平和规则平等的社会环境。不能有所偏倚，不能运用权力侵犯公民的权利，不能践踏公民的基本人权，不能创造起点不公平和规则不平等的游戏规则，不能怠于行使自身应当履行的职权。同时，政府要树立起服务意识，与服务意识相对的是统治意识，即将民众视为被统治者加以统治。中国政府是人民的政府，宗旨在于为人民服务，政府行政人员应当树立为人民服务的意识，合理使用自我权力，不与民为敌、不与民争利、不与民恶政，政府要杜绝懒政、恶政和庸政，积极保护好公民的基本权利，服务好公民的基本权利，积极帮助和实现公民权利意识的提高，为公民的自我发展创造良好的机遇和平等的制度环境。实现政府服务职能的转换，要求将户籍制度从公安部门转移到民政部户政司，剥夺户籍制度稽查犯罪的功能，还原户籍制度服务公民户政，帮助公民实现迁徙自由权，帮助公民实现更好的发展的本旨。

其次，赋予公民自由迁徙的权利。市场经济呼唤劳动力的自由流动，法律的权利回归有利于树立起社会进步的标杆。在摸着石头过河的改革实践中，往往以解决现实问题实现经济发展为根本标准，问题出现之后才开始重视和解决，很多制度都是在出现重大牺牲甚至以人命为代价之后才加以改革。树立迁徙自由的理想和目标并坚定贯彻实践，有利于合理解决遇到的各种问题，提高应对的预见性和先验性，有利于公民权利的良好成长，有利于社会的良性发展和进步。另一方面，法律权利回归有利于实现政府的职能转变，从人口管理者向为人口自由发展提供公平服务的功能转变，有利于实现政府善治，有利于实现社会的全面进步。这是实现迁徙自由权的最根本的法律保障。虽然迁徙自由在当前社会的实现有一定的障碍，但是应通过立法赋予公民自由迁徙的权利，提高政府官员对迁徙自由公民权的尊重和重视，为中国社会的发展提供标杆和方向。

立法确定迁徙自由权的必要性，在于公民要求实现自身更好发展的愿望和公平正义诉求日益强烈。与其通过堵截的方式限制水流流动，不如创造平等公平的地势环境，减少水流的冲力，合理疏导水流流入大海。同时，市场经济要求劳动力市场的自由化，要求劳动力实现自由流动，以保证人口流动到合适的地方，所以迁徙自由权是对市场经济更好发展的法律保障。要实现政府职能从管理者到服务者，从统治者到治理者的转变。迁徙自由的权利有利于约束政府无限扩张的权力，进而保证政府的权力用在为公民谋求最大福祉和维持社会的信用和公平正义体系上来。2004 年“国家尊重和保障人权”入宪，这说明国家政府对于人权的重视提到了宪法的层面，作为基本人权的迁徙自由权有了法律保障；同时虽然并未直接提及迁徙自由权，但是国家领导人也开始呼吁实现迁徙自由，这说明政治环境的进步为迁徙自由权的实现提供了政治基础；经济上而言，户籍制度改革以及城镇化变革需要吸纳大量的人口进入城市，这为迁徙的实现提供了机遇；大城市的严格限制并不妨碍迁徙自由权的实现，相对宽松和开放的中小城市也为公民的迁徙自由提供了良好的迁徙目的地。

最后，充分保障权利，实现良法之治。立法确认迁徙自由权，并保障该权利能够得到切实的落实。司法上，要设立监督机制，防止人民权益被侵犯；执法上，要删除和修正相违反的法律法规，限缩政府权力，把政府权力限制于服务公民、为公民创造良好平等的社会环境的范围内，切实保障执法合法；守法上，全社会要树立法律的权威，切实以法律作为自己的武器和工具，认真对待自己的权利，为权利而抗争。同时，迁徙自由权的丧失，法律的执行力欠缺是重要的原因，社会改革的难点在于如何有效限缩政府权力。同时迁徙自由权的实现还依赖其他制度机制予以保障，这样公民权利的实现才有可能。

（2）改革土地制度促进土地流转。作为公民最根本的财产——土地，作为国家最根本的制度——土地制度的改革应当是所有改革中最艰难的部分。国家根据土地所有权性质的不同并以此作为依据划分民众身份并分配社会资源，在计划经济的时代有着重要的作用和意义，但是经济制度的变更也要求土地制度发生相应的变化。实现职业的自由化是实现迁徙自由的有力保障，而良好流转的土地制度为职业自由化提供了基础和条件。当前，集体所有和国家所有的土地制度到底要不要彻底改革以适应社会主义市场经济的发展要求值得商榷，集体土地的存在意义也开始被反思，公民的迁徙自由权的实现最大的难点就在于土地制度。就农民而言，无法卖地也无法抛荒；就城市居民而言，无法实现对农村土地的拥有。土地市场的法律冻结让居民的迁徙只可能单向化，而无法呈现多元化的可能。

集体土地所有制度的弊端日显。集体土地的行政化实质让土地集中在政府手里，政府拥有土地的最终决定权，迁徙对应的不迁徙也开始出现，不迁徙权也应当是迁徙自由的题中之意。土地被土地之上的管理者实质掌控，为了巨额的收益，官商勾结强制拆迁在中国社会屡见不鲜。人拥有迁徙的权利，也拥有不迁徙的权利，但是由于政府掌握了土地，集体土地又被官员所实质掌控，所以很容易随意侵害农民的居住权；另一方面，农民不能够销售土地获得原始资本，而土地的实质拥有者——政府则可以决定土地的命运并获得巨额的收益，所以公民的不迁徙权较难得到保障，很容易受到公权力和强势商业主体的联合压制。

实现迁徙自由要求实现土地制度的改革。在公有制度无法被改变的前提下，应当在农村土地承包经营权的流转上做出创新。土地日益集中到少部分专业化的农民手里的趋势不可逆转，这对于实现农业机械化、专业化和规模化提供了重要契机。农民的土地流转应当合理化和科学化，应当允许农民转让自己的土地承包经营权并获得相应的对价，同时允许农民依据市场的需求减少或者不耕种部分土地，比如可以规定“连续三年土地未使用可以取消土地承包经营权，收回土地。”这样既保证了土地的流转的可能性，也保证了农民拥有抛荒权，能够保证农民自由选择自己的职业，实现自由迁徙。另外，应当允许农村土地的市场化运作，即外地人口通过购买的方式可以获得土地的承包经营权，将农业的小农耕种改为农业公司，雇佣农民进行农业生产，将自耕自种的农民转换为农业工人。一方面大规模作业能够提高农业产量，另一方面农民的工业化也有利于将农民纳入到农业劳动力市场中来。这种建议的可行性在于，现实中已经出现了农业雇工的情形，即西北地区的麦客[①]。西部留守家庭农业耕种和收获是雇佣其他农民进行耕种和收获，原因在于留守老弱无法从事繁重的农业生产活动，为了继续耕种收获，通过雇佣自由劳动力的方式实现春耕秋获。这无疑是为改革提供了一种可行的方式，即通过农业公司的方式吸纳农村劳动力进行农业生产，将小农经济转换为市场化农业经济。同时集体经济也应当变革，土地制度可以收归国有，全国实行统一的土地制度。因为全国实行统一土地国有制度，有利于非农业人口选择农业职业，也有利于统一全国市场实现城乡二元的彻底破解。

除了保障迁徙的权益，也要保证不迁徙的权利，即迁徙与不迁徙都是公民的自由权利，不得加以限制或者剥夺，应当充分尊重人的不迁徙权利。其中最突出的问题在于强制拆迁的问题。为了更好地发展公民拥有选择迁徙的权利，也拥有为了维持现状选择不迁徙的权利，这是迁徙自由权重要内涵居住权的应有之意。政府应当将公共利益和公民权利并重，充分兼顾。

（3）平衡国家发展，统一社会保障。分税制导致的地方财政收入差距悬殊，是造成中国目前社会资源分配不均等的重要原因，地区收入很容易与地方保护主义、地区意识挂钩。首先，地区间财政收入差距拉大，进一步扩大了地区间的经济差距，继续提高了人口盲目迁徙的系数；其次，地方政府为了获得财政收入，不得不依赖销售土地获得土地的巨额增值收入，拉高了商品房价，降低了居民获得住所的能力，阻碍了居民迁徙自由权利的实现，也加剧了社会财富分配的不均等；最后，分税制度加剧了地方保护制度，深化了本地人意识和外地人意识，降低了社会包容度和增加了迁徙者的融入难度。税收制度的改革应当重在统一税制，保证中央能够控制

① 在中国北方，由于各地麦子成熟时间的差异，产生了以收割麦子为职业的人，以此换取收入。这些人大多体力较好、技术过硬、勤奋肯干，他们被称为麦客。

全国的税收收入，并且依据人口和经济发展水平分配给地方税收。这样才能够保障国家实现全国统一的社会保障制度，才能够促进经济的均衡、可持续发展，从而最终保证迁徙自由更好地实现。

长久以来的资源分配与户籍挂钩，关键原因在于资源的稀缺性，希望借由这种挂钩实现静态的平衡。粮食稀缺的时候为了保证计划经济内的户籍居民，故而将粮油关系与户籍挂钩。改革开放后，特别是市场经济确立后，粮食充足了，粮食不再是稀缺资源，粮油就与户籍分开了。然而教育资源、公共资源、廉租房、大城市车辆牌照、社会保障等继续与户籍挂钩，都与这些资源的稀缺性有着重要的关系。长久以来的户籍保护形成本地意识，很容易自然地形成地区保护主义，很容易造成户籍人口和外来人口的利益冲突，即户籍人口并不愿意与外来人口分享或者竞争本来就稀缺的社会资源。除了稀缺性，与这些资源的特殊优越性也有着一定的关系。长久以来的制度安排，农村为城市居民输血，城市发展非常迅速，基于身份而形成了先发优势。制度给予的外在保障让户籍居民的权利相对于其他无户籍居民相当优越，户籍居民的生活质量水平显著高于非户籍人口。权利的优越性是社会分配不均的表现，也对地方保护主义的形成有着至关重要的作用。

完善社会保障法，改革税收制度，实现国家对社会经济发展的全盘掌握，保障国家能够合理布局全国一致的社会保障水平，保障不因为地区发展的差异而导致的人口盲目迁徙，保障国家为公民的迁徙提供一个公平平等的社会环境。只有全国医疗水平、教育水平等社会保障的大致均等，才能够充分保证国家的正义和社会的长治久安，才有利于最终实现公民的迁徙自由权。

另一方面，户籍改革面临全国社会发展极不均衡的现实。[①] 全国经济发展水平参差不齐，这是引发人口盲目往东部迁徙的经济诱

---

① 欧阳琼、丁日佳：《中国社会保障地区差异研究》，载《首都经济贸易大学学报》2011 年第 5 期。

因。各个国家的经济发展都存在发达与落后的差别，关键问题在于我国的社会保障也极不均衡。首先，并不存在覆盖全民的社会保障体系，广大农民根本享受不到与其他公民平等的社会保障，甚至根本不了解社会保障是什么。其次，地区间的社会保障差别也非常的巨大，这也为人口的盲目迁徙提供了极大的经济动力。目前放开户籍制度可能引发的特定地区人口井喷的盲目迁徙，其根本原因在于旧的户籍制度以及改革开放先发优势积累而成的城乡、地区的巨大差距，并随着财富集聚的马太效应更不均衡，这形成了迁徙的动力。先富理论曾经为改革开放提供了重大功绩，但是却成为目前贫富悬殊、地区发展不平衡的关键原因。政府应当改变发展不均衡问题，提倡均富，服务均富，而不是限制迁徙行为。要根本解决人口盲目迁徙，必须保障人们并不因为迁徙而获得政府给予的特殊或者额外优待。利益分配不均，人们自然会朝着利益分配更丰厚的地方迁徙，所以实现利益分配均衡是解决人口盲目迁徙的根本之道，也是化解限制自由迁徙的最根本解决方案。社会发展均衡和多元，人们就会寻找更加适合自己迁徙的目的地，城市也不会因为人口过多而负载过重。这样看来泰国的户籍制度值得我国参考和借鉴。泰国的经验是用法律措施平衡地区发展，统一各地社会待遇，让居民根据自身经济实力等选择适宜自己的居住地，这一点可以为我国的改革做一参考。

从上述的分析中可以看出，户籍改革的重难点是实现经济平衡、健康发展，统一全国的社会保障。政府应当加大对中西部和乡村的投入，提高当地的收入，让人民安居，实现共富。同时，实现迁徙自由必须考虑已经制定的城市计划和有限的城市容量。政府可以通过建设新的大城市容纳人口，也可以在旧城市的基础上增加城市设施的投入，扩大城市容量，而不是通过筑高墙的方式将外来人口堵在门外，增加一系列行政的不便和麻烦，间接达到驱赶流动人口的目的。要根本实现迁徙自由就要从根本改革有所偏重的、旧的、不科学的、不持续的发展方式，以实现均衡发展，实现社会开放和流动。动态的平衡比静态的平衡更加稳定和持久，因为平衡发展让迁徙减少了盲目性，迁徙目的地也会更加多元化，迁徙主体也会更加理性，而并非单向的城市迁徙，西部往东部的迁徙，这是迁徙自由权实现的最根本的一点，也是改革的最重要的一点。

（4）实现人的城镇化降低经济成本。当今中国经历着千年未有之大变局，处于从乡土社会向城镇社会，从农业社会向商业社会的转变时期。我国政府提出新型城镇化的目标，即实现人的城镇化。具体而言，人的城镇化要求实现以人为本，充分尊重人的需求和尊严，为人的发展提供全面而周全的服务和保障。人的城镇化要求“当前，首要的是解决农民工和农村人口市民化即人的城镇化问题，其次是不断提高城镇化的质量”。[①] 人的城镇化是对人权的重新审视，是对人尊严的重新拾取，是对自由的充分尊重，有利于逐步实现迁徙自由。

迁徙自由的实现除了要求经济均衡发展、法律保障外，还需要实现社会的平等和正义。现阶段最迫切的是解决农民的身份问题，即切实实现宪法规定的平等。德沃金的平等观要求政府对每个公民平等关切和平等对待：“中国梦最好也有这样一个醒目的核心价值标志，在我看来就是平等，因为平等目前正是中国在国家、民族和人民三个层面所共有的焦虑与渴望”。[②] 当前的居住证制度吸纳绿卡制度的特点，充分考虑公平和城市容量有限的现实，逐步改进服务不均等的局面，吸纳城市忠实服务者和技术人才。在保证城市规模受到控制的前提下，促进外来人口的本地服务均等化，这是解决问题的可行方法。

除了农民的市民化，城镇化的质量也要加以提高，具体而言，政府的配套设施要跟上，包括硬件和软件，其中软件起着绝对的作

---

① 甘露、马振涛：《新型城镇化的核心是人的城镇化》，载《人民日报》2012 年 10 月 29 日第 23 版。

② 季涛：《德沃金为什么重要》，载《浙江社会科学》2013 年第 7 期。

用。就硬件而言，就是合理的城镇化目标所能够投入的基础设施，诸如房地产、城市设施、公共资源等，保证能够容纳城镇化的人口需要，能够为人口的迁徙提供良好的居住地，让居民安居乐业；就软件而言，就是一系列法律等制度的革新，让城镇化有良好的法律制度环境，让公民的迁徙权利得以实现，进而实现均富。

权利的实现、制度的维护需要投入成本，一切社会制度都需要考虑实现经济成本的最优化，要实现迁徙自由的成本的最低，应该做到以下三点：第一，尽快落实城乡居民、本地与外地居民的公民待遇一体化，降低户籍制度对市场经济的制约作用，激发人才投入建设的积极性，促进经济发展。继续实行旧的制度会继续阻碍人口的自由迁徙和市场经济的良好健康发展，必须坚持统一公民待遇，实现均富。第二，有序、有步骤地推行城镇化。应当根据人口分布、人口流动情况、土地承载能力、战略地位等制定城镇化计划，扩大对西部乡村等主要迁出地的投入，增加迁出地的发展机遇，提高当地居民收入，让过多的流动人口能够回流到本来城市。一方面减少流入地的人口压力，另一方面切实解决了自由迁徙的实质即生计问题，实现了自由迁徙的灵魂——让每个人都能够有机会更好地发展，实现均富，为迁徙自由的全面实现提供经济基础。第三，增加城镇公共资源供给，并扩大供给来源。政府可以增加投入，增大城市容纳能力。同时，政府可以无所为，实现社会化、市场化，即让社会自主提供公共产品，实现政府购买等方式，扩大资源的数量，最终降低迁徙自由实现的成本，更好地实现迁徙自由，更好地实现公民的权利。

（5）解决利益冲突实现社会和谐。户籍改革的难点在于利益的冲突，实现迁徙自由权必须改变与户籍挂钩的社会资源不公平分配方式。[①] 长期的二元分化和社会隔绝，滋生的地方保护主义和本

---

① 殷啸虎、陈春雷：《迁徙自由的现实困境和实现路径分析》，载《法学》2013 年第 6 期。

地主义导致了户籍人口和流动人口相互歧视和怨恨，导致了一定程度的族群冲突，可能严重威胁社会治安和国家安全，协调重新分配利益，必须充分考虑城镇居民的承受能力和承受水平，以期实现真正意义的社会和解和公平正义的全面实现。这是改革的难点之所在，即如何既保障新市民的权益，又保护城市原有户籍人口的权益，不偏不倚地促进户籍改革的成功。

完全对立的两种思潮，代表着两种利益群体的诉求，一方是被宠坏了的城市居民，另一方是被遗忘的外来人口。户籍的开放和关闭，即是现有利益格局的保有和重新分配。完全服从户籍居民的诉求为代表的地方保护主义，难以实现人口的自由流动、无法实现城市的长久发展，因为开放才有发展，封闭必将落后是不争的结论；另外，仅仅站在外来人口的角度完全打开户籍制度，对户籍居民来说并不公平，长久的封闭状态要求户籍居民应当有一定的时间去适应这种改革，去适应这种自由迁徙带来的冲击，贸然打开则会陷入混乱。总而言之，制度改革需要考虑相互对立、相互矛盾、相互冲突的两个利益群体的两种完全相反的利益诉求，做到兼顾、一视同仁、不偏不倚，切实解决长期遗留的政治经济问题。最重要的是，改革应该有一个共识或者前提，即政府应当为居民的自我发展提供平等、公平的机会和待遇，政府一切的出发点是保护好、服务好公民的基本权利。[①] 每个公民的权利都不应当被忽视，每一方的利益诉求都应当被考虑和顾及，政府应为公民更好地实现自我的发展和进步，充分运用自己的法律赋予的权力，全力营造公平合理的社会条件，实现起点平等和规则公平，实现均富。

具体而言，政府需要端正自身服务意识，实现从管控到服务的角色转化，实现放权和让权。即放权力给社会自治能解决的事情，

---

① 谢锐勤、谢俊平：《迁移自由：我国户籍制度改革的价值取向》，载《重庆工商大学学报》2007 年第 8 期。

让权于公民的合法正当权利，充分服务好公民的权利。[①] 针对流动人口而言，户籍制度需要逐步淡化身份识别的功能，逐步剥夺附加于户籍制度之上的各种稀有资源，实现这些资源的市场化。能够实现资源充沛的就要增加资源的供给，不能够实现资源供给的就要在资源分配的公平上做文章。[②] 就教育而言，首先，要增加对教育的投入，增派人手、扩大校舍、增加学校的容量和师资力量，扩大能够接纳的人口数量；其次，要改变资源不合理分配的局面，即实现教育机会平等，改变京沪地区获得教育资源更加便利和轻松的局面，让全国居民都有平等的考试权利，为了照顾地区利益可以在全国统一的基础上分配一定的名额给予本地考生。

一方面，户籍制度不得再附加新的资源分配功能，另一方面，户籍制度其他的资源分配身份鉴定功能也要逐渐被剥夺，[③] 这样户籍制度的改革就有了方向和确切的路径，迁徙自由才有可能实现。城乡、户籍与外地的利益冲突的关键点在于稀少的资源分配问题，要解决资源稀少必须从增加供给和资源分配正义的角度出发，兼顾与特殊考虑相结合，实现分配正义，实现族群和谐，实现社会长治久安。

二、健全必要的全国性流动人口管理法规

（一）加强流动人口法制建设的重要意义

随着全球政治、经济、文化的快速发展，我国在各个方面的发展也突飞猛进。特别是近年来流动人口的大规模流动，为城市建设

---

① 杜承铭：《论迁徙自由权》，载《武汉大学学报》（社会科学版）2001 年第 7 期。

② 殷啸虎，林彦：《我国法律关于迁徙自由规定的变化及其思考》，载《法学》2001 年第 6 期。

③ 陆益龙：《1949 年后的中国户籍制度：结构与变迁》，载《北京大学学报》2002 年第 3 期。

和发展做出了巨大贡献，同时也带来了一些不可忽视的负面影响。如果不加以控制和有效的管制，这种负面影响不但会覆盖作出的贡献，而且会降低人民的生活水平、阻碍社会的发展。所以加强流动人口的管理，不断完善其法律法规的建设，对促进我国社会稳定尤为重要。主要表现在：

1. 促进城乡经济发展，为社会稳定提供物质保障

法律是维护社会秩序的有力武器，也是保障公民权利实现的最后一道防线。流动人口遵守社会治安管理、计划生育管理等相关的法律规定，履行法律规范规定的各项义务，其就业、子女教育和医疗保障、失业保障等各种权利得到保障，充分发挥主人翁精神，促进农业和农村社会经济发展，促进城市经济的发展，加快中国第三产业的发展和城市化进程。

2. 有助于实现有效就业和产业结构升级

加强流动人口的法制化建设，促进流动人口合理有序的流动，对社会经济的发展具有重要的推动作用。一是实现了劳动力资源的有效配置，实现了有效就业，使劳动力在较大范围内参与市场竞争，形成具有中国特色的劳动力市场。二是流动人口直接参与当地的经济建设，在城市消费，为城市纳税，推动城市发展的同时，促进了一些新兴产业的形成和发展，如劳动中介、房屋租赁中介、餐饮服务业及娱乐业等。

3. 有效地加强流动人口法律治理

加速市场优化配置劳动力资源的进程，加强民族间的相互了解和团结，促进民族交往和民族关系的发展。在“以人为本”、“依法治国”的科学指导下，促进社会主义物质文明、精神文明和政治文明的建设，促进社会主义和谐社会的建设，为实现经济的快速发展保驾护航。

（二）加强流动人口管理的法制建设构想

依法治国是指导流动人口管理的基本方针，是从行政管理转向法治管理的有效途径，流动人口长效管理的一个重要内涵就是法制

化管理。流动人口的增加是历史的必然，随着社会经济的不断发展，流动人口会出现日益增多的趋势，因而加强其管理的法制建设也势在必行。对此，笔者从宏观和微观两个方面提出以下构想：

1. 宏观构想

笔者认为，流动人口的管理从宏观上来分析，即把所有的管理法律法规规章作为法律规范整体探讨。可以从内容和形式上进行探讨。

（1）内容上的建设构想。

①赋予公民迁徙自由权。迁徙自由是一项基本人权，是人们劳动就业、从事一切社会活动的基本条件。它一直是国际社会所关注的一个热点问题，并被载入许多重要的国际人权文件和大多数国家的宪法当中，《公民权利和政治权利国际公约》便是其中最重要的国际性文件。根据对世界上 81 部成文宪法的统计，有 46 部宪法规定了迁徙自由，占总数的 57%。[①] 迁徙自由包括两个方面：一是在国内迁徙自由，二是迁居国外的自由，在国内流动即是第一种情况。但遗憾的是我国现行法律还没有肯定迁徙自由的权利。所以，在法律中肯定迁徙自由的同时也就在一定程度上肯定了流动自由。这样可以使公民在流动中得到应有的法律上的保护。

②对流动自由权的相关规定进行专门的立法。从 1985 年公安部的《关于城镇暂住人口管理的暂行规定》颁布以后，就没有全国性的统一的外来流动人口管理的相关法律出台，导致地方性法规、地方政府规章在管理规定上的标准不统一，这对形成全国统一的人口管理体制很不利。因此，形成全国统一的管理标准势在必行。可考虑以下立法选择：选择一，在《户籍法》中开辟“流动人口户籍管理”一章，在其中规定相关的流动人口享有流动自由权，并规定除了履行相关的流动登记义务外，不受他人或其他组织

① 刘连泰：《国际人权宪章与我国宪法的相关比较》，载《中国人民大学报刊复印资料》（宪法，行政法）2001 年第 1 期。

的限制，法律另有规定的除外。登记程序由国务院制定相关规定另定。这种是由全国人大常委会通过全国性法律形式对流动自由权作出的规范。选择二，在《户籍法》难以出台的情况下，由国务院制定《流动人口管理条例》，其立法内容与选择大致相同。

③改革当前限制流动人口迁入流入地的户口迁移制度。户口问题一直是流动人口最关心的大事之一，流动人口之所以不能完全融入流入地的根本原因之一就是户口的限制。在当前的户口迁移制度下，流动人口永远是“流动人口”。在没有其他力量的作用下，流动人口无法从诸多制度上真正实现融入当地社会群体，实现真正的“归化”。这一点无论于个人合法权益，还是于保护社会的进步、人口的城市化而言都是有失情理的。笔者建议，在第二点提到的《户籍法》中，对户口迁移部分做以下规定。首先，要明确规定，对具有合法固定的住所、具有合法稳定的职业或者经济来源并连续居住 1 年以上的公民，允许合法迁入户口，登记入户。这样规定主要是考虑到，在现居住地已购房且实现了生活基础转移的流动人口的“归化”问题。对于地方政府来讲，为防止人口过分膨胀，允许其在初期经国务院的批准，适当将连续居住期限从 1 年延长到 3 年或更多；或者以经济手段来调控住房供应，以缓解“户籍人口”突然增多而造成的各种压力。其次，对于没有购置住房而长期居留的流动人口，可以规定流动人口在当地连续居住若干年以上，或连续受聘于本地企业若干年以上，其间办理了合法的暂住证明且无违法犯罪记录者可办理正式户口迁入。具体期限及办理程序由省级地方人大或省级人民政府另定，并由省级人大以地方性法规或省级地方人民政府以地方政府规章的形式予以规定。这样可以使在当地工作长期稳定而未能购买住房的流动人口，成功实现户口迁入的“归化”，有利于保障他们的合法权益和社会的稳定，促进当地经济的发展。

④制定一部《流动人口管理条例》来规范流动人口的管理。无论《户籍法》是否出台，由于流动人口管理涉及政府诸多部门，

所以由国务院以行政法规形式颁布《流动人口管理条例》，无论从人大常委会授权立法，还是国务院行使行政管理职权的角度来看，都很有必要。《流动人口管理条例》可涉及以下内容：一是管理的基本内容。包括流动人口的普查（保证流入人口的入境登记、出境登记、在流入地的出生和死亡登记），确定永久居住资格、社会保障等。二是在管理机构方面。流动人口由公安机关、劳动行政管理部门、工商部门、计划生育部门等机构组成的综合管理机构执行。如果从精简机构、提高效能的角度考虑，可将该办事机构单独设立或设于公安部门或其他部门内。三是管理程序上。流动人口的流出或流入，应当向当地流入地的流动人口管理机构登记报告，但其流动受到法律限制的除外。

⑤加强流动人口的社会经济、政治、文化及其相关权益的立法。上面提到的第三点，只是从户口迁移制度上实现了“形式”上的“归化”，只是为流动人口成功实现正式迁移和享有相应的社会权益提供了一种渠道，但其应享有的社会经济、政治社会文化等方面的权益并没有涉及。笔者认为，在《户籍法》上也不便涉及这方面的权利，应借助诸如《社会保障条例》、《义务教育法实施细则》等的制定和完善来予以保障。可以由全国人大常委会以法律的形式制定一部《外来流动人口权益保护法》来规定流动人口各方面享有的权利和权益，在就业、社会保险、义务教育等方面依照宪法和法律享有与常住人口同等的权利，具体办法由省级地方人民政府另定。在地方政府制定相关办法的时候，一定要避免作出对流动人口歧视性的规定，这是流动人口在流入地实现实质上的“归化”的前提。

⑥法律规定要与社会变迁相适应，要有较强的可行性。在上面提到的五种法律规定建设中都应该符合这一特征。比如，在目前，居住3天就要办理暂住登记手续，这一规定就现在看来是不可行的。许多旅游、开会的人往往在一个地方停留的时间都超过3天，要求这些人进行登记显然是不合适的也是没有多大意义的。首先，

这种情况的人员众多，登记起来比较麻烦；其次，人口管理部门也没有足够的人力和经费去管理这部分人。因此，笔者建议对这一规定进行相应的修改，可以放宽到在一个地方短期居住 15 天以上办理暂住登记，居住 6 个月以上的办理暂住证件。

（2）形式上的建设构想。

①制定全国统一的外来流动人口管理的法律。流动人口的管理必须从形式上实现统一。从 1985 年公安部的暂行条例规定以后，一直没有制定全国统一的外来人口管理法律，导致地方性法规、地方政府规章纷纷出台。但地方法规之间又存在一定的差异，对形成全国统一的人口管理体制是非常不利的。不过，在外来人口这一问题上，由于各地的情况有相当大的差别，因此，目前要制定全国统一的法律还有困难。但是，笔者认为应当开展研究制定全国外来人口管理法律规定，以便在合适的时机推出。同时，应当尽早在全国范围内，规范外来人口、流动人口、暂住人口等称谓与范围的界定。

②在全国不能统一的情况下，制定省一级的管理法规规章。就目前的情况来看，全国统一的外来流动人口管理的法律不太可能在短期内出台。因此，在统一的法律出台之前的这段时间内，应尽快在省一级的行政区内实现流动人口管理法规规章的统一，杜绝一个省内人口管理法规规章规定之间不协调的现象发生，避免造成管理上的混乱。

③减少外来流动人口管理法律规范的种类。现行关于流动人口管理的法律法规规章种类繁多，涉及流动人口的户口、治安、计划生育、劳动就业、社会保障等内容，分散规定在不同的法律部门（主要涉及宪法、行政法、经济法、劳动法和社会保障法等领域）之中。就本书对中国目前流动人口特征的分析可知，流动人口的学历以初中、小学文化为主。这就是说大部分流动人口的文化水平比较低，让他们了解如此多的相关法律法规规章是不太现实的，因此有必要减少流动人口管理的法律规定的种类，让相关的规定集中于

一部或两部法规之中，这样，流动人口只要了解一部或两部法律法规就可以清楚自己所享有的权利和应履行的义务了。

④各省级流动人口管理法规规章要实现形式上的统一。我国地域辽阔，各地之间的差异是很大的，因此要实现管理法规规章在内容上的统一是不现实的。在内容上，我们只能要求各地法规规章在不与宪法法律相违背的情况下，结合各地的实际，在宪法法律规定的范围内作出符合各地实际的规定即可。但笔者认为，应该在形式上实现统一，应该由国务院来具体负责规定管理法规规章的形式。法规规章形式的具体内容应包括法规的统一名称、结构设置、制定机构等。这样做虽然在实质上对流动人口没有什么影响，但可以在一定程度上提高法律的严肃性。

⑤制定的过程中要广泛听取各方面的意见。外来流动人口管理是一个非常复杂的问题，涉及的管理部门多，利益群体也多。因此在制定的过程中，如果不广泛听取不同阶层的意见、平衡各利益群体的利益的话，法律规定可能只代表部分管理部门的利益，或者部分群众的利益，其可行性就会大打折扣。因此，今后在制定与修订外来人口管理法律法规规章的时候，必须广泛听取不同阶层的意见，特别是外来流动人口群体的意见。

2. 微观构想

从微观的角度来分析流动人口管理的法律法规规章，即从法律规定涉及的管理内容来划分。以下就流动人口管理中最突出的四个方面（社会治安管理、户籍管理、计划生育管理和对流动人口子女的教育管理）从法律的角度进行分析。

（1）社会治安管理的完善。

社会主义市场经济体制下，作为劳动力载体的人口流动是一种必然趋势。但人口的流动必须以遵守一定的法律规范，不损害他人、集体和社会的公共利益为前提。因此，一方面加强对流动人口的管理特别是治安管理，成为维护社会秩序的需要；另一方面，流动人口在流动的过程中自身合法权益更需要通过加强治安管理来予以保护。流动人口的治安管理是保障包括流动人口在内的所有公民合法权益、维护社会正常秩序的需要。新中国成立以来，特别是建立市场经济体制以来，国家通过立法和行政手段逐步建立健全了流动人口的治安管理制度，基本上对流动人口实施了有效的治安管理。但在流动人口数量不断增大，各种矛盾逐渐突出，形势逐渐复杂的情况下，为确保改革开放和社会主义建设有良好的环境，加强和完善各项制度的建设至关重要。为此，笔者提出以下几点建议：

①完善暂住登记制度。1958 年《中华人民共和国户口登记条例》是最早确定暂住登记制度的法律依据，暂住登记也被称为暂住户口登记。条例规定：公民在常住地市、县范围以外的城市暂住 3 日以上的，由暂住地的户主或者本人向户口登记机关申报暂住登记，离开需申报注销；暂住旅店的，由旅店设置登记簿随时登记。并同时规定农民地区不进行暂住登记。这一规定是在计划经济条件下制定的，带有强烈的计划经济色彩。从目前的情况看，已不适应当代中国的国情了。1985 年，为了适应改革开放以来流动人口管理的需要，暂住登记制度进一步扩展健全，由城市扩展到农村地区，并规定农村地区以跨乡镇范围为实施暂住登记的地域标准，基本统一了城乡流动人口暂住登记制度。但为了适应改革和发展的需要，旧的登记制度需要做些变革。例如：规定流动人口在外流动 7 天以上 30 天以内的到所在街道办事处进行暂住登记，如果是团队性质的外出学习或考察，须携带单位开具的相关证明。这项制度主要针对的是短期外出务工的农民工。

②落实暂住证申领制度。公安部自 20 世纪 80 年代中期以来逐步建立了暂住证申领制度，以暂住证作为公民离开常住户口所在地的市区、乡镇在其他地区暂住的条件，在暂住地办理劳务许可、工商营业执照等证件的证明。法律的相关规定是：离开常住地居住 30 天以上年满 16 周岁的务工经商、从事服务业等经济型流动人口，在暂住地申报暂住户口登记的同时必须申领暂住证；探亲、访友、旅游、就医、出差等人员，按照规定申报暂住户口登记或旅客

登记，不申领暂住证。暂住证申领制度为维护正常治安秩序、方便社会治安管理、保护流动人口就业人员的合法权益提供了有力的手段。该项制度虽然对规范流动人口起到了一定的作用，但在现实生活中很难得到有效的落实。鉴于我国目前警力有限的状况，这项制度的落实需要充分发挥各地（区、县）街道办事处的作用。只有加大管理力度，充分发挥政府部门职能，该项制度才能得到有效的落实。

③加强对出租房屋管理的立法。2003 年，国务院取消“租赁房屋登记核准”的公安行政审批项目后，公安机关对流动人口、出租房管理难度增大。住宿地是流动人口管理的一个切入点，应作为一个重要阵地严格管控。立法中应本着“谁接纳，谁负责；谁容留，谁负责；谁雇佣，谁负责；”、“保护合法、取缔非法、查处违法”和“谁主管谁负责，谁用工谁负责”的原则以及“审批从简、管理从严、处罚从重”的工作要求，加大对违法出租屋和用工单位的处罚力度。以落实责任制为核心，以考核评定为策略，以治安问责为手段，努力夯实流动人口管理的基础。

④完善流动人口通报协查制度。该项制度的落实需要全国各地公安机关的密切配合，特别是人口流动量大的流入地公安机关和流出地公安机关，应利用现代发达的通讯和科学技术，将有犯罪前科的流动人员、违法犯罪嫌疑人或负案在逃的犯罪嫌疑人及其他需要列管的人员，通过发函协查或在专门的公安系统的网站上建立通报档案，以提高打击流动人口中犯罪流动的反应速度和反应能力。

⑤应不定期进行集中整治和清查验证。对问题突出的流动人口临时聚居区、治安问题突出的违章建筑居住区或流动人口管理混乱的大型企事业单位等进行适时的集中整治，以达到将流动人口纳入管理视线、打击集中的违法犯罪、加强治安管理或整治市容卫生及规范流动人口经济活动的目的。清查验证则是对辖区内的流动人口不定期清查相关身份证件和暂住证件，全面掌握流入人口暂住、工作、生活及治安情况，全面检查自身各项管理制度和措施落实情

况，及时发现问题、解决问题。这两项制度的有效落实，需要制定相关法规对公安人员的职责进行相应规定。

（2）户籍管理的完善。

上文所述我国在户籍管理上存在的问题，“二元结构”的户籍制度不但有违宪法的公平原则，而且使被户籍制度固定下来的庞大的农民主体在流入城市后受到歧视和各种不公平待遇，阻碍了社会的进步和发展。而在美国，每年约有1/5的人口在流动，各类技术人才和大批年轻力壮的劳动力源源不断地流动，这是美国能够保持全球第一经济大国地位的重要原因之一。在日本，这一比例是20%，法国、德国、瑞典等国家每年的人口迁移率也超过了1.0%，而在中国至今只有0.5%~3%。[①] 关键在于我国现行户籍制度的各种弊端。在此，笔者提出以下几种对策：

①改变户口的两元结构。首先要废除几十年来惯用的以吃商品粮来划分的农业人口和非农业人口的登记标准。今后的户口登记标准应该为：一是以居住地为依据划分居住地人口和非居住地人口；二是以职业划分人口，使户口登记如实反映公民的居住和身份状祝，这才能为政府的各种宏观决策提供准确的人口信息，这是彻底改变户口二元结构的第一步，是必须走的第一步。

②打破农业户口、非农业户口的登记办法，建立以居住地为标准的户口登记制度。从国际通行的人口管理制度来看，户口只是表征公民居住区域的一项证明。例如：泰国实行的事后迁移政策条例规定，对符合居住条件及居住期超过6个月的居民，其居住地有关部门可为其办理“户籍登记”，承认其居住地户籍。[②] 其实户口只是具有人口登记、管理、稽查以及了解人口数量与分布情况的功能。改革开放以来，随着人口流动的加剧，从业人员结构日益复

① 胡云生、刘家丽：《人才流动催生户籍制度改革》，载《人才瞭望》2001年第10期。

② 深林：《户籍管理在国外》，载《新西部》2001年第11期。

杂，原来农业和非农业户口的划分已经不能准确反映人们的职业身份和居住区域，这就给人口的登记、管理工作和人们的生活带来诸多不便。所以，改革现行的户籍制度，与世界人口管理制度相接轨，以居住地为标准，确定公民的户口类型，应当成为我国户籍制度改革的基本方向。

③实现以户为中心的静态管理向以人为中心的动态管理过渡。对现行户籍管理制度的改革，应当“三并存，三为主”，也就是：以户口登记和人口登记并存，以人口登记为主；以户籍管理和口籍管理并存，以口籍管理为主；以静态管理和动态管理并存，以动态管理为主的双轨制，逐步走向以人为中心的单轨制。① 就我国的实际情况来看，“户口”是在长期的封建社会就采用的，是以“户”为中心实行管理。从这个角度看，“户口”具有浓厚的封建社会色彩。在社会主义市场经济条件下，商品经济越发展，人民的物质文化生活水平就越高，法制观念就越强，“户”的观念越淡薄，以“个人”为中心的观念越强。所以从这个角度看，必须从现有的以“户”为中心的静态管理，向以个人为中心的动态管理过渡，实现“一证”（居民身份证）走天下。

④以建立居住地户口为目标，有计划、有步骤地推进传统户籍制度的改革。传统户籍制度是和农村的土地制度、城市的劳动就业和社会福利保障制度密切相关的，而将要建立的居住地户口只是公民居住区域的一种表征，二者的实际内涵相差很大。通过改革，完成前者向后者的过渡。必须有计划、有步骤地审慎进行。首先，使依附于传统户籍制度的各项劳动就业制度与之脱钩，建立健全不同地域的城乡劳动力都能平等竞争的劳动就业市场，开发开放由社会统筹、不同产业类型、不同所有制单位的人员都能平等参与的社会保障制度。其次，强化政府的宏观调控职能，积极引导人们在城乡

---

① 曹景椿：《加强户籍制度改革，促进人口迁移和城镇化进程》，载《人口研究》2001 年第 5 期。

之间、不同城市之间的合理流动，使流入量与流入地的经济发展水平、社会承载能力相适应，坚决避免盲目流动对流入地造成大的冲击。最后，加强法制建设，使改革的每项举措都有明确的政策法规可循，对于已经制定的政策法规要严格执行。

⑤要尽快制定比较权威的《户籍管理法》、《公民迁徙法》等相关法律法规，将人口流动和人口迁徙正式纳入法制化轨道。对于当前不少地区仍未消失的户口买卖，应当加强管理、严格规范。首先，对于已经买了城市户口而未能在城镇就业的，应由政府部门引导就业，创造条件，帮助他们开拓就业渠道，就像重视解决下岗职工再就业问题一样，重视解决这部分人的就业问题。其次，对于正在出售的城镇户口应当严格审查，绝不能单纯为了增加地方财政收入，就不顾城镇就业形势已经相当严峻的现实，放宽条件，扩大指标，使城镇人口总量盲目增加，给城镇的稳定与发展带来更多的问题。最后，对于户口买卖的未来发展，应当科学决策，慎重选择，尽快出台新的城乡户籍管理制度，使持续了近十年的户口买卖早日寿终正寝。

（3）计划生育管理的完善。

我国著名的经济学家马寅初是提出计划生育政策的第一人。进入20世纪70年代后，中国开始实行新的人口政策（即计划生育），并进而将之列为基本国策，这对控制中国人口数量增长、提高人民生活水平、发展国民经济起到了很好的推动作用，但同时，如上文提到的我国的计划生育政策在现行大量流动人口的情况下存在着各种管理上的问题。针对计划生育管理存在的问题，笔者提出以下几点浅显建议：

①修改和完善《人口与计划生育法》，保障实施的完整性和执行上的统一性。我国自2002年9月1日实施《中华人民共和国人口与计划生育法》以来，在取得了一定成效的同时，也存在一些亟待解决的问题，在修改该法中应着重明确几个问题：一是解决该法授权的各省（区、市）制定的地方性法律法规的相互矛盾和抵

触问题；二是该法如何适用我国法律中关于“宣告死亡”这一法律制度；三是对一些严重破坏或妨碍计划生育工作且造成严重后果的违法行为在《刑法》中规定相应罪名，使这些行为得到应有的惩罚；四是关于涉外生育的，国家必须从立法上加以明确；五是在特殊条件下的非意愿生育的法律责任亟待明确；六是如何对非法收养行为进行认定，必须从立法上加以明确。

②制定计划生育属地管理的制度。一定的制度总是在明确的法律指导下建立的，而其制度的落实总是要通过国家各行政部门的有效实施来实现。在流动人口日益增多的情况下，建立计划生育属地管理制度，对人口流入地和流出地政府分别赋予相应的职责和义务。与人口的户籍管理相结合，流出地政府负责对流动人口信息的更新统计，流入地政府负责流入本地的人口的计划生育管理工作。

③实行单位负责制。对流入地的流动人口从其就业工作的单位着手进行统一的管理。单位是社会中的小集体，是有效收集和管理流动人口信息的地点。因此，赋予各单位相应的职责和义务，是协助地区计划生育部门管理好流动人口计划生育工作的有效途径。

④实行社区服务与居民自治相结合的制度。在现阶段我国警力不足的情况下，充分发挥各地（区、市）社区的功能和作用，充分发挥街道办事处的作用，深入基层、深入流动人口的居住地和住所，进行有效管理。还可在流动人口中寻觅一些有能力的人作为协助计生人员和国家行政人员的坚实力量，这样可以让流动人员以主人翁的精神投入到该项工作中，这些人的经费可以从对流动人口的暂住管理费和违法罚款中支取。

（4）对流动人口子女教育管理的完善。

由于流动人口及其子女处于社会弱势地位，仅凭自身力量无法获取接受平等的教育权利。这就需要通过国家相关法律的保障，需要全社会关注、参与和支持，构建一个由国家政府、社会民间组织和流动人口家庭相互配合、相互促进的资助体系来解决。

①通过改革户籍制度，平等配置公共教育资源。上文对户籍制

度的弊端作了分析，而流动人口子女平等的享受教育的权利又是和户籍密切相关的，因此，通过改革户籍制度，达到平等配置公共教育资源的目的，使城市中的流动儿童不再面临各种受教育的难题。

②改革现行的义务教育财政体制，增加对义务教育的投入。所谓义务教育，从本义上来说，是政府有让国民接受教育的义务，受教育权是公民的权利。要解决这个问题，一个可行的办法就是强化中央政府对义务教育的责任，加大对义务教育的资金投入力度。中央政府应该对现行的“地方负责、分级管理”的教育财政体制进行改革，由国家财政统一解决流动人口子女的义务教育经费，以减轻地方政府和公民个人的负担。目前，中央已经出台相应政策，从2007年起将对中西部地区义务教育实行“三减一免”，这无疑是一个可喜的信号。

③调整现有义务教育格局，合理配置公共教育资源。这需要处理好两个方面的教育资源配置关系：公办教育与民办教育的资源配置关系；流出地与流入地教育资源的配置关系。政府在积极提倡社会力量办学的同时，对于一些社会需要而办学条件较差、教学设施不足的民办学校，可以采取一定的政策上、物资上以及财政上的支持，为他们改善办学条件创造条件，而不应一味指责和取缔。另外，政府还要适当调整现有流出地与流入地教育资源的分布，摸清各地生源规模情况，进行教育资源的重新布局。流入地政府要根据现有公立中小学校的办学规模与能力，将部分闲置资源有效地加以转移，用来增强流动人口比较集中的公立学校，或者改造成为以招收民工子女为主的学校，以更好地满足流动儿童就学需求。对于流出地政府而言，随着生源数量的减少，应该集中有限办学资源，加强农村寄宿制学校的建设，解除进城务工农民工的“后顾之忧”，解决“留守儿童”无人照看、学习和安全得不到保障的问题。

④清理和修订相关政策法规，理顺农民工子女教育监督管理体制。近些年，国家出台了一系列有关农民工子女教育方面的政策法规，如1998年国家教委、公安部联合发布的《流动儿童少年就学

暂行办法》；2003 年国务院办公厅先后发布的《关于做好农民进城务工就业管理和服务工作的通知》、《关于进一步做好进城务工就业农民子女义务教育工作的意见》，等等。毫无疑问，这些政策法规在很大程度上为保障农民工子女入学提供了依据和支持。但是，过多的“临时性规定”，在一定程度上也带来了政策的不稳定性和缺乏延续性。在访谈中，一位农民工子弟学校的负责人就指出，“不够稳定的政策法规，说明政府对部分民工学校态度始终处于暧昧与不稳定的边缘。这将在很大程度上，使一些民办教育投资者由于缺乏足够的心理预期，不愿意过多追加投资”。[1] 国家应该考虑到法律规定的广泛性和适应性，适时制订关于流动儿童的统一的法规，明确表明政府的态度。同时在法律中，政府应该明确各地、各级政府对农民工子女教育的责任，将农民工子女学校纳入规范化管理体系，维护农民工子女受教育的权利。

三、加强地方、部门立法工作

随着社会经济的快速发展，我国流动人口呈现出快速增长的趋势，相关部门为其服务管理工作暴露出的问题也日益突出，这些问题涉及政治、经济、社会生活等方方面面。而目前对流动人口管理方面的法律法规相对滞后。从全国部分省市的经验看，在国家立法条件尚不成熟的情况下，应通过省级地方立法，明确政府及相关职能部门、社会团体、用人单位及流动人口（出租房主）的责任，设定相应的权利义务及违反者应承担的法律责任，依法保障流动人口的合法权益，使流动人口服务管理工作做到有法可依。按照《立法法》的规定，地方性法规可以直接设定除限制人身自由、吊销企业营业执照以外的警告；罚款；没收违法所得、没收非法财物；责令停产整顿；暂扣或吊销许可证等行政处罚。通过地方立

---

① 王亚东、顾唯页：《关注流动人口子女教育问题，期盼和谐之美》，载《现代企业教育》2006 年第 4 期。

法，能够以法律的强制力保障对流动人口服务管理的效果，是解决这一难题的长远之计。

我国目前大多数地方，流动人口服务管理工作是不适应经济社会发展形势要求的。因管理职能缺失、管理对象及用工单位、租赁方不配合等一系列问题产生的种种严重的社会治安、社会稳定问题的背后，是根深蒂固的城乡二元结构的理念及其一整套不适应的政策法规体系的原因。当前，流动人口最关心的公共服务问题是居住、就业、就学等基本保障以及法律维权等问题。这些问题如果解决不好，社会治安、社会稳定的基础就会动摇。优化公共服务、解决共建不能共享问题，最根本的途径是加快流动人口服务管理立法，最直接的途径是完善流动人口服务管理政策体系，努力解决流动人口的社会保障问题，统筹解决流动人口子女入学问题，切实维护流动人口的合法权益，在服务管理中实现社会管理创新。

（一）通过地方立法，促进流动人口与当地的社会融合，通过社会融合保证社会和谐

促进流动人口与当地社会的融合，是人口流动和迁徙管理成功国家和地区的最基本的经验。而要促进流动人口与当地的社会融合，首当其冲的是必须保证流动人口有比较全面的权利。这些权利包括自由流动权、自由居住权、平等就业权、流动人口及其子女受教育权、家庭团聚权，以及享受社会保障权利、各种政治权利，等等。我国正在构建社会主义和谐社会，保障数亿流动人口的基本权利刻不容缓，不可或缺。

（二）通过地方立法，推行居住证制度，实现政府被动管理到管理对象主动登记的转变

在城市资源和环境条件能够满足的情况下，分解流动人口的需求，采用积分制或其他有效方法，使之与不同阶段的居住证内涵挂钩。对于关系国计民生、最基础性的需求，在居住证的初期（临时居住证）就给予。关于福利性的需求，如低保、救助、信誉、政府保障性住房、落户等，都可以在居住证的较高阶段再给予。这

样，通过推行居住证制度，针对流动人口的需求，尽可能多地提供公共服务，既可准确掌握流动人口信息，整合政府部门之间的人口服务管理职能，又能够逐步实现政府被动管理到管理对象主动登记的转变，在政府决策和规划之时真正做到情况明了、数据准确。

（三）通过地方立法，逐步而有序地解决流动人口的民生保障问题

对流动人口的居住、就业、教育、医疗服务等基础性需求，应优先给予保障。这样做，一方面有利于准确采集流动人口的信息，另一方面使流动人口及其子女的科学文化素质、身体素质需求得以满足，能够从总体上更好地保证我国未来人力资本存量和增量的稳定与提高，有利于不断增强地方在未来市场上的竞争力。同时，需要强化政府部门在劳动力信息市场上的指挥棒功能，为流动人口提供准确、可靠的劳动力需求信息，从而满足流动人口的就业需求，促进流动人口在区域之间的合理分布，让流动人口共享改革开放的成果。

（四）加强行业立法，确保流动人口与常住人口权利的平等

我国经济状况发展很不平衡，各地流动人口待遇不同，所以全国法律只能在原则上进行规定。而在此前提下，各行业、各地区，应从实际职能、经济条件出发，从管理为主的角度转变为服务为主的角度，寓管理于服务之中，加强立法工作，实现管理与维权的统一。在全国立法的框架下，公安、计生、劳动、工商、社会保障等行业部门的立法中，需要明确规定和保障流动人口权利与常住人口权利的对等，避免因地方利益形成的地区保护损害流动人口利益。如由于计划经济体制的影响，对劳动者福利保障制度的差异依然存在，一些地方政府出于地方经济发展水平、政府政绩和优先保障本地居民利益的需要，往往对流动人口就业作出限制性规定，对流动就业者的社会经济福利权益无从顾及。这可以借助《社会保障条例》、《义务教育法实施细则》等的制定和完善来予以保障。如义务教育中，流动人口应该在暂住地享受子女的义务教育权，而不应

该由地区再制定借读费的问题。

（五）加强地区立法，确保流动人口权利与义务的统一

所谓的流动人口管理，其实是引导流动人口行使权利和履行义务的过程。地区的立法应该是从地区实际出发保证流动人口行使权利履行义务进行操作性的立法。如采用激励机制引导流动人口自觉到当地公安机关注册、登记、申报暂住证，即可规定按时办理暂住登记、申领暂住证，享有与常住人口在就业、子女入学、住房、福利等方面同等的权利；凡在暂住地暂住一定期限，无违法犯罪现象等，可转为当地户口的规定；等等。由被动变主动，解决流动人口管理中的最根本问题，激发流动人口自我约束、自我管理、自觉履行义务的积极性。而地方立法中必须关注大多数文化层次低的流动人口，因为很多激励目标对他们来讲是无法达到的。对这些人必须建立相应的救济制度，确保其生存需求。对于无法生存就送返原籍的做法必须摒弃，要从大局出发，城市负担更多的人口生存。

按照《宪法》、《立法法》规定，地方性法规的效力大于行政规章。地方性法规是省、直辖市、自治区和较大市的人大制定颁布，在本行政区域内具有普遍约束力。地方性法规可以作为政府规章拟定的依据。政府规章是行政机关依照行政职权所制定、发布的规范，其作用（如新设定处罚，增加公民、法人和其他组织的权利、义务等）有限。因此，通过地方立法，将流动人口服务管理工作确立下来明确各职能部门的法定职责，设定违反法律应当受到的处罚措施，实现依法行政。只有通过地方立法，规范政府及其相关职能部门在涉及流动人口服务管理方面的职责、权利和义务，在强化管理的同时提升服务，更加突出对流动人口合法权益的保障与维护。随着城市化进程的加快，结合户籍制度改革，使流动人口入住城市、劳动就业、社会保障、子女教育、计划生育、医疗卫生、办理证照等，逐步享有与当地居民相同的权益和公共服务，才能增强流动人口的归属感，促进社会和谐。

第一，通过地方立法，能够更加有效地建立统一的管理机构，

明确政府各职能部门的法定职责，实现对流动人口综合服务管理。流动人口服务管理涉及劳动就业、租住房屋、计划生育、医疗卫生、教育培训等方方面面，需要政府若干职能部门各司其职。按照现行体制，政府的一些职能部门（如工商、税务）实行省以下垂直管理，税收征管中的一些措施（如委托代征及出租房屋税收返还等）与国家工商、税务总局的态度及政策相关。因此，通过省级地方立法，明确领导机构以及公安、工商、税务、民政、劳动就业、财政、计划生育等部门职责，实行统一领导、分工负责、齐抓共管，可协调一致共同做好对流动人口的服务管理工作。

第二，通过地方立法，能够将流动人口服务管理队伍的人员配备法制化、正规化。做好流动人口服务管理工作，除建立机构，还需要对服务管理队伍的人员配备给予充分保障。否则，没有法律制度做保障，仅仅依靠各职能部门抽调工作人员组成临时机构，难以满足流动人口服务管理长期性的工作需要。

第三，通过地方立法，能够将政府投入流动人口服务管理经费的规定法律化，保障经费投入及时、足额，还能规范经费的具体使用。流动人口服务管理工作诸如建立信息数据中心、组建协管员队伍等，都需要充足的经费予以保障。在省级地方立法中，可考虑通过代征出租房屋税，从中提取一定比例用于补充服务管理的经费，不失为社会管理创新中探索尝试的一种方式。

第四，通过地方立法，能够将信息数据中心建设确定下来，以强有力的手段推动政府及各职能部门进行数据中心建设、管理和运用，有效地解决流动人口信息交叉、重复和不全面、不准确、不及时的问题。流动人口基础信息是政府实施宏观调控、制定政策以及各部门履行管理、服务职责的前提和基础。数据中心的建设是一项巨大的工程，需要投入大量资金作为保障。深圳、苏州的地方性法规就明确规定了由市政府信息办牵头，政府专门立项出资，在互联网或政务网上开发和建立全市统一的综合信息网络系统。把分散在各职能部门的信息有机整合起来，既实现了数据的共享，也减少了人力重复投入和重复劳动的问题。

第五，通过地方立法，能够将行政职能部门执法情况纳入人大的执法监督，对执法不力、执法不公等问题设定应当追究的法律责任，促进各职能部门严格执法。地方性法规由人大制定并监督执行，其执行力远大于政府规章执行力。比如，《广东省流动人口服务管理条例》、《浙江省流动人口居住证登记条例》、《江苏省暂住人口管理条例》、《昆明市流动人口管理条例》等地方性法规都对行政部门不作为、乱作为，流动人口管理工作人员滥用职权、玩忽职守、徇私舞弊等违反法律法规的行为作出了要承担纪律、法律责任的规定，对推进流动人口管理提出了刚性要求。

第六，通过地方立法，能够有效解决相关工作人员上门工作难的问题。国家法律中没有规定出租房主、用工单位以及流动人口配合各职能部门管理工作的法定义务。在现实服务管理工作中，工作人员上门采集流动人口信息、检查房屋出租等，实际上增加了工作人员的责任，增加了流动人口及出租房主的义务。若因此产生行政诉讼，法院审判只将政府规章作为参考（地方法规则是人民法院审理行政诉讼案件的依据）。因此，通过地方立法，才能以法定权利义务的形式，确保工作人员上门登记、检查、督促办证；核实流动人口基本信息、了解相关情况；核实房屋出租业主基本信息和出租情况；核实用工单位招聘流动人口数量、人员基本信息、办证情况等管理工作的合法性。

四、推动户籍制度改革，加强流动人口管理

城镇流动人口是城市中的特殊群体，他们的到来为城市的发展注入了新鲜血液，对城市未来经济发展和规模的扩大有着很深远的影响。改革开放以来，随着越来越多的流动人口进入城市，极大地促进了城市的经济发展。但过于频繁的人口流动也给城市带来了许多社会问题，诸如城市交通、医疗、教育、社会保障问题等。近年来，国家和地方对流动人口户籍制度的改革提出了很多切实可行的

政策和方法，既促进了城市社会经济的发展，又维护了流动人口在城市中的合法权益。需要明确的是，户籍制度的改革是一个渐进式的过程，城市的发展也不是一朝崛起的，户籍制度的改革依然需要在不断的尝试中探索经验。

笔者认为，对城镇流动人口户籍制度的改革应当遵从我国《宪法》中“人人平等”、“尊重和保障人权”的理念，以消除人与人之间、地区与地区之间的不平等为基本要求，以实现人人自由平等、共同享有合法权益为目的而进行改革。

（一）建立新户籍法，允许户口自由迁徙

我国目前所施行的户籍制度以1958年制定的《中华人民共和国户口登记条例》为要求，在该条例的规定中明确指出“户口不能随意迁移”的原则。由于我国当时实行计划经济体制，对人口的流动进行限制，有助于国家的宏观调控和社会的快速发展。改革开放以来，我国的社会结构发生了巨大的变化，传统的户籍管理制度对人口的限制不仅没有对社会起到调控的作用，反而因为严重的限制人口流动而制约了社会的进步和发展，不仅对城市的经济发展起到反作用，同时也不利于公民的平等权益和自身价值的实现。因此，笔者认为，建立新的户籍法是适应社会发展和实现公民平等的需要。

户籍制度改革的最终目的是恢复户籍控制人口的个人信息功能，而不是给户籍制度附加过多的公共福利。但根据目前我国的社会现状来看，完全放开人口的自由迁徙，势必会给原本就捉襟见肘的城市管理带来极大的压力，城市的公共设施、交通、医疗、就业、教育等无法供给日益增多的城市人口。笔者认为，我国的户籍制度改革是一个循序渐进的过程，在制定新的户籍法时也应当遵循渐进式的发展方式。如：允许公民满足相关的落户条件后拥有依法迁徙落户的自由。

户籍法的确立虽然可以对目前户籍改革中遇到的许多难题进行指导，但户籍制度的改革是解决与户籍有关的社会问题。因此，不能将户籍改革的全部希望寄托于一部新的户籍法出台，只有解决好我国社会发展中面临的人口公平、社会稳定等问题，新的户籍法才能够行之有效。

（二）摒除户籍所附加的公共服务，恢复户籍原有的统计功能

纵观我国的户籍制度，新中国成立初期，我国为适应当时的时代背景、尽快发展社会经济，提出“二元化”的户籍管理制度，将城市和农村的户籍分为“非农业户口”和“农业户口”两种类别，这种做法在当时极大地促进了我国经济的发展。随着时代的转换，尤其是改革开放以来，我国社会处于转型期，传统的户籍制度严重阻碍着我国现代社会的发展。国务院于 2011 年 2 月 26 日公布了《关于积极稳妥推进户籍管理制度改革的通知》，通知指出：要分类明确户口迁移政策，县级市应当积极解决在当地长期务工和经商人员的落户问题，对有合法稳定职业和收入且满 3 年有稳定住所在人员，可在当地登记为常住人口，但仍需要合理地控制大城市的人口规模。[①] 究其原因，这是因为我国传统的户籍制度将户籍分类，造成城市和农村户口所附加的公共服务不均等所导致。因此，笔者认为，我国的流动人口户籍制度改革应消除户籍所附加的公共服务，实现人人平等，恢复户籍制度以收集公民信息、制定国家宏观计划的基本功能。

目前，流动人口在进入城市后难以融入社会的主要原因，在于户籍所附加的各种公共福利。诸如住房、医疗、养老、教育、就业等均与人口的户籍挂钩，造成流动人口在城市无法享有与城市人口同等的公共服务。尤其是在城市从事建筑和服务等行业的农民工，他们从事着城市中最重、最脏和最基础性的工作，在为城市做出巨大贡献的同时却无法享受到基本的公共服务。根据外国的户籍改革经验来看，打破传统的“二元化”户籍，形成城乡一体的“一元

① 2011 年 2 月 26 日，国务院发布的《关于积极稳妥推进户籍管理制度改革的通知》。

化”的户籍制度是有效地解决流动人口在城市面临的一系列问题的最佳途径，但城乡一体的户籍管理需要以城市拥有足够的公共资源为保证。在此之前，我国的部分省市就推进过类似的改革，如郑州市在2004年曾放开了对流动人口进城落户的限制，却因为城市人口的过度集中，导致城市交通拥挤、学校人满为患而不得不停止。因此，就目前我国社会的发展进度而言，虽然较新中国成立初期有了翻天覆地的改变，但实现城乡一体的户籍管理制度，仍有很大难度。

笔者认为，在现阶段实现城乡一体、统一公共服务供给难度较大的情况下，应遵循社会发展与改革的基本原则、循序渐进的发展方式，逐渐加大对社会公共资源的建设力度，并逐渐消除现行户籍制度所附加的公共福利。

（三）建立全国统一的“居住证”制度，实现人口的自由流动

对于进入城市的流动人口来说，对“居住证”制度并不陌生，早在20世纪80年代，北京、上海等地就出台了针对流动人口的“蓝印户口”、“绿卡”、“暂住证”等政策。到了90年代，更有以引进人口为目的的“外来人才居住证”等一系列与流动人口相关的政策尝试。就目前来看，我国已有很多省市实行以“居住证”为准入条件的城市流动人口管理制度。但由于目前各地出台的政策主要对本区域内的流动人口进行管理，使得目前的“居住证”制度呈现“碎片化”的发展。流动人口在各地的准入条件不同，其所享受的福利、权益不能得到保障，跨区域的流动依然受到限制。

1. 全面推行居住证制度，明确基本准入条件和基本权益

在全国范围内推行“居住证”制度，最主要的是制定统一的准入标准和保护流动人口的自身权益不受侵犯。城市实行“居住证”制度无外乎三个方面，一是方便政府对流动人口进行管理，确保社会安定；二是政府吸引流动人口转化为城市人口的过渡性举措；三是城市吸引外来劳动力，保持城市经济持续快速发展所采取的手段。虽然其目的一样，但各地根据本地区的发展需求不同，制

定的“居住证”管理制度也不同。因此，施行全国统一的“居住证”制度应当考虑到各地区的发展情况、城市承载力和城市公共资源的供给能力。

笔者认为，在全国范围内施行统一的“居住证”制度，首先，应当制定适合全国的流动人口准入标准，尽量放宽对流动人口准入条件的限制，允许在城市拥有“合法固定住所（含租赁）”或“稳定职业”的流动人口均可办理“居住证”。其次，“居住证”制度应当以保障流动人口最基本的权益为基础，确立全国统一的居住证“基本权益”，保障持有“居住证”的居民与户籍居民享有平等的公共服务、社会福利和政治权利。

2. 分阶段扩大居住证权益，畅通从居住证到落户的渠道

实行全国统一的“居住证”制度，应分阶段地扩大居住证的权益，逐渐畅通持有“居住证”的人口在城市中落户的渠道。由于城镇与城市存在一定的差距，在制定全国统一的“居住证”制度时，应区分城镇、中小城市和大城市的落户标准，加大城镇化建设，缩减城镇与大城市间的差距，从而消除因“二元化”户籍制度造成的城乡分割、发展不均衡现象。

笔者认为，在县级以下的城市及小城镇，流动人口满足“居住证”条件的，应直接转为常住户口；在地级城市持有“居住证”满3年，并拥有“合法固定住所（含租赁）”或“稳定职业”的流动人口可转为常住户口，实现与户籍人口完全相同的待遇；在副省级和省会城市满5年转为常住户口；直辖市满7年转为常住户口。此外，还应取消“居住证”转为常住户口的其他限制条件。这样一来，有助于加快城镇及中小城市的发展，最终达到缩小区域差距的目的。

在我国各地的户籍制度改革中，对于非户籍人口权益的实现问题正日益受到重视。随着我国相关政策的出台，流动人口的公共服务和社会保障的覆盖面正逐渐增大，许多大城市的改革已产生了显著的效果。然而，城市的发展受区位因素和战略因素的影响，各地

的发展不尽相同，流动人口在不同的城市中所享有的权益也不一样。因此，建立全国统一的“居住证”制度，既保证了流动人口在各地的权益能够得到保护，更有助于整合目前我国户籍制度管理的“碎片化”发展状态。

3. 有序推进农业转移人口市民化，实现城乡基本公共服务全覆盖

近年来，城镇流动人口数量快速增长，标志着我国不再是一个以农业生产为主的农业国家，而是以城市发展为主的现代化国家。2012 年 8 月 17 日，国家统计局发布报告显示，2011 年我国“城镇化”率达 51.27%。虽然城镇化率超过了 50%，但实际上却是一种“伪城镇化”，主要原因在于我国传统的户籍制度附加了太多的公共服务，同时对农村和城市的户籍进行限制，不允许户口自由迁徙。农村人口即使进入了城市，也无法完全地享受到城市人口所享受的公共服务，依然会面临着就业、医疗、教育、住房等困难，个人的权益无法得到保障。从根本上讲，我国现在的城市公共服务体系无法从真正意义上满足 6.91 亿的城市人口。

胡锦涛在党的十八大报告中提出：“加快改革户籍制度，有序推进农业转移人口市民化，努力实现城镇基本公共服务常住人口全覆盖。”改革不是盲目地要求数量和提高百分比，城镇流动人口市民化应当合理有序地进行，切实处理和安置好城镇流动人口在城市的就业、教育、住房、医保等一系列问题，打破“二元化”户籍的限制，逐渐消除农村与城市之间的资源配置不公现象，允许农村人口享受与城市人口同等的公共服务。将城镇流动人口转移成为市民，是我国城镇化发展的未来目标，也是实现公平正义和维护社会稳定的需要。现阶段，应当尽快解决城镇流动人口融入城市的问题，实现教育、就业、医疗等权益均等化。

4. 推进城镇化建设，实现城乡资源配置均等化

城市资源的过度集中和分布不均衡是造成人口大量涌入城市的根本原因。人口过度集中在大城市，必然会引起城市人口拥挤，进

而导致城市病的爆发和城市资源的稀缺，加剧城乡体系的竞争性和排他性。公共服务是社会资源的重要组成部分，公共服务体系的完善程度关系着社会成员的生存状态。近年来，我国初步建立了城镇职工社会保障和新农村合作社会保障体系，城乡间的公共服务差距逐渐缩小，但由于公共服务的“碎片化”以及农村财政不足等因素对人口流动造成阻碍，城乡间依然存在公共服务不均等的现象。这使得农村在外务工人员无法享受到与当地人口同等的待遇，无法舍弃其在农村的土地等生产要素所具备的养老、居住等保障功能。因此，户籍制度的改革应当以实现城乡资源的合理配置为出发点，完善公共服务体系为基本保障。

（1）完善城乡间公共服务的合理配置。公共服务可划分为保障型公共服务和发展型公共服务，保障型的公共服务与社会成员的日常生活相关，完善公共服务体系应大力普及养老、医疗、教育等保障性的公共服务。首先，要大力提高农村公共服务水平，尽量缩小与城市居民基本公共服务的差距；其次，要加强城市“规模性公共服务”供给，尽量提升应对城市发展和现代文明冲击的能力。发展型公共服务与社会成员的发展密不可分，是选择性的公共服务。发展型公共服务要充分关注能够发挥聚集效益和规模效益、大量吸收劳动力的产业和领域。一方面，要打通农民流向城市的关口通道，逐步改革阻碍社会合理流动的户籍制度，为进城务工人员提供合理的公共服务；另一方面，通过提供就业信息、职业技能培训等服务，提升农村劳动力服务城市、扎根城市的能力。①

（2）突破城乡差异，合理引导人口流动。我国推行以公共服务体系均等化为主要目标，试图在城乡间、地区间及社会群体间建立一个统一的公共服务共享体系的政策。但长期以来，受我国社会体制和优先发展工业的战略发展思想影响，“二元化”经济体制逐

① 吴晓林：《差异互补：城乡一体化进程中公共服务的布局原则》，载《华南农业大学学报》（社会科学版）2011 年第 4 期。

渐形成。这一体制直接导致了“城乡分治”社会结构的产生，使得公共服务在城市与农村之间的差异化现象加剧。

城乡分治的社会结构，不仅使农村人口被排除在城市相对完整的涵盖医疗、教育就业、养老的社会福利体制之外，同时还存在工业与农业产品及城乡土地之间的收益差别等因素的影响，使得大量的农村积累流入城市，制约着农村的发展，削弱了其基本公共服务供给能力。近年来，随着城镇化建设的推进，城乡间的差距有所减小，但由于城乡“二元化”体制的阻碍，难以形成城乡间有效的统一，在城市生活的流动人口依然受到城市的排斥，无法享受到平等的待遇。

消除城乡间的差异，就应当利用公共服务的吸引作用引导人口向特定的区域流动，从而促进人口在地区上的合理分布。目前，我国大力推进城镇化建设，通过加大对中小城市、城镇以及农村的财政转移支付，以弥补城乡间的资源差异现象。一方面，为了缓解大城市的公共服务供给压力，小城市和城镇的经济水平提高，社会保障体系的建立和完善，在一定程度上影响着流动人口进入大城市生活的意愿，抑制了城市因人口增长过快带来的“城市病”。另一方面，消除城乡间公共服务的差异能够提升公共服务供给的实际效用，有效地缓解城市社会公共服务的供给严重不足的现象。

（3）建立收支平衡的公共服务供给机制。就我国目前的户籍制度改革进度来看，户籍制度“一体化”的改革目标仍需很长一段时间的过渡。在当前户籍制度难以得到突破的前提下，绕开户籍制度对人口流动的层层限制，为流动人口提供均等化的公共服务是目前比较可行的方式。对流动人口开放城市公共服务，就必须取消城乡间的门槛限制，保障流动人口能够与城市户籍人口享受同等的市民待遇。

开放的公共服务供给体系需要以财政的收支平衡为前提，消除地方政府间公共服务供给权利义务的不对等问题，将医疗、教育、养老等公共服务纳入到统一的社会保障体系内，从而实现社会保障基金转移的无障碍化。同时采用梯度式的公共服务供给方式，根据流动人口在城市就业、生活及缴纳社会保险的年限等条件，设置以准入条件为限制的公共服务供给体系，使流动人口在城市的生活得到稳定，同时实现公共服务供给体系的均等化。

第二节 整合形成规范、高效的管理体制

一、建立统一、权威的管理机构

流动人口管理是一项复杂的社会系统工程，必须有统一、权威、科学、高效的组织作为保证，有能适应发展需要的完善的机构体系来履行管理职责。对流动人口治安管理体制改革的思考，必须置于社会主义市场经济体制形成和建立的大背景下，放置于全国的大环境中。流动人口管理机构应由非常设性机构向专门化、权威性的部门转移，改变政出多门、管理分散格局，避免宏观控制乏力、失调现象、管理工作中出现的盲点和无序状况。设想由各级政府直接领导，做到统一机制、统一管理、统一证件、统一收费、统一使用、统一执法，形成条块结合、以块为主、层层有人抓、级级有人管的管理网络和立体管理格局，使流动人口管理工作由部门行为转为政府行为。当前，“市级综合协调、区级综合管理、社区具体实施”的总体方向正确，关键是区级综合管理工作机构建设必须实体化，必须是能够担当起综合管理职责的机构，对各职能部门必须起到实质性的考核制约作用，对流动人口管理进行宏观指导，协调地方、部门之间的关系，形成社会化管理大格局。公安治安管理在全国一盘棋的环境下才能够发挥职能作用。在人口登记管理中，只有避免了无证经营、违章搭建等前置性问题，避免了职权不一的现象，才能有利于公安工作职能作用的发挥。

二、规范专职的协管队伍

必须规范专职的协管队伍，为流动人口治安管理提供有力的人力支撑。

（一）配置专职性、专业性的人口综合管理协管队

流动人口管理是综合性工程，而且各职能部门力量均相当有限，尤其是工作量大但要求不高的基础信息采集工作。为此，不少城市都在建立人口协管员队伍上进行了探索。建议要根据“精干、效能、综合”的原则，对原有人口协管员、社区保安队、外来劳动力管理、外来人员计生管理、房屋租赁协管员等队伍基础上，以500~600人配一名的标准，以街、镇为单位规范人口综合协管队。综合协管队由街道、镇统一领导，以社区管理为主，其职责是协助政府有关部门承担社区安全防范、房屋租赁管理活动、劳动监察、计划生育与卫生防疫等流动人口综合管理工作。日常工作是以信息登记为主，向公安、劳动、计生等相关职能部门提出信息采集要求，并加强业务指导和保障。协管员的工资待遇由区财政补贴，街道、镇财政列支。

队伍配置后如何充分发挥协管员的作用是关键。一是明确任务。协管员协助政府有关部门根据流动人口管辖区域居住时间摸清底数，每月或每季度及时核实、更改外来人员的信息；协助相关部门承担社区保安、计划生育、房屋租赁、劳动就业、工商、教育、卫生防疫等管理事务和协助执法检查。二是建立考核制度。在协管员队伍中建立竞争上岗制度，奖勤罚懒，凡是工作认真、登记率高、能够提供专业信息等给予奖励，反之给予处罚或辞退，让协管员有责任感、荣誉感、珍惜岗位。

（二）建立一支具有执法权的人口综合管理监察队

由于当前流动人口管理带来的严重问题较多，而各职能部门职责相对分散，联合执法不容易召集，故可以通过抽调职能部门人员的方式建立一支人数在20人左右的人口综合管理监察队，直属于

区人口综合管理办公室，作为集中执法的补充。这样一支队伍可以对治安管理、劳动用工监督、卫生防疫监督、房屋租赁监督、计划生育监督、工商经营监督起到补充执法的作用。凡是违反有关法规规定、人口管理有关规章制度行为的个人或单位依法处理，形成行政合力，提高工作效率。

三、搭建全国联网的信息平台

（一）做大全国基础信息库，争取实现流动与常住人口信息关联

流动人口管理是以登记管理为基础的，而使信息登记高效的方法是利用现代信息技术，达到最普遍的信息采集和最高程度的信息共享。而借助现代计算机和网络技术，整合关联流动人口信息资源，实现动态全程追踪的数字化管理是唯一的方向。前文已经论述了当前信息管理的现状，现就做大做强基础信息库提出以下设想：

1. 建立全国统一的身份信息库

由于居民身份证法的实施，使得居民身份证成为表明居民身份的合法证件，而且随着二代证的强势换发使得身份证基本普及全国，而公安机关信息网络也基本实现了全国人口信息的联网。所以，在此网络基础上，建立关联的流动人口信息库，使得流动人口信息与常住人口信息无时差关联，将流动信息变成常住人口信息的一个子模块，做到流动人口信息的自动甄别，这样能够使流动人口与常住人口管理结合起来，避免出现流动人口区域管理的限制。同时，取消暂住证、居住证，使用身份证的 IC 卡存贮信息来代替。而将这个信息库从公安的平台上升到社会的平台，在保密协议下，使公共事业能够共享基础信息，做到信息全覆盖。

2. 建立、整合行业关联的信息采集网络

全国覆盖的信息网络只是平台硬件设施的一部分，而更重要的是信息的采集和维护。前文提到的协管员是当前阶段的主力军，而全国信息库应该建立自动采集、维护的功能，即在身份信息库面向

社会的同时，整合银行、社保、劳动等部门、单位，使其行业信息与身份信息库相关联。如一个河南籍人员持有信用卡在上海超市消费，那么他的消费地点信息自动传输到身份信息库，并与之关联，成为该人到达上海的证明，当然这种轨迹信息是需要建立配套的保密制度严格限制查询的。这样各行业单位的基础信息都能够汇总到基础信息库，达到信息的最大化采集，做到人、地关联。

（二）做精专业信息库，使信息为实战有效服务

做大基础信息库是完善流动人口管理的基础，而在此基础上的公安机关必须建立与之相关联的专业信息库，才能达到信息为公安执法服务的目的。

1. 建立逆向登记标识

这里指的逆向登记标识，是针对不肯登记的流动人口而言的（所以称其为“逆向”）。因为在公安管理中，大部分有违法犯罪意向的人员会故意逃避登记，而正当务工、经商人员在登记服务到位情况下是配合登记的。所以，作为公安机关要有逆向思维意识，对于不肯登记的人员在协管员上报后，有针对性的上门登记，身份不明的按照有关规定处理登记信息，并加注逆向登记标识，列为重点管理对象。

2. 建立即时比对的违法信息关联库

当前开展的网上追逃、违法犯罪人员信息库就是一种方法，但是并非所有城市都能做到即时比对，这使得信息与应用割裂，所以，如果说全国信息库是“人库、地库”的话，那么公安专业信息库的关联就是“事库”的关联，由此做到“人、地、事”的融合。也就是说，在全国信息库的基础上，建立公安专用的违法犯罪前科、在逃人员、可疑人员等信息库，并自动比对，发现的问题自动提醒，使得民警在第一时间掌握人员的可疑情况，便于在工作中精确打击。同时，通过对流动人口经济来源、现实表现等信息资料的综合分析研判，实施流动人口分层次管理，强化对高危人群的管理和控制。利用信息资源，定期分析流动人口流向、高危人群、打

击处理过的外来违法犯罪分子等情况，进而采取针对性的防控措施，促进打、防有机衔接，发挥“打防控”的整体合力。

第三节　创造严格、公正的执法环境

一、营造市场调节、依法管理的社会氛围

（一）建立以市场化为目标取向的管理新模式

社会主义市场经济条件下，政府是有限的政府，因而，公安也是有限的公安，即所谓“警力有限、民力无穷”。市场和群众当中的确蕴藏着维护社会治安的巨大潜力，这为建立以市场化为目标取向，与市场机制相适应的流动人口管理新模式奠定了基础。市场化运行机制的突出特征，是重市场力量引导、轻行政力量强制。市场引导机制实质就是利益引导机制，这种模式将充分发挥各种管理行为的受益人参与管理的积极性，通过运用市场的力量和广大群众的参与来维护社会治安，公安机关在这一过程中将起到指导、协调、监督等顺水推舟式的作用。[①] 如可以在外来流动人口集居式管理方面，按照“谁投资谁受益”、“谁经营谁管理”的原则，引入市场化运行机制，以产业经营的形式实施对外来务工人员集中居住的管理和服务，建立“政府指导扶持、社会力量出资建设、市场化运作”的管理机制，取得良好的效果。而且，通过居住、生活水平的自然影响，形成流动人口数量的经济调控。在一方面管理放手的情况下，公安机关作为武装性质的国家治安行政和刑事执法力量，要强化治安预警和对犯罪的打击，更好地履行自己的法定职责。在流动人口管理上，就是要强化流动人口的治安管理，做好对流动人口违法犯罪的先期预警和精确“打防控”。

---

① 黄子钧：《新时期加强流动人口治安管理的理性思考》，载《浙江公安高等专科学校学报》2002 年第 6 期。

（二）加强法律宣传，注重教育引导

流动人口对社会造成的影响是多方面的。同样，形成这些影响的社会原因也是多方面的。既有流动人口自身的因素，也有社会因素。实践证明，歧视流动人口、剥夺他们应有的权利，也是产生社会不平等、导致社会不安定的重要因素。因此对待流动人口，既要从社会治安的角度加强管理，又要从社会的角度善待他们，切实维护其合法权益，搞好服务工作。[①] 一方面，针对流动人口文化水平低、法制观念淡薄等特点，有关职能部门要采取办培训班等方法进行组织观念、纪律观念、法制观念和道德观念教育，并把登记宣传和普法宣传、素质培训等有机结合起来，全面提高流动人口的自身素质。有条件的地方和单位要在流动人口中建立工会、党团组织，发挥党团组织在教育与管理流动人口方面的堡垒作用。通过宣传、教育、咨询、援助机构，使流动人口知法、守法及利用法律保护自己，从而增强他们的主人翁意识，调动他们的积极性和创造性，更好地为经济建设服务。另一方面，建立健全流动人口的自我管理和监督机制。应当承认，流动人口中的绝大多数人是遵纪守法的。在管理中发挥流动人口自身的作用，相信和积极依靠他们的大多数也是一个重要的方面。依靠他们进行自我管理，其中主要的措施就是在他们中建立和健全群众性的治安保卫组织。即主要是在流动人口聚居区、外来工程队等建立治保会和联防队。其成员一般是在本辖区居住两年以上，有比较固定的职业，现实表现比较好的，他们可以成为警方防范的补充，更重要的是通过他们开展宣传、教育，使流动人员的基本素质与城市管理要求相适应。

二、落实执法保障措施

法律是国家强制保障的，而流动人口管理在充分开展教育的基

---

① 张晓敏：《流动人口管理应纳入法制化轨道》，载《吉林公安高等专科学校学报》2002 年第 2 期。

础上，为了保障义务的履行，必须对处罚的执行予以保障。如果有了完善的法律体系则自然保障其执行，但前文对当前执行情况进行了分析，实践操作中存在诸多问题，现以此为前提提出完善的办法。

（一）加强法律、法规的解释，使其可以操作执行

1. 规范暂住登记和居住登记的解释

因为不同法规采用了暂住登记、居住登记等不同的表述，所以必须对此加以对等的解释，才能使得行政管理手段和执法结合起来，在操作中加以具体应用。

2. 细化处罚条款的解释

比如对房屋租赁的处罚，对于本身就是违章搭建的房屋，是对违章本身进行查处，还是对其出租未登记的行为进行查处；是对房屋的法定所有人进行查处，还是对其他管理人员或者直接受益人员进行查处。

（二）加强法律、法规执行的保护，保障其严格执行

1. 加强对法律执行力的保护

虽然对于无法执行的行政处罚可以申请强制执行，但是行政机关对于罚款几百元以下的行政处罚要求强制执行的法律成本使得处罚单位往往望而却步。为此在当前阶段，在没有更好的强制措施下，有必要对小额、大量的行政罚款给予必要的强制保障措施，以保障其严格执行。设想一是滞纳金制度要实行；二是行政机关自身对执行率的考核要取消，防止为了追求高考核分而直接舍弃无法执行的处罚；三是规范司法救济，对于屡教不改、屡罚不改的人员，规定简易程序，予以司法拘留。

2. 避免行政对执法的干扰

在流动人口登记管理中，虽然要坚持教育与处罚相结合的原则，但是要避免行政对执法的干扰，获取行政对执法的支持，消除“放掉横的、处罚软的”的怪现象。比如对于用工单位的处罚等，要营造违法必罚的氛围，才能起到最好的教育效果。

三、建立科学的执法评估体系

（一）建立综合治理评估体系

现阶段的流动人口问题，已不仅仅是农村剩余劳动力的转移问题，而是直接关系到经济发展和社会稳定的重大政治、经济问题。因此，需要把流动人口管理纳入社会经济发展总体规划，作为社会治安综合治理的一项重要内容。坚持“打防并举，标本兼治，重在治本”的工作方针，努力探索符合我国国情的流动人口科学管理方法，建立起科学有效的工作机制，形成综合治理的整体合力。区、镇、街道及居（村）委会设立相应组织，形成上面有人抓、基层有人管、上下一条线的管理体制网络。各部门必须密切配合、共同参与、各司其职、齐抓共管，形成合力。一方面要明确各部门的职责，各理其事、各尽其责；另一方面，对需要有关部门互相衔接和协调统一的事宜，应加以规范，明确原则和程序。要把领导责任制作为带动综合治理各项工作落实的龙头，列入任期目标和政绩考核，实行一票否决制，将流动人口综合治理的责任真正落实到各级党委、政府，落实到基层，建立健全严格的监督和考核制度，从各个环节完善管理制度，健全管理机制，堵塞管理漏洞。特别是要把流动人口综合治理工作落实到基层，这是关键所在。在基层单位全面实施目标管理责任制，充分依靠基层组织和各个职能部门，形成以居（村）委会为基础，公安派出所为核心，地方性群众自治组织为骨干“三位一体”的管理网络。

（二）完善公安执法考评体系

公安执法考评分为两点：一是治安管理职责履行情况考评。即在当前公安机关是流动人口登记管理主管机关的情况下对流动人口登记率的考核，此考核基本是考核到社区民警，促使社区民警自己或督促协管员采集信息。而在本书的设想中，信息登记的责任人是协管员，并且以条为主改为以块为主，故应该将登记率的考核落实到地方政府，即经区、镇两级落到居（村）委的考核上。而社区民警的连带责任就是，对协管员维护的基本信息进行重点分析和重点归纳，对其提供的可疑信息进行核对，并承担相应的考核责任。而对于由流动人口引发的违法犯罪活动，也可以根据抓获情况进行倒查，未登记的属于协管员责任，已登记未纳入管理的由社区民警承担相应责任。二是处罚执行情况考评。前文提到，公安机关对行政处罚的执行率进行考核，这使得一部分违法行为应罚未罚。笔者认为公安机关处罚与执行也应分开，其处罚应完全依照法律规定认定审批，而执行应有其司法措施保障完成，故不应该因为处罚了未执行而对处罚人员进行考核，而仅仅需要对执行人员进行考核即可。

结　语

流动人口管理是一项社会系统工程，涉及社会的方方面面，笔者从公安执法的角度研究只是其中的一个基础部分。在分析中我们看到，公安机关面对着不容忽视的社会治安问题，在执法工作中也遇到了法律法规缺乏可操作性等困难，虽然能够通过不断变换服务和管理的手段来缓解，但是问题的最终解决还需要对流动人口这一社会现象有战略的认识。要建立和完善正确的法律体系，进行积极而适时的引导、科学而严格的管理，需要依靠整个户籍体制、管理体制的变革，依靠劳动、工商、公安、计生等所有职能部门的共同努力，运用经济、行政、法律、教育、舆论的手段发动全社会投入其中，才能够使流动人口顺应经济建设大潮正常、合理地流动，把对社会的负面冲击减到最小。

参考文献

一、著作及译著类

[1] 张文显：《法哲学范畴研究》，中国政法大学出版社 2003 年版。

[2] [美] 汉密尔顿等：《联邦党人文集》，程逢如等译，商务印书馆 1980 年版。

[3] [美] 博登海默：《法理学——法律哲学与法律方法》，邓正来译，中国政法大学出版社 2001 年版。

[4] [英] 亚当·斯密：《国富论》，陕西人民出版社 2006 年版。

[5] 俞可平：《中国公民社会的兴起与治理的变迁》，社会科学文献出版社 2003 年版。

[6] [法] 孟德斯鸠：《论法的精神》，张雁深译，商务印书馆 1982 年版。

[7] 王名扬：《美国行政法》，中国法制出版社 1995 年版。

[8] [法] 托克维尔：《论美国的民主》，董果良译，商务印书馆 2006 年版。

[9] 杨建顺：《日本行政法通论》，中国法制出版社 1998 年版。

[10] [美] 托达罗：《第三世界的经济发展》，印金强等译，中国人民大学出版社 1988 年版。

[11] [美] 弗里德曼：《法律制度》，李琼英，林欣译，中国

政法大学出版社 2002 年版。

[12] [美] 詹姆斯·N. 罗西瑙：《没有政府的治理》，张胜军，刘小林等译，江西外语出版社 2001 年版。

[13] 吴开松等：《城市社区管理》，科学出版社 2006 年版。

[14] 辜胜阻：《当代中国人口流动与城镇化》，武汉大学出版社 1994 年版。

[15] 郁建兴：《全球化：一个批评性的考察》，浙江大学出版社 2003 年版。

[16] 苏杨、肖周燕、尹德挺：《中国流动人口管理报告》，企业管理出版社 2010 年版。

[17] 胡肖华：《走向责任政府——行政责任问题研究》，法律出版社 2006 年版。

[18] 王跃生：《没有规矩不成方圆新制度经济学漫话》，生活·读书·新知三联书店 2000 年版。

[19] 俞可平：《治理与善治》，社会科学文献出版社 2006 年版。

[20] 胡虎林：《流动人口法制：现状及其完善》，浙江大学出版社 2009 年版。

[21] 周秋琴：《法学视野下的农民工权益保障问题研究》，江苏大学出版社 2011 年版。

[22] 孙大雄：《农民工权益的法律保障研究》，知识产权出版社 2011 年版。

[23] 吕学静：《中国农民工社会保障理论与实证研究》，中国劳动社会保障出版社 2008 年版。

[24] 汪明：《聚焦流动人口子女教育问题》，高等教育出版社 2007 年版。

[25] 田慧生、吴霓：《农民工子女教育问题研究——基于 12 城市调研的现状、问题与对策分析》，教育出版社 2010 年版。

[26]（汉）司马迁：《史记》，中华书局 2010 年版。

[27]《大清会典》，台北启文出版社 1963 年影印本。

[28]《大清历朝实录》，台湾华文书局 1928 年影印本。

[29]《续资治通鉴长编拾补》，浙江图书馆藏本 1987 年刻本，北京文物出版社。

[30]《宋刑统》，薛梅卿点校，法律出版社 1999 年版。

[31]《大清律辑注》，怀效锋点校，法律出版社 2000 年版。

[32]（明）王沂：《续文献通考》，现代出版社 1991 年影印本。

[33]（清）贺长龄、魏源：《清朝经世文编》，中华书局 1992 年影印本。

[34] 故宫博物院明清档案部编：《清末筹备立宪档案史料》，中华书局 1979 年版。

[35] 公安部户政管理局编：《清末至中华民国户籍管理法规》，群众出版社 1996 年版。

二、期刊

[1] 李玲：《大城市流动人口特征及管理——以广州为例兼与北京、上海比较》，载《人口研究》2001 年第 3 期。

[2] 王桂新、张得志：《上海外来人口生存现状与社会融合研究》，载《市场与人口分析》2006 年第 5 期。

[3] 陈建刚，陈昌文：《我国流动人口管理的难点及对策设想》，载《四川行政学院学报》2004 年第 5 期。

[4] 周申蓓，周学馨：《基于社区治理的人口治理》，载《市场与人口分析》2007 年第 5 期。

[5] 李文安：《论城市政府对外来民工实施总量控制问题》，载《南都学坛人文社会科学学报》2003 年第 3 期。

[6] 乐伟中：《新形势下上海外来流动人口管理的新思路》，载《上海公安高等专科学校学报》2004 年第 4 期。

[7] 陈丰：《自治管理：流动人口管理的新趋势》，载《华东

理工大学学报》（社会科学版）2005 年第 3 期。

[8] 南京市社会科学院课题组：《流动人口管理的社区化管理模式——兼论建邺区南苑街道所街村散居式流动人口管理模式》，载《南京市社会科学院》2002 年第 4 期。

[9] 黄晨熹：《大城市外来流动人口特征与社区化管理》，载《中国软科学》1999 年第 7 期。

[10] 杨建顺：《行政法视野中的社会管理创新》，载《中国人民大学学报》2011 年第 1 期。

[11] 让·彼埃尔·戈丹、陈思：《现代的治理昨天和今天：借重法国政府政策得以明确的几点认识》，载《国际社会科学杂志》（中文版）1999 年第 2 期。

[12] 罗茨：《新的治理》，载《政治研究》1996 年第 10 期。

[13] 乔耀章：《论政府社会管理中的政府、社会、公民三者关系》，载《湖北行政学院学报》2004 年第 5 期。

[14] 王彦坤：《当代中国社会转型中的政府社会管理》，载《地方政府管理》1996 年第 9 期。

[15] 冯晓英：《改革开放以来北京市流动人口管理制度变迁评述》，载《北京社会科学》2008 年第 5 期。

[16] 苏杨、尹德挺：《建国六十年中国流动人口管理的回顾和管理——基于社会融合的视角》，载《改革》2009 年第 9 期。

[17] 高慧：《中国流动人口子女教育问题研究》，载《当代青年研究》2006 年第 11 期。

[18] 周学馨：《从流动人口管理走向流动人口治理——我国政府流动人口管理中行政范式转型的制度设计》，载《探索》2009 年第 4 期。

[19] 吕绍青、张守礼：《城乡差别下的流动儿童教育——关于北京打工子弟学校的调查》，载《战略与管理》2001 年第 4 期。

[20] 程海峰：《流动人口社会保障问题初探》，载《统计与决策》2005 年第 1 期。

［21］金小桃、周海炜：《治理理论视角下的新时期人口问题综合治理》，载《人口学刊》2007 年第 3 期。

［22］高慧、周海旺：《中国城市外来与本地劳动力的就业对比研究——以上海市为例》，载《市场与人口分析》2007 年第 4 期。

［23］郭开怡：《城市外来流动人口管理运行机制探略》，载《学术研究》2007 年第 1 期。

［24］陆杰华：《新时期流动人口管理和服务面临的突出问题及政策建议》，载《理论视野》2007 年第 9 期。

［25］刘群芳：《完善流动人口管理法律制度的构想——以成都市金牛区九里堤街道为视角》，载《中共四川省委省级机关党校学报》2011 年第 9 期。

［26］陈柳裕：《流动人口权益保障和服务管理的法学观察——第五届“长三角法学论坛”综述》，载《法治研究》2008 年第 11 期。

［27］李涛、任远：《城市户籍制度改革与流动人口社会融合》，载《南方人口》2011 年第 3 期。

［28］江立华：《中外户籍登记与管理制度的比较：兼谈我国户籍制度改革的方向》，载《廊坊师范学院学报》2002 年第 1 期。

［29］朱冬梅、陈樨圆：《发达国家人口管理办法及对我国的启示》，载《西南民族大学学报》（人文社科版）2007 年第 7 期。

［30］丁煌：《流动人口社会管理体制转型的政策思路——从流动人口的结构性变迁谈起》，载《南京人口管理干部学院学报》2008 年第 4 期。

［31］魏娜：《我国城市社区治理模式：发展演变与制度创新》，载《中国人民大学学报》2003 年第 1 期。

［32］唐明良、陈柳裕：《县级区域流动人口管理服务的基本经验及其启示——以绍兴县为例》，载《南京晓庄学院学报》2010 年第 1 期。

［33］王怀章：《论迁徙自由在我国的实现》，载《法律科学》2003 年第 4 期。

［34］周学馨：《我国流动人口治理及机制研究》，载《行政管理改革》2012 年第 1 期。

［35］陈丰：《城市化进程中的流动人口管理模式研究》，载上海市社会科学第五届学术年会文集（2007 年度）经济管理学科卷。

［36］麻宝斌、任晓春：《从社会管理到社会治理：挑战与变革》，载《学习与探索》2011 年第 3 期。

［37］刘宏斌、黄凌娟：《完善流动人口管理制度的几点思考》，载《中国人民公安大学学报》（社会科学版）2010 年第 6 期。

［38］章也微：《户籍地政府介入流动人口公共服务供给研究》，载《云南民族大学学报》（社会科学版）2011 年第 7 期。

［39］江必新、邵长茂：《社会自组织管理的司法应对》，载《行政法学研究》2010 年第 4 期。

［40］应松年：《社会管理创新引论》，载《法学论坛》2010 年第 11 期。

三、硕士学位论文

［1］易文中：《湖南省流动人口服务管理研究》，湖南国防科技大学 2010 年公共管理硕士学位论文。

［2］孙忆茹：《我国流动人口管理的法律问题研究》，中国政法大学法学专业 2010 年硕士学位论文。

［3］朱轶波：《社区流动人口管理研究》，复旦大学公共管理 2011 年硕士学位论文。

［4］潘淑敏：《流动人口综合治理现存问题及对策》，上海交通大学公共管理 2007 年硕士学位论文。

［5］陶迅江：《上海市外来流动人口基本特征与管理对策研究》，复旦大学公共管理 2008 年硕士学位论文。

[6] 李海燕:《我国城市流动人口管理研究》,中国海洋大学行政管理2009年硕士学位论文。

[7] 龙森森:《我国城市流动人口社会管理体制研究》,苏州大学行政管理2007年硕士学位论文。

[8] 陈晓华:《城市流动人口子女教育问题的调查研究——以常熟市为例》,上海交通大学公共管理2009年硕士学位论文。

[9] 沙东芬:《少数民族流动人口与城市经济发展研究——以武汉市为个案》,中南民族大学中国少数民族经济专业2008年硕士学位论文。

[10] 刘朝晖:《城市流动人口子女教育调查与研究——以广州市天河区为个案》,湖南师范大学2007年硕士学位论文。

后　记

看着即将完成的拙作，感慨颇多……

2014年7月24日，国务院印发《关于进一步推进户籍制度改革的意见》，指出建立城乡统一的户口登记制度，标志着户籍制度改革进入了全面实施阶段。由于本人家庭曾有着深刻的、独特的“农转非”的经历，并且本人曾在2010年3月份主持了关于“明清时期流民问题与中国当代户籍制度改革”的河南省社科联课题，从而使我对户籍制度改革的研究产生了浓厚的兴趣。在调研过程中我深刻体会到全面改革户籍制度的系统性与艰巨性，同时我也在思考户籍制度改革将会带来哪些收益，而受益者会是谁呢？我把人口流动纳入了我的研究视野，把户籍制度改革与社会人口流动相联系来研究，从促进我国社会人口流动合理化的角度对如何全面彻底改革现行户籍制度的研究作了一番有益的尝试。这本书从构思到成书，多次修改，几易其稿。是我个人专业学习和成长中的一个新的里程碑。它告诉我，人生漫漫，路在脚下。

在这里，我向河南警察学院领导和法律系各位同仁致敬，感谢你们对于拙作的悉心指导和热情帮助，令我终生受益……太多感激无以言表，铭记于心。另外，在论文中采用了一些学者的研究成果，在此深表谢意。当然限于本人的学识与能力，文中必然存在一些不足与缺陷，敬请各位读者不吝赐教。

作者

2015年4月